本书为国家自然科学基金青年科学基金项目
（项目批准号：72403165）的成果

Household Wage Gaps and
Urban Settlement Choice of Rural Migrants

户籍工资差异与
农村流动人口的
城市定居选择行为

郭晓欣◎著

经济管理出版社

ECONOMY & MANAGEMENT PUBLISHING HOUSE

图书在版编目（CIP）数据

户籍工资差异与农村流动人口的城市定居选择行为 /
郭晓欣著 . -- 北京 ：经济管理出版社，2024. -- ISBN
978-7-5096-9823-5

Ⅰ . C922. 2；F299. 21

中国国家版本馆 CIP 数据核字第 202493078U 号

组稿编辑：任爱清
责任编辑：任爱清
责任印制：张莉琼
责任校对：王淑卿

出版发行：经济管理出版社
　　　　　（北京市海淀区北蜂窝 8 号中雅大厦 A 座 11 层　100038）
网　　　址：www. E-mp. com. cn
电　　　话：(010) 51915602
印　　　刷：唐山昊达印刷有限公司
经　　　销：新华书店
开　　　本：710mm×1000mm/16
印　　　张：13. 75
字　　　数：267 千字
版　　　次：2024 年 8 月第 1 版　　2024 年 8 月第 1 次印刷
书　　　号：ISBN 978-7-5096-9823-5
定　　　价：88. 00 元

前 言
Preface

在中国人口增速放缓和人口老龄化的背景下，如何吸引更多流动人口特别是在流动人口中占主体地位的农村流动人口，已成为各大城市亟待解决的重要议题。现实中由于中国城乡二元户籍制度的长期存在及城乡二元社会经济结构的长期分割，农村流动人口在城市劳动力市场遭遇到的差别化待遇现象仍然存在，这也成为阻碍农村流动人口城市化的重要因素之一。

为了加快农业转移人口在城镇落户，近年来中国户籍制度改革显著提速。如2014年3月发布的《国家新型城镇化规划（2014-2020）》就强调要"逐步消除城乡区域间户籍壁垒"，2019年4月15日发布的《中共中央、国务院关于建立健全城乡融合发展体制机制和政策体系的意见》更是明确提出"有力有序有效深化户籍制度改革"。那么，强调推动农业转移人口市民化的新型城镇化战略施行至今，与城市人口相比，农村流动人口在城市劳动力市场上是否还存在差异化待遇？随着户籍制度改革，这些差异化待遇现象是否发生改善？进而对流动人口的城市定居选择行为产生什么影响？这些问题都迫切需要进行研究。

基于此，本书首先立足于中国城乡二元户籍制度存续时间长及城乡二元社会经济结构长期分割的现实背景，在工作搜寻理论的框架下，探讨了户籍工资差异的价格效应在城市外来劳动力市场上的存在性。其次，基于全国流动人口动态监测调查数据（China Migrants Dynamic Survey，CMDS），用 Oaxaca-Blinder 分解法计算全国、区域及地级市层面的户籍工资差异的价格效应程度、演变趋势及其影响因素。最后，在人口迁移理论框架下进一步讨论户籍工资差异的价格效应对农村流动人口在城市的定居选择行为的影响。具体研究结论有以下六个：

（1）从工作搜寻的视角来看，由于负面刻板印象引致的心理偏见，城市中部分雇主不愿意雇用农村流动人口，导致农村流动人口的工作搜寻成本高于城市流动人口，进而产生在家庭和个体特征完全一样的情况下，由于纯户籍差异导致的关于农村流动人口的差别化工资待遇现象（即户籍工资差异的价格效应）。首先，运用工作搜寻模型从理论层面解释了为什么在城市劳动力市场中有负面刻板印象以及偏见的农村流动人口会遭受普遍的经济差别化待遇，这一理论模型的主要贡献是通过经济学的理论模型为户籍工资差异的价格效应的存在性提供了有力证据。其次，通过倾向得分匹配法以及工具变量法，在控制了一系列个体、家庭、城市以及地区层面的特征变量后，农村流动人口和城市流动人口之间仍然存在不可解释的工资差距，这进一步为户籍工资差异的价格效应的存在提供了数据层面的重要支撑。

（2）在户籍制度改革不断推进的背景下，全国层面户籍工资差异的价格效应在逐步降低，且在市场化程度较高的地区下降得更为明显，同时户籍工资差异的价格效应在农业户籍标签去除以后明显下降，为农业户籍"标签化"提供了良好的证据。具体体现在以下五个方面：①中国城乡二元户籍制度存续时间长且城乡二元社会经济结构长期分割的背景，为农村流动人口在城市劳动力市场的负面刻板印象及基于刻板印象产生的偏见提供了客观条件，而偏见又成为农村流动人口被差别化对待的源头。基于此，本书从工资差异的视角，验证了 2011 ~ 2017 年中国城市外来劳动力市场上对农村劳动力工资差别化对待的存在。整体而言，中国户籍工资差异的价格效应程度呈现下降趋势，这与近年来中国政府对于户籍制度改革的推进密切相关。②利用中国"城乡统一户口登记制度"实施的社会准实验，考察发现"农业户籍"的显性标签得到去除以后，因户籍工资差异带来的差别化待遇大幅降低，这也从侧面证明农业户籍"标签"引致的工资差别化对待的存在。③社会关系所起到的信息传递作用，有助于降低农村流动人口面临的户籍工资差异的价格效应程度。④农村流动人口进城务工时间越长，越有利于将自己的真实才能信息较为完备地传递到城市外来劳动力市场，其在劳动力市场获得的工资也将与其真实才能或贡献越来越符合，从而面临的户籍工资差异的价格效应现象也将逐渐好转。⑤通过分城市的户籍工资差异的价格效应计算，发现不同城市的户籍工资差异的价格效应存在差异，且与城市人口规模存在 U 型关系。最后，无论全国层面还是城市层面的户籍工资差异的价格效应都存在诸多异质性，并且这些异质性在结合中国社会背景与组间特征后都可以得到相应的解释。

（3）户籍工资差异的价格效应对农村流动人口城市选择有显著的负向影响。首先，运用条件 Logit 的计量模型对户籍工资差异的价格效应对农村流动人口的城市选择的影响进行检验，验证了户籍工资差异的价格效应对农村流动人口的城市选择有显著的负向影响。需要强调的是，控制变量中包含城市层面的落户门槛指数，这表明在控制本地对外来人口的落户限制后，户籍工资差异的价格效应的负向作用仍然存在。在以往的研究中，很少有将户籍工资差异的价格效应和本地对外地工资差异的价格效应在同一个框架下进行讨论，更难以厘清两种价格差异分别造成的影响。其次，本书使用的工具变量——"明朝的城市驿站"数量与城市户籍工资差异的价格效应存在负向相关关系，运用这一工具变量解决内生性问题以后，户籍工资差异的价格效应对农村流动人口城市选择的负向效应大于基准结果，说明基准结果的稳健性。最后，在异质性讨论中，个人人力资本和流动经验的增长将削弱户籍工资差异的价格效应对农村流动人口城市选择的负向作用，而年龄体现出的调节作用则是非线性的，在 36 岁之前，户籍工资差异的价格效应对农村流动人口城市选择的负向作用将减缓，而在 36 岁以后，这一负向作用将加强。而针对流入城市的异质性研究中发现，如果农村流动人口流入城市属于五大城市群，那么会削弱户籍工资差异的价格效应对农村流动人口城市选择的负向作用。

（4）户籍工资差异的价格效应对农村流动人口在流入城市的定居意愿有显著的负向影响。首先，基于托达罗人口流动模型、明瑟收入方程和移民定居地选择模型，并将户籍差别化待遇纳入模型分析框架，构建理论模型，从效用最大化视角考察了户籍工资差异的价格效应对农村流动人口城市定居意愿的负向影响，这一结果在实证结果中得到验证。其次，城市劳动力市场上的户籍工资差异的价格效应对农村流动人口中受雇者群体的定居意愿影响显著，但对自营者群体的影响不显著。再次，城市劳动力市场上的户籍工资差异的价格效应对农村流动人口中非管理非技术群体的定居意愿影响显著，但对管理型技术型就业群体的影响不显著。最后，受教育程度不同的农村户籍流动人口的定居意愿受到户籍工资差异的价格效应的影响也存在异质性，呈现出最高和最低的受教育人群不显著，而中等受教育群体显著的特征。总体而言，本书研究说明了农村户籍流动人口决定是否在所流入城市进行定居时，不仅在乎经济激励，也在乎公平感和获得感。此外，中国新型城镇化建设以来的户籍制度改革对缓解户籍工资差异的价格效应的负向影响已起到了一定的作用。

（5）户籍工资差异的价格效应对农村流动人口在流入城市的购房意愿有显著的负向影响。首先，户籍工资差异的价格效应对农村流动人口在流入城市的购房意愿存在显著的负向影响，对其在户籍地的购房意愿有显著的正向影响，并且户籍工资差异的价格效应对城市外来劳动力市场中占优势地位的城市流动人口的购房意愿没有显著影响，这表明户籍工资差异的价格效应不利于农村流动人口市民化。其次，城市中更多的公共服务资源能有效降低户籍工资差异的价格效应对农村流动人口在流入城市的购房意愿带来的负向影响。再次，个体提高教育水平能够有效削弱户籍工资差异的价格效应对农村流动人口在流入城市的购房意愿带来的负向影响。最后，自营身份的农村流动人口将受到更强户籍工资差异的价格效应带来的负向影响。总体而言，在城市层面可以通过提升公共服务能力消减户籍工资差异的价格效应的负向影响，进而推动农业转移人口市民化，而农村流动人口本身可以通过提升自身人力资本水平，进入城市主要劳动力市场来进一步融入城市。

（6）户籍工资差异的价格效应对农村流动人口在流入城市的租房消费有显著的负向影响。首先，户籍工资差异的价格效应对农村流动人口在城市的租房消费存在显著的负向影响，并且对全家每月房租占全家每月支出及全家每月房租占全家每月收入都有显著的负向影响，这在农村流动人口收入和消费都显著低于城市流动人口的基础上，更加凸显出户籍工资差异的价格效应对其租房消费存在挤压。其次，户籍工资差异的价格效应越严重，也越会导致农村流动人口在城中村聚集，进而加重居住隔离。再次，户籍工资差异的价格效应对于农村流动人口的租房消费的负面影响只在中低受教育群体中才有显著体现，在高收入群体中是不显著的。最后，年龄的调节效应呈现倒 U 型，且年龄拐点在 36~37 岁。总体而言，户籍工资差异的价格效应对农村流动人口的租房消费有负向影响，这可能导致这一群体的住房品质降级以及居住隔离，不利于农村流动人口的城市融合。

郭晓欣
2024 年 6 月 6 日

目录
Contents

绪 论

CHAPTER1

第一节 选题背景

20 世纪 70 年代末以后，虽然城乡隔离状况逐步放松，但是由于户籍制度以及城乡社会保障与公共服务体系的二元隔离均没有被冲破，因此不可避免地引发了一系列社会问题，其中最突出的就是城乡二元户籍制度带来的户籍工资差异的价格效应问题（蔡昉，2001；吴贾、姚先国等，2015；田丰，2017；孙婧芳，2017）。

2014 年 3 月，中共中央、国务院联合发布的《国家新型城镇化规划（2014-2020）》中指出，城镇化是实现社会现代化的必由之路，而农业转移人口在城市定居并实现市民化则是新型城镇化的重中之重。时任国务院总理李克强也多次强调，农民工在城市的定居和融入是国家新型城镇化建设的关键，这既是重大民生工程，也有利于扩大有效投资和消费，促进城乡、区域协调发展。① 改革开放 40 多年来，大量农村居民从农业生产中解脱出来并且以农业转移人口的身份在城镇实现非农就业，使得中国城镇化水平得到快速提升，1978 年全国城镇化率仅为 17.9%，到 2022 年年末城镇人口城镇化率已经达到 65.22%。② 城镇化水平的快速提升，不仅促进了内需消费提振和产业结构转型，也通过"结构红利"效应极大程度地提升了劳动力资源的配置效率（蔡昉，2013，2017），被广泛认为是中国经济腾飞的重要推动力。但伴随农业转移人口不断涌入城市，户籍制度改革的滞后及城乡社会保障和公共服务体系的二元割离，也不可避免地引发了一系列社会问题，其中最为突出的就是城乡二元户籍制度带来的户籍歧视问题（蔡昉，2001；

---

① 深入推进新型城镇化，李克强重点部署这三件事[EB/OL]. 中华人民共和国中央人民政府网站，http：//www.gov.cn/guowuyuan/2016-01/24/content_ 5035789.htm.

② 中华人民共和国 2022 年国民经济和社会发展统计公报[EB/OL]. https：//www.gov.cn/xinwen/2023-02/28/content_ 5743623.htm.

孙婧芳，2017）。尽管近年来户籍制度改革已经在全国范围内逐步铺开，就如《国家新型城镇化规划（2014-2020）》强调了"统筹推进户籍制度改革"，2019年4月国家发展改革委发布的《2019年新型城镇化建设重点任务》进一步指出"积极推动已在城镇就业的农业转移人口落户"，但农业转移人口的市民化仍是新型城镇化中的攻坚难点（李实、吴彬彬，2020）。目前我国农业转移人口已然成为城市新增人口的主体。根据第七次人口普查数据，我国流动人口总规模为37582万人，占全国总人口的比例约为26.6%，其中农村户籍占80%以上；根据国家统计局报告，2022年全国农民工总量超过2.95亿人，其中外出农民工17190万人，本地农民工12372万人[①]。可以说这一庞大的群体在城镇的定居意愿和定居状况，将对我国未来城市经济的可持续发展以及社会的和谐安定产生重大影响。进而，在新时代背景下如何促进流动人口特别是农业转移人口市民化，以实现真正的人的城市化已经成为我国新型城镇化战略中最为关键的问题。

从政策及法律上来说，户籍本身或许已经不再是人口流动的决定性因素，但由于历史的惯性作用，或明或暗的各种人口流动限制仍部分存在（张慧，2005；Uwe et al.，2020），从而产生了各种基于户籍的劳动力市场歧视。城镇劳动力市场中存在城乡二元户籍的差别化待遇，使得外来劳动力市场中占比更大的农业户籍流动人口面临着不平等，进而对其在城市的定居意愿及融合融入产生了严重的阻碍，更不利于共同富裕的推进（李实，2022）。因此，在这一现实背景下，探究户籍工资差异的价格效应以及其对农村流动人口的城市定居选择行为的影响，既能弥补相关研究的不足，同时还具备重要的现实意义，为以人为核心的新型城镇化推进提供有益的借鉴。

第二节　选题的意义

一、选题的理论意义

本书试图从以下两个方面对已有文献进行了理论层面的拓展：

第一，本书将工作搜寻理论与歧视问题相结合，为城市外来劳动力市场上户籍工资差异的价格效应形成的机制以及存在性提供了经济学视角的理论支撑。已

[①] https：//www.stats.gov.cn/sj/zxfb/202304/t20230427_1939124.html.

有关于户籍工资差异的价格效应的经济学文献多以量化为主，总体上缺乏理论层面的讨论，特别是对于户籍工资差异的价格效应的产生机制的讨论相对不足。而社会学领域虽然有从诸如身份识别、身份认同等视角对城乡融合问题进行讨论的文献，但又缺乏量化基础。基于此，本书先厘清了刻板印象、偏见与歧视之间的关系与区别，同时结合中国的二元户籍制度发展与改革背景，解释了农村流动人口在城市劳动力市场中因刻板印象引致的偏见，而后用工作搜寻模型证明了有偏见雇主因不愿雇用农村流动人口，使农村流动人口在城市劳动力市场中的工作搜寻成本大大提升，而在利润最大化的前提下，市场上愿意为农村流动人口提供工作的企业会压低他们的工资，最终导致基于户籍差异的工资歧视广泛存在。本书为户籍工资差异的价格效应提供了经济学视角下的理论依据，以及对这一现象系统性的解释框架。

第二，在为户籍工资差异的价格效应的存在提供理论解释，并进行了数据验证的基础上，进一步将户籍工资差异的价格效应纳入了人口迁移模型中，来讨论城市劳动力市场上的户籍工资差异的价格效应对农村流动人口城市选择和居留选择的影响。具体而言，本书聚焦城市外来劳动力市场上的户籍工资差异的价格效应与农村流动人口居住选择之间的关联性，分别讨论了在相同个人特征、人力资本、城市特征以及地区特征的条件下户籍工资差异的价格效应对于农村流动人口流入城市选择、城市定居意愿、购房意愿以及租房消费的影响，弥补了以往人口迁移框架下对户籍工资差异的价格效应影响关注的不足，同时，还在不同的章节就定居门槛、经济激励、公共服务及住房收入比等要素与劳动力市场公平性的权衡问题进行了讨论，为相关理论的深入发展起到了推进作用。

另外，本书还有以下四个方面对已有文献的补充：

第一，就研究框架而言，本书有诸多扩展。首先，在户籍工资差异的价格效应的存在度这一部分中，建立了一个完整的研究框架，即在信息不对称的基础上，运用工作搜寻模型解释了在城乡分离的大背景下，最初农村流动人口的"人力资本低""流动性强""社会支持少""思想观念不同"等特征形成的刻板印象，使城市劳动力市场对农村流动人口存在偏见，并最终导致农村流动人口面临广泛的工资歧视；其次，在上述理论模型的基础上，本书通过数据计算讨论了全国和城市层面的户籍工资差异的价格效应程度和特征变化，即通过计量手段量化户籍工资差异的价格效应；最后，在人口迁移的框架下，搭建理论模型并进一步以量化方式讨论户籍工资差异的价格效应对农村流动人口城市选择及定居意愿的影响。

第二，就研究视角而言，本书进行了多个维度的补充。首先，聚焦的是外来劳动力中的不同户籍造成的工资待遇差别，相较于以往大多数对比本地户籍劳动力与外来农业户籍劳动力的研究，本书进行的对比能更加"干净"地识别出户籍歧视造成的工资待遇差别，进而相对准确地计算出户籍工资差异的价格效应程度；其次，还强调了工作搜寻成本，并通过理论和实证结合的方法，从多个维度识别出了信息获取成本对户籍工资差异的价格效应的影响；最后，在新型城镇化的大背景下，探讨了户籍工资差异的价格效应对农村流动人口的城市选择、定居意愿、购房意愿及租房消费行为的影响，契合了当下社会需求。

第三，就研究内容而言，本书包含了丰富的信息。首先，沿着说明户籍工资差异的价格效应的存在性、全国层面户籍工资差异的价格效应的程度及特征、城市层面户籍工资差异的价格效应的程度及特征，以及户籍工资差异的价格效应对农村流动人口行为的影响这一思路进行，同时还考虑了多角度的异质性与影响因素，因此研究内容饱满而且丰富；其次，在这一研究主线的基础上，本书还在每个环节都做了细致的异质性分析，对相关研究提供了进一步深化的指向。这些扩展既提高了研究的稳健性，也丰富了相关文献的研究范畴。

第四，就研究方法而言，本书也进行了一系列改进，以提高研究的稳健性。本书既有理论建模研究也有实证分析，理论建模与实证分析不仅可以相互印证，同时在实证分析中还进行了大量的稳健性测度以保证研究结论的可靠性。在计量方法上，运用 Oaxaca-Blinder 分解法、条件 Logit、Probit、倾向得分匹配、扩展回归模型(ERM)、工具变量法等计量方法，既保证了研究方法的丰富性、多元性，同时还充分考虑并缓解了研究问题中可能潜在的内生性问题和样本选择偏差问题。

二、选题的应用价值与社会意义

与已有研究相比，本书的应用价值与社会意义具体体现在以下几个方面：

其一，研究发现，中国在不断推进新型城镇化建设的过程中，伴随着户籍制度改革的深化和对农村流动人口城市融合的重视，城市劳动力市场中的户籍工资差异的价格效应在不断降低，进而减缓了农村流动人口在城镇的定居抑制。相关结论一方面为户籍工资差异的价格效应程度提供了系统性的评估；另一方面也为户籍制度改革有益于降低劳动力流动障碍，并促进城乡融合提供了证据。

其二，运用工作搜寻理论系统性地解释了我国城市劳动力市场中户籍工资差异的价格效应的产生，为中国背景下户籍工资差异的价格效应的生成机制提供了有力的经济学理论支撑。

其三，对国家层面、区域层面与城市层面户籍工资差异的价格效应做出了充分的讨论，并且也对不同就业形式、不同职业、不同教育程度及不同城市规模的农村流动人口的城市居留选择与户籍工资差异的价格效应之间的因果关系做出了丰富的异质性讨论，为科学地制定农村流动人口城镇定居政策提供了更加翔实和细致的依据，具有较强的政策意义。

第三节　研究的基本思路与方法

一、研究的基本思路

近年来，我国二元户籍制度改革已经在全国逐步铺开，农村流动人口市民化在法律及政策层面上的障碍得以逐步消除，然而诸多研究都指出城市劳动力市场中户籍工资差异的价格效应还在延续，那么户籍工资差异的价格效应是否广泛存在？如果广泛存在，在新型城镇化背景下户籍工资差异的价格效应是否会阻碍农村流动人口的居住选择？这一系列问题仍然没有明确的答案。为此，本书首先结合歧视经济学及工作搜寻模型为户籍工资差异的价格效应的广泛存在给予了理论层面的支撑；其次，利用国家人口计生委全国流动人口动态监测调查数据（CMDS），量化并讨论了全国及城市层面户籍工资差异的价格效应的变化及特征规律；最后，探究了城市层面的户籍工资差异的价格效应对农村流动人口在流入地居住选择的影响。相关结论为实现人的城市化，推进新型城镇化战略提供了一些有益的参考。

本书的研究工作分三个部分展开：①梳理了我国二元户籍制度的演化过程，并且列举了农村流动人口的关键人力资本与个人特征数据，提出了一系列户籍工资差异的价格效应可能存在的客观条件与现实基础，而后，通过建立理论模型为户籍工资差异的价格效应的存在提供系统的分析框架，并对全国以及城市层面的户籍工资差异的价格效应程度进行计算，从信息不对称、群体异质性、城市群异质性等多个维度考虑了户籍工资差异的价格效应的程度与变化，一方面从理论和实证两个维度为户籍工资差异的价格效应的存在提供有力证据，另一方面也在时间、空间上充分描绘了户籍工资差异的价格效应的特征。②基于城市层面户籍工资差异的价格效应的数据，运用实证的方法探究户籍工资差异的价格效应对流动人口的流入地城市选择、定居意愿以及购房意愿、租房消费的影响，并且通过一系列稳健性分析与内生问题解决等方式进一步证实了实证基准结果。另外，考虑到样本的职业特征、受教育水平会显著影响流动人口的迁移决策行为，也将考察不同群体的农村户籍流动人口在流入地居住选择受户籍工资差异价格效应影响的异质性。③结合理论分析与实证分析结论，提出相关政策启示，这有利于提出针对性的符合我国各个城市发展现状的提高流动人口如何特别是农村户籍流动人口在流入地城市的居住选择的政策措施。本书从微观到宏观、从理论到政策，构成一个完整的分析体系。本书的思路框架如图1-1所示。

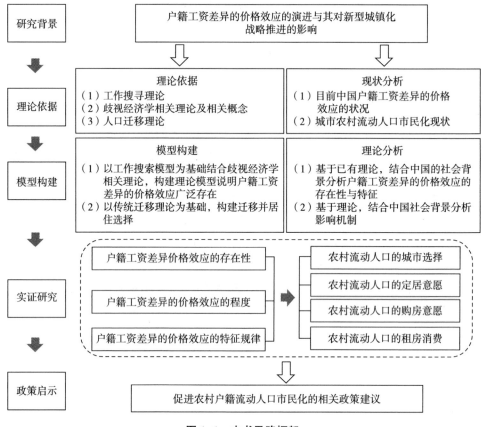

图1-1 本书思路框架

二、研究方法

本书包含理论及实证研究两个部分。其中，理论部分结合工作搜寻模型以及歧视经济学相关理论探究户籍工资差异及其价格效应的存在性，实证部分则包含两个方面：①测度国家以及城市层面的户籍工资差异的价格效应，并分析户籍工资差异的价格效应在时间以及空间维度的特征；②运用城市层面的户籍工资差异的价格效应讨论其对于微观的农村户籍流动人口的流入城市选择、定居意愿、购房意愿、租房消费的影响。

本书在准备阶段需要进行大量的国内外文献收集、阅读与理解，并对已有数据进行汇总整理，同时也需要掌握相应的计量方法，以便对数据进行描述性统计和计量回归分析，总结阶段则需要结合政策、实际情况与研究结论，提出相关政策启示。

在理论层面上，本书将主要运用工作搜寻理论以及歧视经济学中诸多观点并结合中国政策以及历史背景来解释户籍工资差异的价格效应的形成机制，另外还要结合已有的人口迁移理论（如托达罗人口迁移理论等）解释我国农村人口向城市的大规模流动以及定居现象，进而为本书的整体逻辑与机制解释做好充分的准备。

在实证层面上，本书运用 Oaxaca-Blinder 分解方法、条件 Logit 模型、Probit 模型以及工具变量法等方法一方面验证本书所提出的假说，另一方面还要克服内生性、样本选择等问题，使得计量结果尽量无偏。

第四节　本书的结构安排

基于前文关于选题背景、选题意义、研究的基本思路与方法的论述，参照已有关于歧视问题的研究以及现有的数据和资料，本书的内容结构安排如下：

第一章为绪论。本章从我国二元户籍制度的产生以及改革历程的相关历史背景开始，提出了在这一历史背景下，农村流动人口在城市外来劳动力市场中一直面临的不公平待遇以及所处的边缘化状态，这一问题会对以人为核心的新型城镇化进程造成阻力。基于此，引出了本书的研究主题，即户籍工资差异的价格效应对农村流动人口的城市选择及城市定居选择行为的影响。在结合了歧视经济学、工作搜寻理论以及人口迁移理论等已有经典理论与研究的基础上，简要地阐明了本书的研究思路和研究方法，并且总结了本书研究的创新点和潜在贡献。

第二章为文献综述与理论基础。首先，针对歧视经济学中的理论以及研究进行梳理，包括经典理论以及观点的发展脉络和量化研究；其次，对工作搜寻理论中与劳动力市场歧视相关问题结合的研究与观点进行梳理，为本书中户籍工资差异的价格效应的存在性讨论埋下伏笔；最后，对人口迁移理论，特别在发展经济学视角下的人口迁移问题的相关研究进行梳理，并为后文中将户籍差异化待遇这一要素纳入人口迁移模型做好理论铺垫。

第三章为中国城市外来劳动力市场上户籍工资差异及其价格效应的存在性检验。结合叙述和理论建模讨论户籍工资差异的价格效应的生成机制以及存在性，并提供实证证据。首先，对二元户籍制度背景以及一些农村流动人口的基本特征事实进行了梳理，为后续理论模型的构建以及实证内容提供了重要的背景铺垫；其次，在厘清相关概念的基础上，结合工作搜寻理论和歧视经济学相关内容对户籍工资差异的价格效应的形成进行了理论建模，提出户籍工资差异的价格效应之所以广泛存在于城市外来劳动力市场，是由于农村流动人口的工作搜寻成本大于城市流动人口，而造成农村流动人口的工作搜寻成本大于城市流动人口的原因是二元户籍制度下城市对农村流动人口的负面刻板印象引致的心理偏见；最后，用倾向得分匹配以及工具变量法的实证方法再次证明了，在相同人力资本的条件下，农村流动人口的平均工资收入低于城市流动人口，且分析中尽力运用工具变量法解决了内生性问题以后这一结果仍然成立。

第四章为中国城市外来劳动力市场上的户籍工资差异的价格效应量化研究，量化户籍工资差异的价格效应程度。首先，在信息不对称且获取成本高的前提下，量化了国家和区域层面的户籍工资差异的价格效应程度，并且就其时间层面和空间层面的特征进行了分析讨论，还利用中国"城乡统一户口登记制度"实施的社会准实验，通过对"农转居"和"非农业"群体之间的工资差异进行分解，进一步发现户籍工资差异的价格效应会随着"农业户籍"标记的去除而大幅降低，并且，在信息不对称的讨论框架下，还纳入流动时长和社会关系两个对信息获取成本有影响的要素进行了深层讨论；其次，量化了城市层面的户籍工资差异的价格效应大小，一方面探究了不同城市的户籍工资差异的价格效应程度特征，另一方面为后文中的其对农村流动人口的城市选择和居留意愿讨论做准备。

第五章为户籍工资差异的价格效应对农村流动人口城市选择行为的影响研究，研究户籍工资差异的价格效应对农村流动人口城市选择的影响。首先，着重关注城市特征和区域特征带来的影响，因此运用条件 Logit 的计量模型对户籍工资差异的价格效应对农村流动人口的城市选择进行了回归，户籍工资差异的价格效应对农村流动人口的城市选择存在显著的负向影响，需要强调的是，控制变量中控制了城市层面的落户门槛指数，这表明在控制了本地对外来人口的落户限制后，户籍工资差异的价格效应的负向作用仍然存在，而以往很少有将户籍工资差异的价格效应和本地对外地的价格效应在同一个框架下进行讨论的研究；其次，使用的工具变量，"明朝的城市驿站"数量与城市户籍工资差异的价格效应存在负向相关关系，运用这一工具变量解决内生性问题以后，户籍工资差异的价格效应对农村流动人口城市选择的负向效应大于基准结果，说明了基准结果的稳健性；最后，在异质性讨论中，个人人力资本和流动经验的增长都将削弱户籍工资差异的价格效应对农村流动人口城市选择的负向作用，而年龄体现的调节作用则是非线性的，在 36 岁之前，户籍工资差异的价格效应对农村流动人口城市选择的负向作用将减缓，而 36 岁以后，这一负向作用将加强。而针对流入城市的异质性研究中发现，如果农村流动人口流入城市属于五大城市群，则会削弱户籍工资差异的价格效应对农村流动人口城市选择的负向作用。

第六章为户籍工资差异的价格效应对农村流动人口在流入地定居意愿的影响研究，研究户籍工资差异的价格效应对农村流动人口城市定居意愿的影响。首先，基于托达罗人口流动模型、明瑟收入方程和移民定居地选择模型，并将户籍差异化待遇纳入模型分析框架，构建理论模型，从效用最大化视角考察了户籍工资差异的价格效应相关因素是否会以及如何影响农村流动人口的城市定居意愿。其次，运用实证研究验证了户籍工资差异的价格效应对农村流动人口的城市居留意愿有显著的负向作用，并通过扩展回归模型（ERM）解决了样本选择偏差等一系列内生性问题，以此证明了基准回归结果的稳健性，另外，还发现城市规模会强化户籍工资差异的价格效应对农村流动人口的城市定居意愿的负向影响。再次，城市劳动力市场上的户籍工资差异的价格效应对农村流动人口中受雇者群体的定居意愿影响显著，但对自营者群体的影响不显著。又次，城市劳动力市场上的户籍工资差异的价格效应对农村流动人口中非管理非技术群体的定居意愿影响显著，但对管理型技术型就业群体的影响不显著。最后，受教育程度不同的农村户籍流动人口的定居意愿受到户籍工资差异的价格效应的影响也存在异质性，呈现出最高和最低的受教育人群不显著而中等受教育群体显著的特征。总体而言，本章的研究说明：农村户籍流动人口在决定是否在所流入城市进行定居时，不仅在乎经济激励，也十分在乎公平感和获得感。

第七章为户籍工资差异的价格效应对农村流动人口在流入地购房意愿的影响研究，研究户籍工资差异的价格效应对农村流动人口在城市购房意愿的影响。首先，验证了户籍工资差异的价格效应对农村流动人口在城市的购房意愿存在显著的负向影响，而对其在户籍地的购房意愿有显著的正向影响，这一基准结果通过了一系列稳健性检验，另外，还运用政府工作报告中关于户籍制度改革的词频作为工具变量解决了基准模型的内生性问题，进一步验证了基准结果。其次，城市中更多的公共服务资源能有效降低户籍工资差异的价格效应给农村流动人口购房意愿带来的负面影响。再次，个体提高受教育水平能够有效削弱户籍工资差异的价格效应给农村流动人口购房意愿带来的负面影响。最后，自营身份的农村流动人口将受到户籍工资差异的价格效应带来更强的负向影响。总体而言，城市层面可以通过提升公共服务消减户籍工资差异的价格效应的负面影响，进而推动农业转移人口市民化，而农村流动人口本身可以通过提升自身人力资本进入城市主要劳动力市场来进一步融入城市。

第八章为户籍工资差异的价格效应对农村流动人口在流入地租房消费的影响研究，研究户籍工资差异的价格效应对农村流动人口在城市租房消费的影响。首先，验证了户籍工资差异的价格效应对农村流动人口在城市租房消费存在显著的负向影响，并通过了一系列稳健性检验，同时，还运用政府工作报告中关于户籍制度改革的词频作为工具变量解决了基准模型的内生性问题，再次证明了基准结果的稳健性。其次，户籍工资差异的价格效应还对农村流动人口租住在城中村有正面影响，也就是户籍工资差异的价格效应会加重农村流动人口在城中村聚集，进而导致居住隔离。再次，个体层面不同的受教育水平差异具有异质性影响，户籍工资差异的价格效应对中低受教育水平农村流动人口租房消费有显著的负面影响，而对高受教育水平的群体则影响不显著。最后，年龄存在倒 U 型的调节作用。

第九章为结论与政策建议。在前述章节的理论模型与实证分析的基础上，概括总体的研究结论，并明确结论的政策含义，提出针对性的建议。

第五节　本书的创新性尝试与研究难点

一、本书的创新性尝试

首先，利用工作搜寻模型结合歧视经济学作为理论框架，对户籍工资差异的价格效应的形成机制进行了讨论，为户籍工资差异的价格效应在劳动力市场中广泛存在提供了理论依据。而在之前有关于户籍工资差异的价格效应的研究中，更多的是通过量化不同时间、空间的户籍工资差异的价格效应程度来对这一话题进行讨论，整体上缺乏经济学层面的理论解释，因此本书建立的理论模型为研究户籍工资差异的价格效应提供了重要的理论支撑。

其次，在量化户籍工资差异的价格效应程度时，充分讨论了多个方面的影响因素，除了传统劳动经济学中的人力资本以及个人特征以外，还结合社会因素，特别是考虑到农村流动人口工作获取途径中有大量是熟人介绍这一社会背景，会影响应聘者与招聘方之间的信息传递，并且还通过户籍制度改革作为准自然实验进一步验证了户籍工资差异的价格效应的标签化特征。另外，对于不同学历、不同单位等的户籍工资差异的价格效应讨论也更加突出了户籍工资差异的价格效应的异质性特征。因此，可以认为本书比以往研究更加充分地讨论了户籍工资差异的价格效应。

再次，在城市化的大背景下，讨论户籍工资差异的价格效应这一无形的阻碍对农村流动人口市民化的影响也极具价值。从理论上，本书在传统人口迁移模型的基础上增加了户籍差异化待遇这一要素，并在不同的章节中分别就落户门槛、经济激励，以及城市公共服务一定的条件下，进一步探究户籍工资差异的价格效应对于农村流动人口城市选择、定居意愿、购房意愿以及租房消费的影响。

最后，在计量过程中，本书更加全面地考虑了可能的内生性来源，在不同的章节运用运用不同的工具变量以及方法以同时解决更多的内生性问题。特别是样本选择偏误是已有研究中较少予以考虑的内生性问题，这使研究结论更加准确。

二、潜在的研究难点

本书最大的难点是阐明户籍工资差异的价格效应的形成机制，并证明户籍工资差异的价格效应的存在，这一点是本书研究的重要前提。针对这一问题，本书将用大量的篇幅从理论和实证两个方面入手进行讨论：首先，结合歧视经济学相关理论以及工作搜寻模型构建理论模型；其次，分别从全国层面、区域层面以及城市层面对不同时间的户籍工资差异的价格效应进行量化并深入分析其特征、规律、影响和异质性，以期从多视角探究中国城市劳动力市场上的户籍工资差异的价格效应的状况以及户籍制度改革的影响，并克服这一难点。

第六节　本章小结

本章主要对与本书相关的选题背景、选题意义、研究的基本思路与方法、研究内容安排和研究可能的创新点进行了系统性的阐述。具体而言，本章阐明了本书的研究背景，即城乡二元户籍制度的演化过程，以及在历史的演化过程中二元户籍制度逐步取消对农村流动人口进入城市以及市民化过程中定居选择的影响，进而引出了本书的研究主题，即户籍工资差异的价格效应对农村流动人口城市定居选择行为的影响，并对本书的研究安排、创新点、难点一一进行阐述。

文献综述与理论基础

C H A P T E R 2

第一节　歧视经济学理论及中国劳动力市场上的 差别化待遇现象

一、劳动力市场歧视相关理论

由于歧视从根本上违背了人类对公平、平等的永恒追求，进而歧视问题在长期以来一直是学术界关注的热点话题。保罗·萨缪尔森和威廉·诺德豪斯在其《经济学(第十七版)》一书中指出："歧视通常有两种含义：一是对不同的人依个人特征给予不同的待遇；二是对某一个特定的群体设置不利的规则。"

由于历史及文化等因素的影响，西方国家的劳动力市场长期存在种族及性别间的不平等现象。早在 19 世纪中期，一些国外学者开始就开始关注相关问题，但是"歧视"这一概念并非一开始就被研究者所采用。在形成歧视经济学相关理论之前，研究者对于种族和性别间收入不平等的解释可以归为两个方面：先天遗传差异与能力差异。例如，他们将女性相对于男性收入低这一现象归结为女性生产率低下，将种族间收入不平等归结为生理及遗传基因存在劣势(张慧，2005)。对此也有少数学者提出了不同意见，认为有色人种的低效率并非源于生理，而是由于其工资相对低于白人，进而在工作中缺乏经济激励(Coman，1904)。可以说在较早的研究中，虽然研究者对一些与歧视相关的现象进行了讨论，但基本都没有揭示出歧视的本质与形成机制。

1944 年，Myrdal 等在《美国的困境：黑人问题与现代民主》(*An American Dilemma：The Negro Problem and Modern Democracy*)一书中的描述，标志着歧视问题研究正式进入经济学领域(Myrdal et al.，1944)。此后，西方越来越多的研究者就劳动力市场歧视这一问题展开了更加系统性的讨论，总体来说，经过不断的完善，目前已经产生以下三种具有代表性的理论。

第一，较早的是 Becker 提出的个人偏好歧视理论(Becker，1957)。这一理论对于偏好和歧视的内涵做出了区分，他提出劳动力市场的歧视来源于雇主是否"身心愉悦"，其含义是，由于个人偏好因素，某些人宁愿承担一定费用也不愿与使其不愉悦的人群接触。同时他也提出，偏好不一定导致经济歧视，却会造成隔离，但是这需要市场上有足够多的不带偏见的雇主，这类雇主的存在会让弱势群体的工资报酬在相同条件下和其他群体相同。同时，贝克尔还在模型中对经济歧视进行了量化。可以说这一理论极大地推动了歧视研究向理论化迈进，为歧视经济学奠定了坚实的基础。此后一些学者在 Becker 理论基础上进行了进一步的探讨，并考虑了信息不对称条件下的经济歧视状况。Arrow(1973)在 Becker 的理论基础上考虑了不同劳动力的不完全替代性。而 Akerlof(1985)则考虑到了市场上既存在有歧视偏好的雇主，也存在没有歧视偏好雇主的情况，同时他将歧视升华为一种社会习俗，并提出那些没有对大部分人歧视的群体产生歧视的雇主，即没有遵循社会习俗的雇主，是不可能获取利益的。

第二，Phelps(1972)、Aigner 和 Cain(1977)等又提出了统计性歧视理论，这一理论的核心在于：由于信息不完全，雇主会将群体典型的特征看成是群体内每个个体都具有的特征，以此作为雇佣个体的标准。具体来说，通常情况下雇主仅仅希望雇佣对其利益最大化的员工，然而由于信息不完全，雇主只能根据应聘者的一些明显的特征与标签进行判断，但这很可能产生失误，造成弱势群体被雇用的比例下降，或者产生经济歧视。Cain(1986)在进一步讨论后又提出，由于信息不对称导致的经济歧视缺乏持续性，因为雇主能够通过观察工人的工作表现而减少这一歧视。但是当考虑企业利润最大化的条件后，Milgrom 和 Oester(1987)则提出企业歧视没有动力去减轻统计性歧视，因为这意味着企业成本的增加。

第三，Doeringer 和 Piore(1985)提出了双重劳动力市场歧视理论，该理论将劳动力市场分割为主要市场和次要市场，主要市场是由大企业、组织机构等提供岗位，具备稳定、待遇好、工资高等特性；而次要市场则相反，除了缺乏前者具备的优点，同时还在不同稀缺岗位设置"人力资本"门槛，进而就形成了就业歧视现象。刚进入劳动力市场的群体是否能够直接进入主要市场，在次要市场已经工作的群体能否进入主要市场，不仅与人力资本有关，也与一些属性因素息息相关，尽管这些因素未必与其能力有很大的关系(严善平，2006；Lu & Song，2006)。

二、劳动力市场歧视的量化

除了上述与歧视相关理论框架及模型的提出以外，研究者们对于劳动力市场歧视的量化计算也有诸多贡献。例如，提出 Oaxaca-Blinder 分解法，这一方法是探究工资结构性差异的经典方法（Oaxaca，1973；Blinder，1973），其思路是从不同群体的相同人力资本及特征条件下的工资差中将人力资本和特征条件无法解释的部分分解出来；另外，Brown 分解法则是在 Oaxaca-Blinder 分解法的基础上作出了进一步的改进与扩展，强调了职业分布对工资差异的影响（Brown et al.，1980）。此后也有诸多研究者在 Oaxaca-Blinder 分解法基础上做出了不同角度拓展，包括对分解过程中产生的关键系数，即竞争性工资结构，做出了改进（Cotton，1988；Jann，2008；Neumark，1988；Reimers，1983）。

除此之外，也有学者用匹配（matching）、数据统计以及实验和准实验的方式量化歧视（万海远、李实，2013；Martinez De Lafuente，2021；Button & Walker，2020）。总体而言，学术界已发展出多种方式方法用来量化歧视研究。

三、劳动力市场歧视的类型

在劳动经济学中对于歧视问题的关注，始于性别以及种族歧视。这两个经典主题直到今天仍然被大量研究者所关注（Borowczyk-Martins et al.，2017；Kübler et al.，2018）。在多种族的劳动力市场中，种族歧视被认为普遍存在于社会的各个场景中，诸如社会关系、种族态度、通婚、居住地点选择等（Arrow，1998），这给予了研究者诸多的研究视角来刻画和理解种族歧视。随着研究的不断细化，工资歧视（Akee et al.，2014）、职业隔离、进入门槛（Borowczyk-Martins et al.，2017）、招聘歧视等逐渐被区分开，这一方面为种族歧视多层次、多维度特征的展开提供了丰富的证据，另一方面也引发了更多研究者对这些现象背后的原因和影响的关注。其中，受教育程度是研究者在经济学框架下讨论歧视时关注的最重要的人力资本要素（Smith，1984；Margo，1986），但是有学者提出即便在相同的教育水平和教育质量条件下，种族间仍然存在明显的工资差距，为此，一些研究者开始将注意力放在种族间其他方面的异质性因素上，包括群体数量以及技能等方面（O'Neill et al.，2006；Masters，2014），以期进一步揭开种族歧视产生的机制与路径。

而对性别歧视的讨论则更加复杂，这主要是由于男性和女性从生理上存在差异，且适配的工作岗位和场景不同，进而导致识别结果往往存在诸多争议。就如统计学中所提出的，造成男女工资差异的到底是歧视还是群体性差异是难以识别的。因此，可以发现讨论性别歧视的研究会选取更加微观的场景进行识别，以排除以上争论，就如谈判环境（Ayres & Siegelman，1995；Bowles et al.，2007；Castillo et al.，2013），具体的招聘、就业环境（Neumark et al.，1996；Goldin &

Rouse, 2000; Black & Strahan, 2001; Bertrand & Mullainathan, 2004; Reuben et al., 2014; Sarsons, 2017; Baert et al., 2016), 以及学术研究场景(Milkman et al., 2012; Sarsons, 2017)等。

除此之外,随着研究者们的视野不断拓宽,歧视研究的对象已经越来越向更小的群体之间延伸。但总体而言,无论研究何种歧视现象,其运用的理论基础几乎都离不开早期的歧视理论。

四、中国劳动力市场上基于户籍的差别化待遇现象

不同于国外,由于中国劳动力市场存在的差异化待遇问题更多源于制度(Xu et al., 2006),特别是户籍制度,因此由户籍引发的一系列劳动力市场差异化待遇问题一直是国内学者关注的重点(吴贾等,2015)。如20世纪80年代,研究者们将关注重点聚焦于如何打破城乡劳动力市场分割,提升农村户籍群体在城市的合法就业机会;而20世纪90年代则更多关注于如何让农村户籍流动人口拥有和城市户籍人口相同的养老保险等社会保障权利;进入21世纪后,农村户籍流动人口教育权、住房保障等则成为新的关注点(蔡禾、王进,2007)。

尽管从目前的法律及政策来说,二元户籍制度的取消已经使得农村劳动力在城乡间的流动阻碍大大减少,但这一制度下形成的诸如城乡居民的公共资源、社会福利和就业机会获取的显著差别(蔡昉等,2001;孙文凯等,2011),却造成了这两个群体在社会文化和心理层面的隔阂和陌生,而这些隐性的社会变化是难以通过更改制度在短期得到改变的。计划经济时期,城乡分割之后,城市经济社会形态就经历了比农村快得多的转变(陈斌开、林毅夫,2013)。而根据波兰尼的"嵌入理论"(embedding),人类社会发展会经历两个阶段的大转变,即从传统社会向纯市场社会的转变和从纯市场社会向有规制市场社会(regulated market society)的转变。改革开放以来,中国快速从计划经济转为市场经济,即中国在这一时期经历了嵌入理论中的第一个大转变,在这一过程中城市得到了快速发展,而农村则仍然处于相对滞后的状态,这直接导致城市户籍人口占有的社会资源大大多于、优于农村户籍人口,进而使城乡差距明显拉大(蔡昉,2003;陈斌开、林毅夫,2013)。除此之外,城乡之间共同价值观的瓦解、传统信仰的消失以及绝对理性的动摇也增加了城乡间的差异性(陈云松、张翼,2015),加重了城乡之间的落差。并且,随着城乡发展差距的拉大,城市人对农村人的偏见日渐加大,"乡下人"等一系列词汇进一步标签化(陈映芳,2007;Démurger et al., 2009;吴珊珊、孟凡强,2019)。伴随着这一过程不断地累积与深入,户籍工资差异的价格效应逐渐上升成为一种具有一定普遍性的社会现象。

　　国内已有研究中普遍认为户籍已经成为中国城市二元劳动市场上身份甄别的重要工具(蔡昉，2000；王美艳，2005)，并具备溢价能力(王美艳，2007；田丰，2010)，因此可以说，中国城市劳动力市场上存在户籍差异化待遇问题已经是学界的基本共识。究其根本，我国的城市户籍具有"属地化"的突出特征，与所在城市的公共服务和社会福利存在紧密捆绑，因此会对城市外来流动人口造成一定的排斥性，使其在法律和制度层面受到诸多不平等待遇，包括机会不平等，还比如劳动力市场分割或分层所造成的显性和隐性的"就业隔离"(吴晓刚、张卓妮，2014；孙婧芳，2017)和待遇不平等，例如，本地人基于"拥挤效应"对外来流动人口的心理抵制与排斥(蔡昉等，2001)。另外还有诸如工资歧视、工种歧视、就业歧视、行业歧视等(Feng & Zuo，1999；张兴华，2000)多种基于户籍歧视的表现形式。

　　基于此，有部分学者针对不同形式户籍歧视的形成机制进行了讨论。较早的研究如 Meng 和 Zhang(2001)利用 Brown 分解法对造成 1995 年上海农业转移人口和城市工人工资差异的原因进行了分析，研究发现两个人群之间存在职业隔离，约有 22%的城市人口，本来更加适合蓝领工作，但是却被给予白领职位；而有 6%的农业专业人口本来更适合当白领，却从事了蓝领的工作。同时这一研究还发现，职业内部的工资不平等比因职业隔离造成的工资差异严重得多，即相同职业中两个人群的工资差异有 82%都是无法用个人特征解释的，而职业隔离对工资差异的贡献度仅有 6%。相关学者基于 Meng 和 Zhang(2001)的结论指出，职业内工资差异中个人特征能够解释的比例过小这一现象与 20 世纪 90 年代后期国有企业改革造成的行业分割增强相关，是特殊时期产生的特殊现象，进而根据 2001 年的相关数据计算发现这一比例仅有 39%(王美艳，2005)。类似地，李骏和顾燕峰(2011)从职业隔离和同工不同酬两个角度探究了户籍身份对于就业及工资收入的影响，验证了职业隔离存在，并通过计算得出城乡户籍人口之间的工资歧视约为 35.5%，但与之前研究不同的是，这一研究还考虑了本地居民与外来居民之间差别的影响，即证明了在排除"本地"这一优势以后，户籍仍然造成了个体之间身份的不平等。也有一些学者深入探究了造成同工不同酬与职业隔离的原因。有研究认为城乡人口工资差异最主要的原因在于职业隔离，而教育是其中最重要的影响因素(吴晓刚、张卓妮，2014)。此外，也有学者提出更高的教育水平一方面会增加就业机会；另一方面在获取就业信息方面也占有优势，因此二元户籍歧视引发的教育隔离是产生户籍歧视的重要因素(赵耀辉，1997)。

　　值得强调的是，以上关于流动人口在中国城市劳动力市场遭遇歧视和不公平待遇的文献，更多是将外来劳动力和本地劳动力这两个群体进行对比(王美艳，

2005；严善平，2006；魏万青，2012；章莉等，2014），或者是关注外来农民工与本地劳动力之间非人力资本可解释的工资差别（姚先国、赖普清，2004；陈珣、徐舒，2014）。只有较少几篇文献关注了农业户籍本身所带来的劳动力市场歧视（章元、王昊，2011；吴贾等，2015；谢桂华，2012；余向华、陈雪娟，2012）。

然而由于现实中外来劳动力以农村户籍为主，所以针对外来劳动力和本地劳动力进行研究所得到的结论，对了解户籍工资差异的价格效应的情况也具备直接的借鉴意义。在工资、就业机会、福利待遇等几种歧视形式中，工资歧视具备更强的可量化性和可比性，且在现实中"同工不同酬"也是更加显性化的社会问题，因此大量研究者将主要关注点放在了工资歧视上。具体而言，王美艳（2005）结合2000年第五次人口全国人口普查的微观数据和2001年上海、武汉等五个主要城市的抽样调查进行研究，提出外来劳动力和本地劳动力的工资差别近43%可归结于户籍歧视等不可解释因素造成的。但邢春冰（2008）利用2005年全国人口普查数据得出的结论是，全国范围内户籍工资差异的价格效应仅能解释农民工和城镇职工小时工资差异的10%。而章莉等（2014）运用2007年CHIP数据对比15个城市农民工与城镇职工的工资，发现有约36%的差距无法用禀赋差异解释。吴贾（2015）应用中国CHNS1989~2011年的面板数据，发现有以下两个问题：①这一期间城镇劳动力市场中对农业户籍劳动者的工资歧视程度总体上逐年增加；②户籍歧视还会表现在福利和"三金"的差别。如有研究指出，不考虑"三金"和个人所得税会低估对农业户籍劳动者的歧视（章元、王昊，2011）；此外，户籍歧视还表现为就业机会和就业质量的差别。如吴贾（2015）发现，城镇户籍劳动者比农业户籍劳动者就业率更高，就业岗位更佳。还有研究认为，人们观察到的农民工收入低于城镇本地工人的现象可能主要归因于职业隔离，而非同工不同酬的工资歧视；如果剥离"职业间差别"之后，农民工与城市本地工人的"职业内差别"多数情况下是负的，也就是说，在同样所有制同样行业和同样工种情况下，农民工的收入有可能比城市本地工人收入还高（吴晓刚、张卓妮，2014）。后续一些文献进一步提出，外地劳动者相对本地劳动者已经出现了所谓的机遇收入补偿机制的"反向歧视"（陈昊等，2017）。孙婧芳（2017）提出，伴随"民工潮"走向"民工荒"，城市劳动力市场中的农民工稀缺性不断增加，因此2010年农民工面临的就业隔离与2001年相比大幅下降，且各部门内部小时工资的歧视也大幅下降，但来自公有单位的就业隔离依然存在。

仅有为数不多的研究，直接量化了户籍工资差异的价格效应。如于潇、孙悦（2017）基于2015年全国流动人口动态监测数据（CMDS）对比城镇流动人口与农村流动人口收入的一项研究提出，户籍工资差异的价格效应对收入差异的影响比重高达 36.8%。另外，一项基于 2005 年上海 1% 人口抽样调查数据所做的研究则对比了本地与外地以及仅外来劳动力中农业与非农户籍劳动力的歧视程度，研究指出，相对于上海本地工人而言，外来农民工受到了 56.5% 的歧视，而这一歧视又可分解为 26% 的外地户籍歧视与 30.5% 的户籍工资差异的价格效应（章元、王昊，2011）。

虽然以上研究由于依据数据的年份、地域以及计算方法存在一定差异，导致计算出的户籍工资差异的价格效应程度存在一定差别，包括其变化趋势也有不同的判断，但总体上都证明了户籍工资差异的价格效应的存在。

第二节　工作搜寻理论及基于该理论的差别化工资待遇问题研究

一、工作搜寻理论的发展与回顾

在新古典劳动供给理论中，由于包含了完全信息的市场假设，因此工资会反映市场中所有的供需信息，劳动者通过比较保留工资与市场工资来决定是否加入市场。其中隐含了一个假设，即人们只要想加入市场就能马上实现，然而这一假设在现实中几乎是不可能的。无论是工作提供方或者是搜寻工作方都是在一个信息不对称的市场中进行决策和活动的，每次岗位和劳动者之间的成功匹配都需要大量的交易成本，其中包括时间、金钱等。基于此，工作搜寻理论在 20 世纪 60 年代开始发展起来，主要讨论的就是在信息不完全这一条件下，个人如何采用一套理性的决策法则，在多方博弈过程中推演出合乎理性逻辑的结果。

Stigler（1961）为工作搜寻理论拉开了序幕，他提出在商品市场，消费者持续搜寻更低价的商品，直到搜寻的成本与消费者的预期回报相同才会停下，即"最优样本规模法则"，这一理论框架推动了一系列与交易、搜寻等相关的问题。而后，Stilgler（1962）开始将这一理论运用于劳动力市场，提出应聘者搜寻困难程度与工资成正比。随后 McCall（1965）和 Mortensen（1970）将这一理论模型化，进而研究不完全市场下个体的工作及工资之间的关系，这标志着现代工作搜寻理论的形成。几乎在同一时间 Diamond（1971）发表一篇文章深入讨论了卖方考虑到买方存在搜寻成本到反应，并说明了存在搜寻成本的均衡价格将不同于无搜寻成本的均衡价格。在此后的研究中 Mortensen（1978）以及 McKenna（1987）在最优样本规模理论的发展中做出了进一步贡献，这一理论的主要是进行工作搜寻的劳动力以追求最高工资期望值与搜寻成本的差额最大化为目标，在每家厂商提供不同工资条件下选取最合适的厂家搜寻数量，工作搜寻的劳动力会持续搜寻到这一数量的厂商，使下一个搜寻的标记收益等于边际成本，而搜寻者会接受其中厂商给出的最优条件岗位。

由于较早的工作搜寻模型是在非序贯的条件下进行讨论的，因此在描述个体行为决策的过程中不够贴近现实。基于此，McCall（1965）和Mortensen（1978）运用了序贯决策的分析方法将工作搜寻模型的分析方式进行了改进，被称为"最优中止法"。在这一分析方法下，搜寻工作的劳动者会在心里保有一个"保留工资"，作为劳动者可以接受的最低工资，将其作为工作搜寻过程中接受或拒绝的依据，所搜寻到的厂商提出的工资等于或者大于保留工资，则劳动者会接受，反之则会拒绝。

可以发现序贯分析下的"最优中止法"具有许多进步之处。首先，这种分析方法更具备现实意义，例如，在现实找工作的过程中不可能等到所有厂商都搜寻以后在决定哪个最好，而是需要劳动者尽快确定是否接受雇佣；其次，在序贯的分析中，劳动者对于厂商抽样的分布是内生的。因此，后续的研究不断沿着"最优中止法则"的方式进行讨论，特别是以Lippman和McCall（1976）的无限序贯模型的基础假设为基础，然后针对其假说条件加以放松，从而发展出各种不同的模型。无限序贯寻访模型的基本假设有以下五个：①搜寻的期限是无限的；②搜寻者目前正处于失业状态；③搜寻者的搜寻成本固定不变；④搜寻者依据其保留工资来判断是否接受厂商所提供的工作机会，一旦接受某份工作，双方的契约立即生效，如果拒绝，那么搜寻者只能继续搜寻下一个工作机会，其间不存在工人及厂商的反悔情形；⑤搜寻者被假定位风险中立者。后来的研究基本都是根据这个模型的基本假定，分别放松及确定条件，进而发展出不同类型的模型。

（1）限期序贯搜寻模型，这一模型最早由Gronau（1971）提出，并针对上面第一个以及第三个假设加以放松，模型中提出寻访者的工作生涯有限，单位寻访成本随着时间的延长而上升，与此同时保留工资会逐渐降低。

（2）在职搜寻模型，此模型由Burdett（1978）提出，针对上文第二个假设进行放松，这一模型认为在劳动力市场中除了存在失业者对工作搜寻以外，大部分人是在没有提前辞职的情况下就开始搜寻新的工作机会的，并且搜寻强度也不尽相同。

（3）学习型搜寻模型，是对假设四进行放松，在这一模型中，劳动者在搜寻工作之前并不确切知道工资的条件概率分布，而是在搜寻过程中，经过不断了解市场中工资条件的具体分布情况，而后对自身的保留工资不断进行调整。

（4）回溯型搜寻模型，此模型最早由 Lippman 和 McCall（1976）提出，是针对假设四进行了放松，认为如果当期放弃某一项工作机会，往后仍然可以回溯回来进而选择最适合的工作。

（5）预期效用极大化模型，主要是针对假设五进行放松，其理论机制是在冯诺依曼—摩根斯坦效用函数的基础上，将劳动力市场风险引入分析框架，并限定了工作搜寻者目标最大化作为其一生效用的限制，进而进行工作搜寻，在这一模型中，Mortensen（1986）证明了随着劳动力市场中工资率分布方差的不断扩大，工作搜寻者将提高其保留工资，与此同时，劳动力市场中的失业率和岗位空置率都将相应提高。

后来，工作搜寻理论又对工作搜寻者的工作经历进行了时间序列上的分析，这一分析主要是在马尔可夫决策理论上建立框架。Mortensen（1999）、Neuman 和 Baron（1997）在其研究中运用模型将劳动者的跳槽、岗位或职位进入以及退出决策作为劳动者在面临岗位空置、岗位薪酬变动以及闲暇时间价值所作出的不同反应进行刻画，这一模型的贡献在于，基于随机动态分析框架，笔者为劳动个体在不同时间点所获取的就业机会以及他们对这些就业机会的反应，是如何决定工资率、失业率和空岗率的作用机制提供了一个新的视角。

总体上看，以 Peter Diamond、Dale T. Mortensen、Christopher A. Pissaridesw 为主，构建的工作搜寻理论，不仅很好地解释了在信息不对称的市场中工作搜寻者的求职策略、工作搜寻强度、失业状况以及岗位和工作搜寻者的匹配，同时还解答了政策制度对失业、空岗以及工资的影响机制。由于这一理论和方法运用场具有普遍性，因此也被诸多研究者广泛应用于讨论房地产、婚姻等市场等。

二、工作搜寻理论与劳动力市场上的户籍工资差异问题

在之前关于歧视经济学的文献综述中，本章已经详细赘述了歧视经济学中最基本的歧视理论及相关发展，大致可以分为两类：一类是在近似于新古典市场下的 Becker（1957）的"偏好歧视"理论；另一类是在信息不对称市场中产生的统计性歧视理论。二者均从静态的视角下研究了劳动力市场上的歧视，但是现实中，市场的各个组成部分都会随着其他部分的决策进行调整，因此最终的歧视结果以及形成机制会更加复杂。基于此，为了在一个更加贴近动态现实的背景下讨论歧视问题，研究者将这一问题引入了搜寻模型中。

然而，对于消费者歧视而言，雇主歧视明显更加受到研究者们的关注，进而我们发现在歧视与工作搜寻理论的结合中，针对雇主歧视的讨论更为丰富。这一

理论模型在发展初期，其设定是劳动力和雇主相遇呈现随机性，其基本逻辑是在工人依次搜寻工作的过程中，如果该报价的期望值大于或等于额外搜寻的期望值，那么工人将接受工作。因此，均衡工资和就业是由工人的保留工资或匹配质量决定的。而市场上有偏见的雇主的存在，一方面会降低潜在受歧视群体的预期保留工资，另一方面这些有偏见的雇主要么拒绝雇佣这一群体，要么只会以较低的工资雇佣他们。因此，由于工作搜寻的成本较高，这些面临偏见的工人将会愿意接受一份较低工资或匹配度不高的工作，并且这一搜寻成本也赋予了劳动力市场上所有带偏见以及不带偏见的雇主以一定的议价权利，来为这一群体提供较低的工资（Black，1995）。

但是现实中，虽然存在一定程度的信息不完全状况，但是对于潜在被歧视的群体依然能够获取一些雇主的信息，进而判断其是否存在偏见（Lang & Lehmann，2012），这将使得他们在工作搜寻中不可能是完全随机的，而是会尽量避免有偏见的雇主。Lang、Manove 和 Dickens（2005）提出了一种具有定向搜索的歧视模型，在他们的模型中，雇主向外宣布了工资，应聘者根据看到的工资再决定在哪里申请，但是与之前的模型一样，员工只能按照顺序依次进行搜寻。在 Black（1995）的模型中，雇主会向不同种族的群体提供不同的工资，而在 Lang、Manove 和 Dickens（2005）的模型中，雇主只能向外宣布单一的工资，因此不能根据种族限定工资，因此雇主总是雇佣他们认为效率最高的工人。

后来有诸多研究以均衡定向搜寻模型为基础做出了不同方面的拓展。Galenianos 和 Kircher（2009）提出了劳动力可以在同时申请多份工作；Peters（2007）则在雇主和工人的类型数量进行的进一步扩展；Shi（2009）在模型中提出企业与雇员之间存在明确的时间的雇佣关系，在职期间，雇员就可以对其他工作岗位进行搜索。

第三节 人口迁移理论及其在中国背景下的研究

一、人口迁移理论的发展

人口迁移指的就是人口分布在空间位置上的变动，并且较早的理论研究更加倾向于永久性迁移。拉文斯坦的迁移法则是目前认为最早的关于人口迁移的问题的讨论（Ravenstein，1889），其通过对比英国 1871 年和 1881 年人口普查的相关资料总结了著名的移民七法则。

后来发展经济学家对人口迁移的分析则为现代人口迁移现象提供了大量的解释。这些理论模型不仅对永久性迁移给出了参考，也对有非永久性人口流动动机、原因和方向等给予了理论借鉴。在发展经济学框架下，迁移理论往往以经济激励作为迁移的关键动因，这主要是进入工业化阶段以后，传统的农业部门相对收入较低，而工商业部门收入更高，因此经济增长在带来国家发展与平均国民收入水平提升的同时，也造成了越来越严重的收入差距。但其实这一现象早在17世纪就已经被威廉配第关注到了，因此这一理论也被称为"配第—克拉克理论"。

"二战"以后，以农村人口向城市大规模迁徙为表征的城市化成为全球趋势，进而城市化问题也开始融入这一理论中。随着工商业不断在城市中聚集，吸引着越来越多的流动人口进入工商业部门，生活居住在城市，因此很多研究者都将人口迁移前后的工资水平差距和找到高工资工作的机会视为吸引劳动力的主要原因（亚当·斯密，2007）。在不少研究者看来，劳动力的部门间、城乡间的迁移行为也是一种投资方式，能够改善人力资本的利用效率，并为个体带来更高的工资。正在这样的现实背景下，有关于人口迁移的理论模型开始不断发展。

二元经济模型是刘易斯等在发展经济学视角下提出的理论模型（Lewis，1954；Schultz，1960）。该理论模型将发展中国家的经济结构设定为两个部门，即农业部门和工业部门，随着技术的不断进步，农业部门的劳动生产率得以提高，劳动力开始过剩，而工业部门生产率也不断升高，且其工资收入相对农业部门更高，因此农业部门的劳动力会被吸引至工业部门。与此同时，工业部门在利润再投入，生产规模不断扩大的前提下，其吸收劳动力的能力也会不断上升，因此两部门的边际劳动生产效率在劳动力不断转移的过程中得以缩小。当农业部门剩余劳动力全部被工业部门吸收，农村劳动力开始出现短缺，农业的工资水平开始上升，即刘易斯拐点。

后来 Ranis 和 Fei（1963）进一步拓展了刘易斯的二元经济模型，即在模型中考虑了城市失业，使得这一模型更加贴近现实状况，但是这一理论仍然没有对城市失业与人口迁移两个现象并存提供更有力的解释。同时这一模型中还提出，农业部门的边际生产力是大于工业生产部门的，这是由于工业部门的发展需要农业部门产出的支持，因此要想让工业部门持续发展则需要保证农业增长速度。

经典的哈里斯—托达罗人口流动模型，进一步从收益成本的视角阐明了农村人口进行乡城流动的决策机制（Harris & Todaro，1970），在这一模型中农村流动人口向城市迁移的动力是经济激励，城乡收入差异越大，且自身预期收入越高，劳动力的迁移倾向越明显。另外，在20世纪60年代以后，许多发展中国家纷纷出现了高失业率的现象，但同时仍然有大量农村人口涌向城市，因此托达罗模型中专门就这一问题提出了分析。其中起到关键的理论假说是，潜在的迁移群体的迁移动机是"预期收入情况"，即当城市预期收入水平高于农村收入水平时，就会出现人口迁移现象，而并非实际的城乡收入状况，并且在城市中失业的人可以在非正式部门维持生计。因此可以说托达罗流动人口模型首次将城市失业问题作为理论模型中分析的重要前提和目的，提出发展中国家对工业发展的过度偏重，会造成城市现代工业部门过快发展，进而导致城乡预期收入差距持续拉大，并最终加剧城市失业问题。但是由于模型中强调了城市实际工资是制度决定的，这也使得城市工资的刚性特征脱离了现实。

针对这一问题 Bencivenga 和 Smith（1997）在托达罗模型的基础上进行了拓展，说明了工业部门具有较高的工资水平以及出现城市失业问题主要是由于雇主和雇员之间的信息不对称造成的。这一模型提出，城市失业问题主要是微观层面上移民对城市劳动力市场上理想选择做出反应的宏观结果。

而后，又有学者提出迁移决策也具有外部性（Postlewaite，1998），人们可能在决策的过程中互相影响进而形成"羊群效应"。除了决策本身存在外部性影响，先迁移的群体在流入地的收益也会对后来人产生额外收益，进而激励劳动力源源不断地进入城市中（Dustmann & Preston，2001）。

二、中国境内人口迁移背景及研究

在新中国成立初期，1949~1957 年，我国的人口迁移以及流动相对自由，几乎没有限制。1951 年颁布的《城市户口管理暂行条例》和 1953 年发布的《关于建立经常户口登记制度的指示》，主要涉及了人口迁入迁出的登记以及手续办理。在"一五"时期，一方面，我国开启了工业发展，需要大量劳动力参与，进而吸引了大量农村流动人口进入城市；另一方面，也有大量劳动力前往边疆开垦土地。1958 年以后，由于我国经济基础薄弱，所以吸纳的劳动力有限，进而在城市中发生了粮食供给、就医、就业等多方面的困难，为了解决这一问题，1958 年发布《中华人民共和国户口登记条例》，文件中对人口迁移做出了较为严格的限制，城乡隔离开始形成。到了 20 世纪 60 年代，国际国内形势变得错综复杂。为了应对当时的形势，国家相继推出了几项重大的人口迁移工程，包括将沿海发达地区的职工内迁，大批高校西迁，同时还包括知识分子、大量干部、官兵等迁入西部。可以说这一阶段几乎只有政策性的人口迁移，自发迁移是不被允许的。

改革开放之后，中国有数亿农村人口进入了城市，在国际上被广泛认为是人类历史上规模最大的人口迁徙。1989 年之前，人口流动基本没有限制，1984 年起，国家不仅允许农民自带口粮进城务工经商，还大力支持乡镇企业发展，并转移农业富余劳动力。1989 年后由于之前农村流动人口数量过大，为城市交通、社会治安等方面都带来了巨大压力，因此政府又开始加强对流动人口的管理。直至进入 21 世纪，这一限制才开始逐步放松，这一时期农村劳动力转移成为我国流动人口的主体，国家也开始关注农村流动人口在城市的待遇与工作生活状况，并开始从政策层面对农村流动人口实行公平对待政策，鼓励农村流动人口市民化。

随着我国新型城镇化建设的推进及"人的城市化"目标的明确提出，越来越多的学者开始关注中国农村流动人口在城市定居和融入的影响因素。在传统劳动经济学以及人口迁移理论的影响下，预期收入必然是研究者们重点关注的话题（Chen & Liu，2016；Chen & Wang et al.，2019），而与此相关的预期收入增长以及生活成本变化等也就成为被关注的重点（周颖刚等，2019）。另外，由于制度与文化之间存在多维度影响，因此中国的流动人口还需要考虑到家庭层面的要素（Wang et al.，2019；杨传开等，2017），例如是否是家庭迁移，是否有孩子和老人随迁等，这些问题不仅会关系到人口迁移决策，也会影响流动群体在城市中的生活工作状况，就如子女教育问题对于中国流动人口而言就是一个关键的影响要素。另外，由于户籍的设定，公共服务和社会保障不平等也是流动人口在城市中面临的问题之一（王伟等，2016；林李月等，2019），而一些研究还发现城市层面的特征也会影响流动人口的决策行为（孙中伟，2015），其中包括城市规模、经济发展状况等。随着不同学科研究的互相交叉，一些社会学视角下的影响因素也越来越受到关注，诸如代际问题、社会网络关系和社会认同（陈映芳，2005；刘于琪等，2014；郭晓欣等，2023）等。虽然这些研究的侧重点有所不同，但是其中大多数都会涉及户籍制度。因此，二元户籍制度虽然已经在政策层面上逐步淡化，但是其在很多方面的渗透还是难以在短期被彻底消除，特别是对农村流动人口进入城市、融入城市起到了难以磨灭的影响。

与此同时，以农村人口向城市的大规模迁徙转移为表征的城镇化加速是"二战"结束以来的全球趋势。从 20 世纪 50 年代开始，经济学家们已经在收益—成本的框架下研究城乡二元经济结构中的农村劳动力流动决策模型（Lewis，1954；Schultz，1960）。经典的哈里斯—托达罗人口流动模型，进一步从"推—拉"两个角度阐明了农村人口进行乡城流动的决策机制（Harris & Todaro，1970）。总体而言，目前主流经济学对人口流动及定居地的选择的理解仍然还建立在效用机制之上。

因此，有研究者开始将人口迁移的相关理论和中国国内人口迁移现象进行结合。具体而言，中国的城乡人口流动不仅受到传统人口迁移理论中的经济激励因素的驱动，也受到户籍及其背后相关制度的制约（Chan & Zhang，1999；梁琦等，2013）。尽管随着户籍制度改革在全国范围内的全面铺开，人们地域流动的阻碍正在被逐步打破，但依托于户籍制度的或明或暗的人口流动限制，诸如随迁子女在本地受教育的限制，仍根植于各大城市之中（孙文凯等，2011；都阳等，2014）。因此在人口迁移的经济学理论框架下，探究户籍制度对流动人口特别是农村流动人口带来的影响是极为关键的。

第四节　本章小结

本章主要对歧视经济学理论及中国劳动力市场上的歧视问题、工作搜寻理论及基于该理论的歧视问题研究、人口迁移理论及其在中国背景下的研究三个方面的已有文献进行了梳理。这些研究及理论为本书的研究提供了诸多方面的启发以及理论层面的支撑。

第三章

中国城市外来劳动力市场上户籍工资差异的价格效应的存在性检验

C H A P T E R 3

第一节 政策背景与基本事实

一、城乡二元户籍制度的演化背景

1958年1月9日，新中国第一部户籍制度《中华人民共和国户口登记条例》颁布，户籍制度由此建立。在这一政策颁布后的一段时间内，乡城间的人口迁移并没有立刻消失，因此为了严格控制人口流动，一系列补充政策应运而生。如1958年2月国务院发出《关于制止农村人口盲目外流的指示的补充通知》，1959年1月，中共中央又发出《关于立即停止招收新职工和固定临时工的通知》。除此之外，在后来的数年间，基于这一基本制度，一系列关乎就业、医疗保健、教育、通婚子女落户等方面的规定也纷纷建立起来，整体上构成了一个利益向城市人口倾斜的组织严密的体系。

改革开放以后，我国粮食短缺问题逐渐得到缓解，同时民营企业大量涌现，需要劳动力的跨区域流动，因此政府才逐渐开始放松对人口迁移的控制。1984年10月13日《国务院关于农民进入集镇落户问题的通知》（国发〔1984〕141号）发布，这是户籍制度第一次出现反转，可以说这一文件标志着农民获得了在城市合法生存的权利。随后农民向城市流动需要"自带口粮"的政策也得以消除，进一步助推了农民工进城打工的热潮。需要指出的是，长期以来在农村人多地少以及收益低的事实背景下，农村中剩余劳动力达到了2/3左右，因此，在城市进入政策放松以及农村劳动力剩余的背景下，农民们大量涌向城市成为必然。

20世纪80年代中后期，户籍制度管控进一步松动，一些地方开始允许农民缴纳一定数额的费用，就可以成为市民，户口交易的现象开始兴起，特别是1992

年后各地更是掀起了以集资为由而公开向社会出售"城镇户口"的热潮,这充分表明了城市户口在城乡利益分配中的含金量。

随着农民工不断进入城市,1993 年开始,户籍制度开始有所转变。但是总体上,各地政府还是极力以户口作为符号资源,由于户籍制度并没有得到彻底的改变,继而在各地产生了各类以集资名义而产生的"蓝印户口""绿皮户口"等地方性户口。1997 年以后,以小城镇户籍制度改革为契机,各地纷纷开始统一户口性质,取消了农业户口与非农业户口的划分,但是由于城市人口与农村人口享受公共服务以及福利待遇上的差别没能改变,因此这一举措并没有实际意义。随后,1998 年 7 月,国务院批转了公安部《关于解决当前户口管理工作中几个突出问题的意见》(国发〔1998〕24 号),标志着大城市的户籍迁移限制首次被打破。进入 21 世纪以后,城乡户籍制度改革的权限基本下放到了地方政府,虽然各地对流动人口的准入条件也在不断降低,但是总体上,这一改革的进程一直是缓慢的。

2014 年 7 月 30 日,备受关注的国务院《关于进一步推进户籍制度改革的意见》(以下简称《意见》)(国发〔2014〕25 号)正式公布,这表明户籍制度这一经济社会发展的桎梏从根本上开始被瓦解。《意见》明确提出要统一城乡户口登记制度,且将建立与统一城乡户口登记制度相适应的教育、卫生计生、就业、社保、住房、土地及人口统计制度。这标志着实行了半个多世纪的二元户籍管理模式将退出历史舞台。

二、基本事实

改革开放以后,随着我国二元户籍制度对农村流动人口进入城市壁垒的不断放松,流动人口的规模以及跨度都在不断扩大,特别是进入 21 世纪以来,城市劳动力市场上,农村劳动力出现了许多新的特征。

1. 规模增加,增速先涨后降

在发展经济学中,农村剩余劳动力由农业部门向工业部门流动是城镇化过程中的重要特征之一。由于全国各地放开劳动力流动的政策并不是同时进行的,且户籍制度的改革也并不同步,因此流动人口的流动范围和规模极大程度上受到相应制度改革阶段的影响。但是整体而言,从改革开放以后的三十多年里,农村流动人口都在持续增长。

表 3-1 给出了 2009~2020 年我国农民工的一些数量指标[1]。从表中可以看出,首先,2020 年之前我国农民工的数量都在持续上涨,增速从 2010 年开始达

---

[1] 2015 年及以后没有对举家外出农民工数量这一指标进行公布,因此为空值。

到峰值，往后十年增速不断下滑；其次，我国外出农民工^①数量除了 2014 年和 2020 年有所下降，其他年份都在上涨，并且在 2014 年之前的几年中，外出农民工占比明显高于 2014 年以后的年份，说明近年来农民工越来越倾向于就近就业；最后，举家外出的农民工数量从 2009~2014 年一直处于上涨状态。

表 3-1 2009~2020 年农民工数量状况

数量	单位	2009 年	2010 年	2011 年	2012 年	2013 年	2014 年
农民工总量	人数（万人）	22978	24223	25278	26261	26894	27395
	增长率（%）	1.9	5.4	4.4	3.9	2.4	1.9
外出农民工数量	人数（万人）	14533	15335	15863	16336	17185	15335
	增长率（%）	3.5	5.5	3.4	3.0	5.2	−1.1
举家外出农民工数量	人数（万人）	2966	3071	3279	3375	3525	3578
	增长率（%）	3.7	3.5	6.8	2.9	4.4	1.5
数量	单位	2015 年	2016 年	2017 年	2018 年	2019 年	2020 年
农民工总量	人数（万人）	27747	28171	28652	28836	29077	28560
	增长率（%）	1.3	1.5	1.7	0.6	0.8	−1.8
外出农民工数量	人数（万人）	16884	16934	17185	17266	17425	16959
	增长率（%）	1.0	0.3	1.5	0.5	0.9	−2.7
举家外出农民工数量	人数（万人）	—	—	—	—	—	—
	增长率（%）	—	—	—	—	—	—

2. 青年人占比下降

表 3-2 给出了 2009~2020 年农民工的年龄构成。可以发现，首先，30 岁以下的年轻人占比迅速下降，特别是 21~30 岁的群体占比从 2009 年的 35.8%持续下降到 2020 年的 21.1%。31~40 岁的群体占比浮动不大，基本保持在 23%左右。而 41 岁以上的农民工占比则不断上升，特别是 50 岁以上的，从 2009 年的 12.2%增长到 2020 年的 26.4%，增幅明显。这表明农民工群体的人口结构在十多年时间里持续老龄化，这可能是农民工受教育水平提升推迟了工作年龄造成的。

表 3-2 2009~2020 年农民工年龄构成　　　　　　　　　　单位：%

年龄 ＼ 年份	2009	2010	2011	2012	2013	2014
16~20 岁	8.5	6.5	6.3	4.9	4.7	3.5
21~30 岁	35.8	35.9	32.7	31.9	30.8	30.2

---

① 外出农民工指的是在调查年度内，在本乡镇地域以外从业 6 个月及以上的农村劳动力。

续表

年龄＼年份	2009	2010	2011	2012	2013	2014
31~40 岁	23.6	23.5	22.7	22.5	22.9	22.8
41~50 岁	19.9	21.2	24.0	25.6	26.4	26.4
50 岁及以上	12.2	12.9	14.3	15.1	15.2	17.1
年龄＼年份	2015	2016	2017	2018	2019	2020
16~20 岁	3.7	3.3	2.6	2.4	2.0	1.6
21~30 岁	29.2	28.6	27.3	25.2	23.1	21.1
31~40 岁	22.3	22.0	22.5	24.5	25.5	26.7
41~50 岁	26.9	27.0	26.3	25.5	24.8	24.2
50 岁及以上	17.9	19.2	21.3	22.4	24.6	26.4

3. 教育水平不断提高

表 3-3 中是 2009~2020 年农民工的学历变化状况。首先，小学及以下学历的占比变化不大；其次，初中学历占比有比较明显的下降；最后，由于高中以及高中以上学历的人群统计口径在 2012 年前后有所不同，因此通过对比 2013~2020 年的农民工学历，可以发现大专及以上的群体占比有明显上涨，而高中学历占比有小幅度的上涨。因此，整体上农民工的受教育水平处于持续上升的状态。

表 3-3   2009~2020 年农民工学历状况   单位：%

学历＼年份	2009	2010	2011	2012	2013	2014
未上过学	1.1	1.3	1.5	1.5	1.2	1.0
小学	10.6	12.3	14.4	14.3	15.4	14.7
初中	64.8	61.2	61.1	60.5	60.6	55.4
高中	13.1	15.0	13.2	13.3	16.1	16.5
中专/大专及以上	10.4	10.2	9.8	10.4	6.7	7.3
学历＼年份	2015	2016	2017	2018	2019	2020
未上过学	1.1	1.0	1.0	1.2	1.0	1.0
小学	14.0	13.2	13.0	15.5	15.3	14.7
初中	59.7	59.4	58.6	55.8	56.0	55.4
高中	16.9	17.0	17.1	16.6	16.6	16.7
大专及以上	8.3	9.4	10.3	10.9	11.1	12.2

注：2009~2012 年统计为中专及以上，其他年份均为大专及以上。

4. 就业及居住状况

农民工不断从第二产业向第三产业转移。2013 年外出农民工中，从事第三产业的比例仅为 42.6%，而第二产业占比为 53.6%，到 2020 年第二产业占比下降至 48.6%，第三产业上升到了 51.5%。外出务工收入大幅上涨。2009 年，外出农民工平均工资仅为 1417 元，2020 年达到 4549 元。

除此之外，农民工在城市的居住状况也大大改善，到 2020 年进城农民工人居居住面积已达 21.5 平方米，并且居住设施也不断改善，单独厕所比例达到 71.5%，洗澡设施达到 85.4%。

5. 权益保障

农民工的工资拖欠状况有所好转。2008~2015 年，农民工群体被雇主或单位拖欠工资的比率从 4.1% 下降到 1%，其中建筑业的工资拖欠现象普遍高于其他行业，2015 年《中国农民工检测调查》显示，工资拖欠比例较上年有所上涨，且拖欠工资数量也增长了 2.9%。

劳动合同签订比例出现下降。2009 年农民工与雇主或单位签订劳动合同的比例有 42.8%，到了 2015 年这一比例仅剩下 36.2%，其中外出农民工合同签订比例相对更高，占 39.7%，本地农民工仅 31.7%。

外出农民工工作强度有所下降。从 2009 年平均每月工作 26 天下降到 2015 年的 25.2 天。周工作超过 44 小时的比重也由 89.8% 下降到 85%。

另外，进城农民工的法律意识和依靠政府的维权意识也在不断增强。当工作和生活中遇到困难时，向政府相关部门反映的比重在 2017 年达到 32.7%，通过法律途径解决的占 28.3%，均比上年有所提高。

6. 总结

总体上看，近年来，我国农民工无论从人力资本、就业、居住条件、收入、以及维权意识等方面而言都有较显著的进步，并且从其社会活动、社会融合以及生活满意度的视角而言也有不小的提升，伴随着这一群体在城市生活、工作的时长的增加，进城农民工在城市的适应度和归属感也在不断增强。但是，这一群体要实现市民化，其有待于提升的空间也仍然巨大。就如受过高等教育程度的人数占比仍然不高，就业仍然更多集中于城市中较为边缘化的岗位，且工资比城市劳动力明显更低，权益保障的意识也仍然不足。正是这些因素固化了农村流动人口在流入地相对弱势的社会经济地位，为户籍工资差异的价格效应在现实中得以持续提供了条件。

需要关注的是，农村流动人口和城市流动人口相比差距也仍然显著。具体地，就教育水平而言，2018 年城市流动人口中有超过 33% 的群体是高中/中专及以上学历，更高的学历中，大专及以上群体占比达到 12.78%，这一数据明显超过了同年农村流动人口的高学历群体比重；就周工作强度而言，2018 年城市流动人口一周工作时间约 50.91 个小时，而农村流动人口的周工作时长高达 59.67 个小时，比城市流动人口多近 9 个小时；就所在的职业和行业分布来看，城市流动人口在技术类、管理类岗位中的占比大大高于农村流动人口，且合同签订的比例也更高，这不仅代表农村流动人口在主要劳动力市场的份额占比更低，也说明了农村流动人口的稳定性不足，而稳定性不足则会加剧农村流动人口进入稳定就业岗位的困难程度，进一步形成恶性循环。这一系列的个体层面的指标说明虽然农村流动人口在过去几十年间有了快速的进步，但是和城市流动人口相比仍然存在差距，而这些指标既是上一阶段人力资本特征与个体特征综合劳动力市场的供需匹配结果，同时也将对下一阶段的农村劳动力在城市的工作与融入状况产生影响，因此可以认为，目前农村流动人口在城市仍然处于边缘化状态，这进一步表明户籍工资差异的价格效应仍然具备客观存在的现实基础。

从微博中搜索相关信息，也能够发现诸多对户籍工资差异的价格效应的反应和讨论。具体可以总结为如下几个方面，招聘环节的差异化待遇、福利分配的差异化待遇、政府补贴的差异化待遇、同工不同酬等，可以说，目前劳动力市场上仍然存在着一系列基于户籍身份的差异化待遇现象。同时有诸多的学者基于现实数据也进行了进一步讨论，其结论基本都认为城乡二元户籍所引致的农村流动人口在城市劳动市场上遭遇的差异化待遇问题确实延续已久（Chan，1996；蔡昉等，2001；卢锋，2012；孙婧芳，2017），这也抑制了劳动力资源配置效率提升和经济增长潜力释放（陈钊、陆铭，2008；蔡昉，2013），同时还阻碍了社会融合（谢桂华，2012；陈云松、张翼，2015），进而对社会的和谐稳定产生了危害（吴珊珊、孟凡强，2019；蔡禾等，2009；冯虹等，2013）。

第二节　基于工作搜寻理论的户籍工资差异的价格效应讨论

一、刻板印象、偏见与差异化对待的区别与关联

每个人可能都认为自己在生活中平等待人，但是人的决策和行为往往受到生活中大量非理性因素干扰。在过去上万年的进化中，人类的大脑为了节省能量以

及认知资源，产生了将相似的事物进行分类的功能，这样人们就能用更少的资源让自己感知更多的事物，但是这种功能也绝非有百利而无一害。诸如在将事物进行分类、归纳的过程中，我们也抛弃了诸多细节的要素，进而可能造成以偏概全或者刻板化的认知，甚至可能导致隐性的偏见，而这些偏见又会继续塑造我们的所见、所闻、所感，以及行为决策，甚至造成差异化对待的行为。

"刻板印象""偏见"以及"差异化对待"大体上都表示对个体、群体等之间差异化的看待和对待。现实中"刻板印象""偏见"和"差异化对待"经常出现在类似的语境中，并且表达了近似的意思，但是在社会学以及心理学的研究中，这三个词汇是存在区别的。而区分这三者之间的差异将更有助于理解本章的内容，特别是有助于将本节的理论模型和现实进行紧密的连接，因此，在这里有必要进行一番解释。其中"刻板印象""偏见"与"差异化对待"是存在较为明显的区别的，"差异化对待"强调行为，指差别性的对待，就如保罗·萨缪尔森和威廉·诺德豪斯（2004）在其所著的《经济学（第十七版）》书中指出："差异化对待通常有两种含义，一是对不同的人依个人特征给予不同的待遇；二是对某一个特定的群体设置不利的规则。"而"刻板印象"和"偏见"更多强调认知和心理的态度，并没有付诸行为。沃尔特·李普曼（1922）在其《公众舆论》一书中提道，"刻板印象主要是指人们对某个事物或物体形成的一种固定的看法，并把这种看法推而广之，认为这个事物或者整体都有这样的特征，并忽略个体差异"。而戈登·奥尔波特（2020）在其著作《偏见的本质》中对"偏见"做出了详尽的分析，他基于种族偏见提出，"偏见是由一种有缺陷且僵化的概括产生的态度"或者从心理学上被认为是"过度概括的判断"。由此可以看出，刻板印象是一种对事物固定的看法，而偏见则是在固定看法的基础上产生的对事物的主观态度。

因此，在对以上"刻板印象""偏见"以及"差异化对待"进一步理解的基础上，我们可以更清晰地勾勒出中国背景下户籍工资差异的价格效应产生的大致路径。1958年《中华人民共和国户口登记条例》实施开始，我国城乡间就陆续经历了几十年的隔离，不仅城乡间人口难以自由流动，而且经济、医疗、教育等多个领域的发展也存在明显区别，可以说城乡分割的过程中，形成了一个整体上利益向城市倾斜的体系。在这样的隔离体系下，城乡间差异化发展持续了几十年，以至于城乡间价值观、认知、习惯甚至文化都出现了明显的区别。客观的隔离和差异化的加深使得城乡间互相理解的途径越来越有限，因此，当改革开放以后，初代农村流动人口来到城市工作，他们的形象特征就成为后来"农村流动人口刻板印象"的最初来源。由于在几十年中农村发展确实在极大程度上落后于城市，因此当时的农村流动人口中的绝大多数都具备学历低、社会支持少、思想观念陈旧、工作经验少、流动性强等特征，随着时间推移，这些标签化的特征不断沉淀，最终在城市劳动力市场上形成了农村流动人口的"刻板形象"。另外，从 20 世纪 80 年代开始，我国主流媒体，就如《人民日报》等也开始关注农村流动人口在城市的生存状态、权益保障、就业等问题，其中也涉及诸多他们在城市工作、生活中遇到的困境(曾振华等，2014)，这一方面切实体现了主流媒体对这一群体的关怀，但是另一方面也加深了农村流动人口弱势群体的地位，反而进一步强化了这一群体在城市劳动力市场中边缘化的形象特征。而在这些刻板化的形象特征中，有诸多形象对于城市雇主而言都存在"负面"的联想，例如，低人力资本、流动性强、低技能等，并且这些负面刻板印象在雇主看来都与工作效率、工作质量有密不可分的关系，于是进一步造成了他们对农村流动人口有偏的心理态度。而在现实中由于大量农村流动人口的人力资本、观念、习惯、认知等方面难以快速转变，已经生成的刻板形象在现实中会不断被印证、固化，因此城市劳动力市场对他们的"偏见"也随着时间的推移被不断加深。

那么由负面刻板印象造成偏见以后，这一系列的心理层面的态度又是如何转化为差异化对待行为的呢？在相关的研究中，工作搜寻模型给予了本章非常重要的启发，并为解决这一问题提供了思路。在有关于西方种族、性别等的工资差的价格效应研究中，已有部分研究者运用了工作搜寻理论(Black，1995)，这些模型中大都运用"偏见"作为差异化对待现象产生的源头，这在西方劳动力市场中群体间存在宗教、种族、政治等方面差异的大背景下是非常容易被理解的，而中国劳动力市场上户籍工资差异的价格效应主要体现在城市劳动力和农村劳动力之间，两者难以找到"偏见"的直接动因，但是城市劳动力市场对农村流动人口存在负面刻板印象则是具有合理的历史渊源和现实背景的。因此本章将在已有的工作搜寻理论模型中做出一些改进，即将基于户籍的差异化对待现象的产生源头更向前一步到刻板印象，以更加适应本章所讨论问题的现实背景。

综上所述，本章梳理出关于刻板印象、偏见以及差异化对待的区别与关系，说明户籍工资差异的价格效应产生的历史背景和演化过程，这为接下来理论模型的构建提供了良好的基础。本章以期望借用工作搜寻理论模型从微观视角说明户籍工资差异的价格效应普遍存在的原因及机制。

二、理论模型

本章借用 Black(1995)的工作搜寻理论模型对中国城市外来劳动力市场上户籍工资差异的价格效应进行了分析。设定外来劳动力市场上一共有 N 个劳动者，其中农村流动人口占比为 ρ，这一群体会面临基于户籍的差异化对待，城市流动人口占比为(1-ρ)，这两类劳动力在相同人力资本条件下拥有相同的边际产出 V。劳动者们知道市场上存在两类雇主：一类是对农村流动人口抱有基于负面刻板印象而产生的偏见，这类雇主占比为 θ，由于存在偏见，这类雇主不会雇佣农村流动人口，他们为城市流动人口提供的工资为 w_p^a。另一类是雇主占比为(1-θ)，他们对于农村流动人口没有偏见，因此会雇用农村流动人口作为雇员，这类雇主为农村流动人口和城市流动人口提供的工资分别为 w_u^b 和 w_u^a。

在对劳动力市场的差异化对待问题的研究中，应聘者们是否接受一份工作不仅仅与雇主提供的工资有关，还与这份工作的非金钱特征相关(Albrecht & Jovanovic，1986)，这些特征可能是应聘者对某类工作或某个雇主的依恋(Barron et al.，1993)，也可能是个人根据自己技能选择的更有比较优势的工作(Heckman & Honore，1990)，总之非金钱特征反映了个体对这份工作的满意以及热爱程度，因为满意以及热爱程度越高，个体越能够接受这份工作，并且愿意花费更多的时间精力在工作中。为此，本章设定了工作满意度 S 以测度劳动者对工作非金钱特征，F(S)为工作满意度的分布函数，f(S)为概率密度函数，其中 F(S)是对数凹函数，这一设定表示工作满意度 S 的反风险函数 $m(S) \equiv [1-F(S)]/f(S)$ 是严格递减的。

(一)应聘者的行为

在这一模型中市场中一共有两个主体，即雇主和雇员，每个主体又分两类，即农村流动人口和城市流动人口。

首先，讨论应聘者中的城市流动人口，这一群体在城市外来劳动力市场中不会受到偏见。当他们在搜寻工作时，应聘者会掌握这一工作非金钱方面的状况，这是个体对其工作满意度 S 进行判断的主要信息来源。如果应聘者接受了某份工作，那么应聘者从这份工作中得到的效用就是他得到的工资 w_j^a 和工作满意度 S 的和，也就是：

$$w_j^a+S(j=u, p) \tag{3-1}$$

应聘者在找到一份合适的工作之前将一直搜寻，而"合适的工作"表示所接受的工作带给应聘者的总效用至少与其保留效用相同，如果用 u_r^a 表示应聘者的保留效用，那么有：

$$S \geqslant u_r^a-w_j^a(j=u, p) \tag{3-2}$$

由于本章理论模型需要讨论的是一个动态问题，对每个应聘者而言，搜寻工作的过程是相似的，因此可以运用动态规划的思想解决来这一问题，即将宏观问题分解成单个应聘者工作搜寻的问题。对于单个城市流动人口而言，其搜寻工作的效用函数为(其中 k 是工作搜寻成本)：

$$U^a = \theta Emax\{w_p^a + S, U^a\} + (1-\theta) Emax\{w_u^a + S, \ U^a\} - k \tag{3-3}$$

式(3-3)表明，城市流动人口有 θ 比例的可能遇到对农村流动人口有偏见的雇主，有 $(1-\theta)$ 比例的可能遇到没有偏见的雇主。当遇到有偏见的雇主时，$(w_p^a + S)$ 表明搜寻到某一份工作时，这一工作给这一个应聘者带来的总效用，而 U^a 则是这一份工作后搜寻后面工作可能带来的期望效用，这一期望效用和总效用相同，这是因为之前搜寻的工作都没有被应聘者接受，因此没有收益，所以对于应聘者而言，他需要在这份工作的效用和预期未来的效用之间作出选择。当遇到没有偏见的雇主时情况类似。

基于式(3-3)可以进行一系列变换得到式(3-5)。

$$U^a = \theta\{ \ [E(w_p^a + S)] \ |_{w_p^a + S > u} + E(U^a) \ |_{w_p^a + S < u}\} +$$
$$(1-\theta)\{ \ [E(w_u^a + S)] \ |_{w_u^a + S > u} + E(U^a) \ |_{w_u^a + S < u}\} - k$$

$$U^a = \theta \left[\int_{S_p^a}^{\infty} (w_p^a + S) f(S) dS + U^a F(S_p^a) \right] + (1-\theta) \left[\int_{S_u^a}^{\infty} (w_u^a + S) f(S) dS + U^a F(S_u^a) \right] - k \tag{3-4}$$

$$U^a [1 - \theta F(S_p^a) - (1-\theta) F(S_u^a)] = \theta \int_{S_p^a}^{\infty} (w_p^a + S) f(S) dS + (1-\theta) \int_{S_u^a}^{\infty} (w_u^a + S) f(S) dS - k$$

$$U^a = \frac{\theta \int_{S_p^a}^{\infty} (w_p^a + S) f(S) dS + (1-\theta) \int_{S_u^a}^{\infty} (w_u^a + S) f(S) dS - k}{1 - \theta F(S_p^a) - (1-\theta) F(S_u^a)} \tag{3-5}$$

其中式(3-5)中 $S_j^a \equiv U_r^a - w_j^a (j=u, \ p)$。

当应聘者在保留效用水平上选择接受一份工作或是继续搜寻工作中处于中立状态时，应聘者的保留效用也就是期望效用达到最大化，因此有：

$$U_r^a = U^a \tag{3-6}$$

由式(3-4)还可得：

$$k = \theta \int_{S_p^a}^{\infty} (w_p^a + S) f(S) dS + \theta F(S_p^a) u_r^a + (1-\theta) \int_{S_u^a}^{\infty} (w_u^a + S) f(S) dS + (1-\theta) F(S_u^a) u_r^a - u_r^a$$

$$k = \theta \int_{S_p^a}^{\infty} (w_p^a + S - u_r^a) f(S) dS + (1-\theta) \int_{S_u^a}^{\infty} (w_u^a + S - u_r^a) f(S) dS \tag{3-7}$$

式(3-7)左边是应聘者工作搜寻的成本，右边是工作搜寻的预期收益。由于市场上存在两种类型的雇主，因此搜寻的预期收益是两种雇主预期收益乘以搜寻到该类雇主的概率加权之和。

根据式(3-5)和式(3-6)，可以得到：

$$0 < \frac{du_r^a}{dw_p^a} < 1 \tag{3-8}$$

$$0 < \frac{du_r^a}{dw_u^a} < 1 \tag{3-9}$$

式(3-8)和式(3-9)表明，任意一种雇主向城市流动人口提供的工资提高，都会增加城市流动人口的保留效用，但是保留效用的提高程度没有工资提高的程度高。

$$当 w_p^a < w_u^a 时，有 0 < \frac{du_r^a}{d\theta} \tag{3-10}$$

$$当 w_p^a > w_u^a 时，有 0 > \frac{du_r^a}{d\theta} \tag{3-11}$$

式(3-10)和式(3-11)表明，某任意类型的雇主提供的工资提高，都会使城市流动人口对这类雇主保留效用的提高。

另外，还能得到城市流动人口工作的预期搜寻次数 ν^a：

$$\nu^a = \{ \theta [1 - F(u_r^a - w_p^a)] + (1 - \theta) [1 - F(u_r^a - w_u^a)] \}^{-1} \tag{3-12}$$

其次，再讨论农村流动人口的状况。这类应聘者在城市外来劳动力市场中存在负面刻板印象，因此会受到一部分雇主的偏见，他们搜寻工作的过程与城市流动人口相比有一些不同，由于市场上对农村流动人口有偏见的雇主不会雇用农村流动人口，因此搜寻到有偏见的雇主对于农村流动人口来说是没有价值的，进而类似地，可以得到单个农村流动人口的效用函数：

$$U^b = \theta U^b + (1 - \theta) \text{Emax} \{ w_u^b + S, U^b \} - k \tag{3-13}$$

由式(3-13)进行变换后可以得到：

$$U^b = \frac{(1 - \theta) \int_{S_u^b}^{\infty} (w_u^b + S) f(S) dS - k}{(1 - \theta) [1 - F(S_u^b)]} \tag{3-14}$$

其中，$S_j^b \equiv u_r^b - w_j^b (j = u)$。

由于存在偏见的雇主不会雇佣农村流动人口，因此这类雇主的存在增加了农村流动人口在流入地劳动力市场的工作搜寻成本，所以他们的搜寻成本满足以下条件：

$$\frac{k}{1 - \theta} = \int_{S_u^b}^{\infty} (w_u^b + S - u_r^b) f(S) dS \tag{3-15}$$

式(3-15)的左边表示农村流动人口要搜寻到一个没有偏见的雇主所需要的搜寻成本，而右边则是搜寻到这样一个潜在雇主的预期收益。可以发现，和式(3-7)相比，农村流动人口搜寻到一个愿意雇用他的雇主的成本要大于城市流动人口，因此，可以认为对农村流动人口有偏见的雇主的存在，增加了农村流动人口的工作搜寻成本。

进一步地，根据式(3-13)可以得到：

$$\frac{du_r^b}{dw_u^b} = 1 \qquad (3-16)$$

$$\frac{du_r^b}{d\theta} < 0 \qquad (3-17)$$

式(3-16)说明了对农村流动人口没有刻板印象及偏见的雇主为农村流动人口支付的工资提升会增加应聘者的保留效用水平，工资的降低也会使得应聘者保留效用水平降低，且两者的变动程度是一样的。式(3-17)说明了市场上对农村流动人口有偏见的企业占比的增加，会增加农村流动人口的工作搜寻成本，进而降低其保留效用。

搜索成本的存在为企业雇主提供了议价权力，因为雇主意识到农村流动人口会面临更高的搜寻成本，因此他们会利用这种议价权力为农村流动人口提供比城市流动人口更低的工资。

另外，农村流动人口的预期搜寻次数为v^b：

$$v^b = \{(1-\theta)[1-F(u_r^b - w_u^b)]\}^{-1} \qquad (3-18)$$

式(3-18)表明，农村流动人口接受工作的可能分布与其找到市场上对其没有偏见的雇主的概率的积的倒数即为农村流动人口的预期工作搜寻次数。

（二）雇主的行为

首先，讨论市场上的雇主，先是对农村流动人口没有偏见的雇主。这类雇主在城市外来劳动力市场中进行招聘不存在户籍筛选，即无论是城市或农村流动人口这类雇主都雇佣，只要应聘者接受了雇主的工资报价，雇主就会获得利润，雇主获得的利润可以表达为：

$$V - w_u^i \ (i=a, \ b) \qquad (3-19)$$

如果应聘者拒绝了这份工作，那么雇主的利润为0。

这类雇主的预期利润为：

$$\pi_u^i = [1-F(u^i - w_u^i)](V - w_u^i)(i=a, \ b) \qquad (3-20)$$

式(3-20)表示应聘者同意接受工作的概率与相应雇主利润的积。

而利润最大化的必要条件是：

$$V - w_u^i - m(u_r^i - w_u^i) = 0(i=a, \ b) \qquad (3-21)$$

式(3-21)中，$m(u_r^i - w_u^i) = m(S) = [1-F(S)]/f(S)$，由于$F(S)$是严格的对数凹函数，因此$m(S)$严格递减，即$m'(S)<0$。其表示雇主要利润最大化不仅要考虑支付给雇员的工资，还要考虑到若给雇员的工资太低则可能降低应聘者接受

工作的可能性，这也会降低雇主的利润。

将式(3-21)对 w_u^i 求导数后得到充分条件是：

$$\Delta_u^i \equiv -1 + m'(u_r^i - w_u^i) < 0 \quad (i = a, \ b) \tag{3-22}$$

其中假设 $m'(S) < 0$ 以保证二阶条件被满足。

由于对农村流动人口有刻板印象以及偏见的企业存在，导致无偏见的企业对农村流动人口具有了相对更高的议价权力，进而压低农村流动人口的工资水平。但是需要注意的是，这种议价权力是不完全的，因为企业并不知道应聘者的保留工资。

其次，对农村流动人口有负面刻板印象偏见的雇主。这类雇主不雇佣农村流动人口，如果城市流动人口接受工作，那么雇主的利润为：

$$V - w_p^a \tag{3-23}$$

如果城市流动人口拒绝工作，那么雇主的利润为零。

企业雇主对于城市员工的期望利润为：

$$\pi_p^a = \left[1 - F(u^a - w_p^a) \right](V - w_p^a) \tag{3-24}$$

利润最大化的必要条件是：

$$V - w_p^a - m(u_r^a - w_p^a) = 0 \tag{3-25}$$

充分条件是：

$$\Delta_p^a \equiv m'(u_r^a - w_p^a) - 1 < 0 \tag{3-26}$$

结合式(3-21)和式(3-25)有 $w_p^a = w_u^a$，进而有 $\pi_p^a = \pi_u^a$，这表明两类雇主对待城市流动人口是相同的。

通过式(3-21)和式(3-25)变换我们也能够得出：

$$w_j^i = V - m(u_r^i - w_j^i) \quad (i = a, \ b; \ j = u, \ p)$$

$$\frac{dw_j^i}{du_r^i} = \frac{dV}{du_r^i} - m'(u_r^i - w_j^i) \times \left(1 - \frac{dw_j^i}{du_r^i} \right) \quad (i = a, \ b; \ j = u, \ p)$$

$$\frac{dw_j^i}{du_r^i} = \frac{\dfrac{dV}{du_r^i} - m'(u_r^i - w_j^i)}{1 - m'(u_r^i - w_j^i)} = \frac{\dfrac{dV}{d(S - w_j^i)} - m'(u_r^i - w_j^i)}{1 - m'(u_r^i - w_j^i)} \quad (i = a, \ b; \ j = u, \ p)$$

其中，$0 < \dfrac{dV}{d(S - w_j^i)} < 1$，所以有：

$$0 < \frac{dw^b}{du_r^b} < 1 \tag{3-27}$$

$$0 < \frac{dw^a}{du_r^a} < 1 \tag{3-28}$$

式(3-27)和式(3-28)表明，如果劳动力的保留效用增加，那么他们的工资也会得到提高，但是工资的提高程度与保留效用提高的程度相比会更低。如果劳动力的保留效用降低，那么他们的工资也会降低，且工资降低的程度也小于其保留效用降低的程度。

(三)模型结论及均衡

从以上理论模型中可以得出以下结论：首先，外来劳动力市场上对农村流动人口有偏见雇主的存在会增加农村流动人口在城市中工作搜寻的成本；其次，相对更高的工作搜寻成本增加了原本对农村流动人口没有偏见雇主的议价权力，他们将使用这一议价权力向同等条件下的农村流动人口提供较城市流动人口而言更低的工资。因此这一理论模型主要为户籍工资差异的价格效应是如何在市场主体决策和行为相互影响下，成为一种普遍的现象提供了完整的路径说明。

另外，根据以上内容还可以进一步在(u_r^b，w^b)中讨论农村流动人口的市场均衡。式(3-16)描述了应聘方，其斜率为1，而式(3-27)在描述招聘方时，在(u_r^b，w^b)中的斜率严格大于1。因此这两个函数在(u_r^b，w^b)最多且只能相交一次，这表明存在唯一的均衡，见图3-1两线的交点为 E 点。

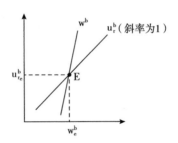

图3-1 理论模型的均衡解

综合以上内容，本节对户籍工资差异的价格效应存在性的讨论可以总结为图3-2。即改革开放以后较早期进入城市劳动力市场的农村流动人口的形象构成了最初这一群体刻板印象的形象来源，媒体等信息传播的载体对农村流动人口工作、生活等方面的报道一方面将农村流动人口的特有形象加以传播，另一方面也使其刻板印象不断深入人心，而这些刻板形象的主观感知以及联想则形成了城市劳动力市场对农村流动人口的偏见。进一步地，在招聘与应聘的过程中，雇主基于偏见和利润最大化进行招聘决策，而应聘者也在追逐利益最大化的前提下进行决策，最终双方在相互博弈以及各自决策的过程中，造成了城市劳动力市场上户籍工资差异的价格效应普遍存在的结果。

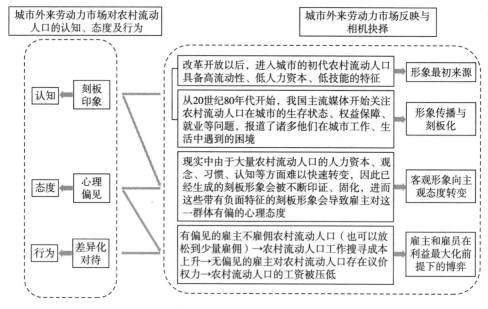

图 3-2　户籍工资差异的价格效应产生的过程

第三节　实证验证户籍工资差异的价格效应的存在性

一、数据来源和描述性统计

基于以上理论模型，可以得到如下结论，即城市劳动力市场中仍然广泛存在着基于户籍的差异化对待现象，接下来我们将在上述理论模型的基础上用计量手段进一步验证户籍工资差异的价格效应的存在性。具体而言，将运用国家卫计委的全国流动人口动态检测调查数据（China Migrants Dynamic Survey，CMDS），通过倾向得分匹配法（Propensity Score Matching，PSM）以及工具变量法对户籍工资差异的价格效应的存在性进行进一步讨论。该数据包含了诸多的样本信息，如个人及家庭成员基本信息、个人的流动与就业、居留与落户意愿、婚育和卫生计生服务、健康素养等。同时，每年该数据的有效样本数量都高达十几万，并且覆盖三百多个地级市、州及地区。运用该数据进行研究并获得发表的文章已有很多（王伟等，2016；邹静等，2017；Chen et al.，2019），这说明这一数据已经获得

学术界的认可，具备较高的说服力和代表性。另外，本章用到的城市层面的诸如
常住人口规模、人均 GDP 等数据均来自于各个城市的统计年鉴。

表 3-4 是 2014~2016 年城市户籍流动人口和农村户籍流动人口的基本状况
描述性统计。就个人基本信息来看，首先，两个群体的婚姻状况、年龄、民族、
性别几个方面不存在明显差异；其次，两个群体受教育程度存在明显差异，其中
农村户籍流动人口的受教育程度大量集中在高中及以下，占比达到 87.43%，城市
户籍流动人口的受教育程度明显更高，几乎全部集中在初中及以上，尤其在大专及
以上的高学历群体中，城市户籍流动人口占比达到农村户籍流动人口的 4 倍多。

表 3-4　城市户籍流动人口和农村户籍流动人口基本情况统计 (均值或占比)

项目		城市户籍流动人口	农村户籍流动人口
月平均纯收入 (元)		5585.30	4291.19
月平均纯收入差值 (元)		1294.11	
已婚 (%)		76.29	79.42
年龄 (岁)		34.84	35.14
汉族 (%)		93.63	93.24
女性 (%)		46.99	46.37
受教育程度 (%)	小学及以下	2.17	13.46
	初中、高中及中专	42.71	73.97
	大专及以上	55.12	12.57
就业行业类别 (%)	第一产业	0.99	1.79
	第二产业	22.65	31.14
	第三产业	76.35	67.07
就业单位性质 (%)	事业单位与国有企业	11.62	3.84
	集体企业	9.58	4.81
	私营企业	66.46	72.57
	外资企业	5.04	4.21
就业职业类型 (%)	机关、单位负责人及专业技术人员	26.90	2.75
	商业及服务类职业	52.83	62.58
	生产、运输及相关职业	13.72	23.99

注：为了节省文本空间并便于比较，本书在统计行业描述中将原始数据中细化的行业类别归纳成了第
一、第二、第三产业，且仅列举了部分职业类型。

从工资来看，两个群体的月平均工资差异明显，城市户籍流动人口比农村户
籍流动人口平均高出近 1300 元。从就业状况来看，首先，虽然两个群体在第三

产业从业的比例都高于第一、第二产业，但农村户籍流动人口在第一、第二产业的相对集中度比城市户籍流动人口更高；其次，就业单位性质中，城市户籍流动人口在事业单位或国有企业的比例更高，而农村户籍流动人口在私营企业就业的比例相对更高；最后，就业职业类型中，城市户籍流动人口在国家机关、党群组织、企事业单位负责人以及专业技术员这类职业中的比例远远高于农业户籍流动人口。

综上所述，我们可以总结出一些事实。首先，直观来说，农村户籍流动人口与城市户籍流动人口的月平均工资确实存在明显的差距；其次，虽然两个群体的个人基本信息并没有明显的差异，但是在教育水平、就业状况等方面，两个群体存在着明显的差距。因此，仅仅根据以上的对比与描述，我们无法得知造成两个群体间工资差距的原因到底是什么，也就是说我们不能确定是受教育状况差异、就业差异，还是户籍差别，或者是其中的几个因素造成了两群体工资差异。

二、PSM 验证户籍工资差异的价格效应的存在性

参照之前文献的做法(万海远、李实，2013；吴晓刚、张卓妮，2014)，本章将运用倾向得分匹配法(PSM)，来进一步探究户籍工资差异的价格效应的存在性。

首先，为了更好地实现最佳的拟合效果，先尽可能多地将影响到个体收入的变量都纳入进来(Rosenbaum & Rubin，1983)，然后在其中选择合适的协变量，因此，在协变量的选择中涉及了包括个体特征、个体人力资本、流入城市特征以及区域特征等多个维度的变量。

其次，为了使最终的 PSM 结果更加合理有效，需要让数据通过共同支撑假设和平衡性检验(Becker & Ichino，2002)。在满足共同支撑假设的过程中，处理组(城市户籍流动人口组)有 24 个样本被剔除，控制组(农业户籍流动人口组)有 18 个样本被剔除。

表 3-5 是平衡性检验结果，从偏差降低比率来看，匹配后绝大多数协变量的偏差程度都降低了 70% 以上，匹配上的样本 p 值在大部分协变量中都较大，这代表匹配后的两组间差异不显著。仅有"流入城市是否为东部城市"的匹配结果不理想，在最终匹配时将这一协变量删除。

表 3-5　协变量匹配质量检验

变量	样本	偏差降低比率	双 t 检验 p 值	变量	样本	偏差降低比率	双 t 检验 p 值
是否为女性	未匹配 匹配	28.90	0.001 0.357	是否为雇主	未匹配 匹配	92.80	0.000 0.740

续表

变量	样本	偏差降低比率	双 t 检验 p 值	变量	样本	偏差降低比率	双 t 检验 p 值
年龄	未匹配 匹配	63.70	0.000 0.241	是否为自营者	未匹配 匹配	97.70	0.000 0.575
受教育程度	未匹配 匹配	98.00	0.000 0.325	流入城市规模	未匹配 匹配	86.20	0.000 0.214
是否已婚	未匹配 匹配	55.70	0.000 0.444	流入地城市人均 GDP	未匹配 匹配	80.60	0.276 0.869
流入地家庭规模	未匹配 匹配	93.20	0.000 0.203	流入城市是否为东部城市	未匹配 匹配	-78.80	0.070 0.013
流动距离	未匹配 匹配	39.80	0.012 0.433	流入城市是否为中部城市	未匹配 匹配	97.30	0.000 0.688
是否从事第三产业	未匹配 匹配	85.90	0.000 0.289	流入地是否为一线/省会城市	未匹配 匹配	86.00	0.000 0.264
是否是管理或技术岗位	未匹配 匹配	99.30	0.000 0.825	调查时间是否为 2016 年	未匹配 匹配	72.80	0.000 0.300
是否从事经商	未匹配 匹配	97.40	0.000 0.779	调查时间是否为 2015 年	未匹配 匹配	87.40	0.000 0.327

注：基于 Stata 15.1 的运算结果整理。

最后，匹配方法选择。在实践中还存在不同的匹配方法，最常用的有最邻近匹配(Nearest neighbor matching)、半径匹配(Radius matching)以及核匹配(Kernel matching)，但一般来说这些匹配方法的结果差别不是很大。本书中报告了以上三种方法估计的结果的平均处理效应 ATT 值(见表 3-6)。

表 3-6　不同匹配方法的平均处理效应

匹配方法	样本	处理组	控制组	ATT	标准误	t
最邻近匹配	匹配前	8.404	8.167	0.237	0.004	59.46***
	匹配后	8.404	8.284	0.120	0.006	19.98***
半径匹配	匹配前	8.404	8.167	0.237	0.004	59.46***
	匹配后	8.402	8.280	0.122	0.005	24.46***
核匹配	匹配前	8.404	8.167	0.237	0.004	59.46***
	匹配后	8.404	8.285	0.119	0.005	21.60***

注：*、**、*** 分别表示10%、5%、1%的显著性水平。

采用最邻近匹配方法匹配后，ATT 值为 0.120 且在 1% 水平上显著，表明全部样本中的处理组相对控制组平均高出 1.45%(0.120/8.284),这一数据表示的是仅仅由于户籍差异,城市户籍流动人口相对农村户籍流动人口在工资上所多出的溢价。而在匹配前这一比例为 2.90%(0.237/8.167),高估了户籍对两个群体工资差的影响,这表示 PSM 有效降低了样本组内异质性带来的偏误,使估计结果更为精确。基于半径匹配方法发现可比情况下城市户籍流动人口比农村户籍流动人口的工资平均多出 1.47%(0.122/8.280),基于核匹配方法匹配发现城市户籍流动人口比农村户籍流动人口的工资平均多出 1.44%(0.119/8.285),且这两个群体工资差异的估值均在 1%统计水平上显著,并都比匹配前的差额降低很多。可以说无论采用什么方法,劳动力市场上由户籍引起的收入差距都稳定存在。但要了解户籍工资差异的价格效应的程度具体是怎样的,还需进一步对两个群体的工资差距进行结构性分解。

三、工具变量法验证户籍工资差异的价格效应的存在性

除了运用上述的倾向得分匹配法,本章还考虑运用工具变量法模型对户籍工资差异的价格效应的存在性问题进行进一步讨论。一方面是为了使用不同的方法对同一问题提供稳健性检验;另一方面最小二乘结合工具变量法可以通过工具变量解决内生性问题。需要强调的是基于变量的可得性,以及尽可能多的识别变量信息,在 OLS 的模型中我们控制了个人层面、城市层面以及地区层面的变量,且职业、行业、单位性质、就业身份这些变量沿用了原始数据中的分类,由于原始数据中的变量分类是无序的,且分类较多,进而这些变量的系数不带有实际意义。

表 3-7 中是户口性质与流动人口收入关系的 OLS 模型结果。结果显示,在控制了一系列变量后,越是农业户籍的流动人口工资显著更低,具体的农业户籍的流动人口工资比城市户籍低 9.7%。但是在基准的结果中仍然存在内生性,最可能的内生性来源是遗漏变量,因为户口性质已经不仅仅是一个外生政策决定下的结果,改革开放以后已经有越来越多的因素对户口性质产生了影响,而这些因素中可能有部分无法进行量化或不可得,因此需要通过工具变量法来尽可能减弱这一问题。

表 3-7 户口性质与流动人口收入关系的基准回归结果

变量	模型 1	模型 2	模型 3
户口性质(农业户籍=1)	−0.0975 *** (0.0033)	−0.0974 *** (0.0033)	−0.0971 *** (0.0033)
性别(女性=1)	−0.2575 *** (0.0021)	−0.2575 *** (0.0021)	−0.2576 *** (0.0021)

续表

变量	模型 1	模型 2	模型 3
年龄	0.0427 ***	0.0427 ***	0.0427 ***
	(0.0009)	(0.0009)	(0.0009)
年龄的平方	−0.0006 ***	−0.0006 ***	−0.0006 ***
	(0.0000)	(0.0000)	(0.0000)
教育水平	0.1027 ***	0.1027 ***	0.1025 ***
	(0.0013)	(0.0013)	(0.0013)
婚姻状况(已婚=1)	0.0930 ***	0.0929 ***	0.0931 ***
	(0.0033)	(0.0033)	(0.0033)
流动距离	0.0398 ***	0.0398 ***	0.0398 ***
	(0.0017)	(0.0017)	(0.0017)
职业	−0.0022 ***	−0.0022 ***	−0.0022 ***
	(0.0001)	(0.0001)	(0.0001)
行业	−0.0062 ***	−0.0062 ***	−0.0062 ***
	(0.0003)	(0.0003)	(0.0003)
单位性质	−0.0101 ***	−0.0101 ***	−0.0101 ***
	(0.0005)	(0.0005)	(0.0005)
就业身份	0.0768 ***	0.0768 ***	0.0767 ***
	(0.0013)	(0.0013)	(0.0013)
本次流动时长	−0.0010 ***	−0.0010 ***	−0.0011 ***
	(0.0002)	(0.0002)	(0.0002)
一周工作时长	0.0057 ***	0.0057 ***	0.0057 ***
	(0.0003)	(0.0003)	(0.0003)
一周工作时长的平方	−0.0000 ***	−0.0000 ***	−0.0000 ***
	(0.0000)	(0.0000)	(0.0000)
是否在东部地区	0.0570 ***	0.0555 ***	0.0525 ***
	(0.0043)	(0.0043)	(0.0043)
是否在中部地区	0.0449 ***	0.0451 ***	0.0443 ***
	(0.0046)	(0.0046)	(0.0046)
是否在西部地区	0.0152 ***	0.0143 ***	0.0131 ***
	(0.0045)	(0.0045)	(0.0045)
年份	0.0910 ***	0.0917 ***	0.0934 ***
	(0.0015)	(0.0015)	(0.0015)
城市层级	−0.0040 **	−0.0034 **	−0.0012
	(0.0017)	(0.0017)	(0.0017)
产业结构	0.0285 ***	0.0284 ***	0.0289 ***
	(0.0017)	(0.0017)	(0.0017)

续表

变量	模型1	模型2	模型3
ln 职工平均工资	0.3319*** (0.0106)	0.3258*** (0.0106)	0.3068*** (0.0108)
lnGDP	−0.0135*** (0.0035)	−0.0125*** (0.0035)	−0.0107*** (0.0035)
落户门槛——等权重法	0.0431*** (0.0106)	—	—
落户门槛——熵值法	—	0.0669*** (0.0127)	—
落户门槛——投影法	—	—	0.0286*** (0.0035)
Constant	−180.0046*** (2.8833)	−181.2281*** (2.8874)	−184.6708*** (2.9084)
Observations	263680	263680	263680
R-squared	0.2399	0.2400	0.2401

注: 括号中的数值为标准误; *、**、***分别表示10%、5%、1%的显著性水平。地区控制变量基准是东北地区。

在 2017 年的 CMDS 中, 有一个题项"您的非农户口/居民户口获得的途径", 2017 年的非农业户口类别的样本一共有 24328 个, 其中有 14807 个样本回答了这一问题, 其中涉及的一系列选项以及样本比例见表 3-8。可以发现, 在后期获取非农户口的群体中, 通过升学的占比最大, 达到 26.86%, 通过工作、家属随转、户口改革等方式的占比也超过了 10%。因此可以认为对户口性质产生影响的因素包括升学、工作、家庭、户口改革四大主要方面, 而其中升学、工作以及家庭因素在以往的研究中, 与个人工资都存在千丝万缕的关系, 因此只有户口改革可以作为工具变量解决表 3-7 模型中的内生性。

表 3-8 非农户口获得途径

非农户口获得途径	占比(%)
升学	26.86
参军	2.60
工作(招工等)	10.52
转干	0.32
征地(包括村改居)	5.31
家属随转(包括通过婚姻)	17.52

续表

非农户口获得途径	占比(%)
购房落户	6.48
户口改革,当地不再有农业户口	11.73
其他	19.67

基于以上的分析,我们将使用2015~2016年各个地级市年末政府工作报告中与户籍制度改革相关的词频作为工具变量。表3-9显示的是运用工具变量解决完表3-7的三个模型内生性以后的实证结果,结果显示,户口性质显著影响个人工资,越是农业户籍,其工资越低,这与表3-7中的结论保持一致。根据模型4~模型6的结果,农村流动人口的工资比城市流动人口的低5.2%~5.6%,数值上比基准回归略低。

表3-9 户口性质与流动人口收入关系的基准回归——工具变量法解决内生性

变量	模型4	模型5	模型6
户口性质(农业户籍=1)	-0.0563*** (0.0090)	-0.0560*** (0.0092)	-0.0524*** (0.0090)
性别(女性=1)	-0.2086*** (0.0019)	-0.2085*** (0.0019)	-0.2086*** (0.0019)
年龄	0.0428*** (0.0016)	0.0430*** (0.0016)	0.0426*** (0.0015)
年龄的平方	-0.0006*** (0.0000)	-0.0006*** (0.0000)	-0.0006*** (0.0000)
教育水平	0.0935*** (0.0144)	0.0956*** (0.0146)	0.0912*** (0.0144)
婚姻状况(已婚=1)	0.0980*** (0.0038)	0.0978*** (0.0038)	0.0986*** (0.0038)
流动距离	0.0413*** (0.0018)	0.0414*** (0.0018)	0.0413*** (0.0018)
职业	-0.0022*** (0.0002)	-0.0022*** (0.0002)	-0.0021*** (0.0002)
行业	-0.0077*** (0.0004)	-0.0076*** (0.0004)	-0.0078*** (0.0004)
单位性质	-0.0019*** (0.0006)	-0.0020*** (0.0006)	-0.0018*** (0.0006)
就业身份	0.0441*** (0.0011)	0.0440*** (0.0011)	0.0442*** (0.0011)

续表

变量	模型 4	模型 5	模型 6
本次流动时长	0.0004 **	0.0005 **	0.0004 *
	(0.0002)	(0.0002)	(0.0002)
一周工作时长	0.0053 ***	0.0052 ***	0.0053 ***
	(0.0004)	(0.0004)	(0.0004)
一周工作时长的平方	−0.0000 ***	−0.0000 ***	−0.0000 ***
	(0.0000)	(0.0000)	(0.0000)
是否在东部地区	0.0548 ***	0.0549 ***	0.0520 ***
	(0.0071)	(0.0071)	(0.0074)
是否在中部地区	0.0619 ***	0.0608 ***	0.0619 ***
	(0.0090)	(0.0091)	(0.0090)
是否在西部地区	−0.0069	−0.0068	−0.0087
	(0.0060)	(0.0060)	(0.0061)
年份	0.1113 ***	0.1107 ***	0.1129 ***
	(0.0018)	(0.0019)	(0.0018)
城市层级	0.0068 ***	0.0065 ***	0.0101 ***
	(0.0019)	(0.0019)	(0.0020)
产业结构	0.0236 ***	0.0238 ***	0.0244 ***
	(0.0016)	(0.0016)	(0.0016)
ln 职工平均工资	0.2962 ***	0.3006 ***	0.2791 ***
	(0.0106)	(0.0107)	(0.0103)
lnGDP	0.0172 ***	0.0160 ***	0.0191 ***
	(0.0040)	(0.0041)	(0.0040)
落户门槛——等权重法	0.0578 ***	—	—
	(0.0132)		
落户门槛——熵值法	—	0.0432 ***	—
		(0.0105)	
落户门槛——投影法	—	—	0.0262 ***
			(0.0040)
Constant	−220.6278 ***	−219.6022 ***	−223.7504 ***
	(3.4851)	(3.5517)	(3.3563)
Observations	196680	196680	196680
R-squared	0.2644	0.2657	0.2632

注：括号中的数值为标准误；*、**、***分别表示 10%、5%、1%的显著性水平。地区控制变量基准是东北地区。

第四节　本章小结

本章主要探究的问题是户籍工资差异的价格效应的存在性。首先，运用工作搜寻模型从理论层面解释了为什么在城市劳动力市场中有负面刻板印象以及偏见的农村流动人口会遭受普遍的经济差异化对待。其次，通过倾向得分匹配法、工具变量法，在控制了一系列个体、家庭、城市以及地区层面的变量以后农村流动人口和城市流动人口之间仍然存在不可解释的工资差距，这进一步为户籍工资差异的价格效应的存在提供了数据层面的有力支撑。

本章的主要贡献是通过经济学的理论模型为户籍工资差异的价格效应的存在性提供了系统的解释。已有关于户籍工资差异的价格效应的研究中，基于经济学研究框架的论文大多以量化为主，较少有研究从理论层面讨论户籍工资差异的价格效应的存在机制，因此本章不仅从经济学理论中为户籍工资差异价格效应的存在提供了有力证据，同时也为后文的户籍工资差异的价格效应的量化工作做了良好的铺垫。

第四章

中国城市外来劳动力市场上的户籍工资差异的价格效应量化研究

C H A P T E R 4

第一节 引言

第三章已经充分地探讨了户籍工资差异的价格效应的存在性，给予了户籍工资差异的价格效应以理论和量化层面的重要证据。因此，本章将基于第三章的研究结论，运用全国流动人口动态监测调查数据（CMDS）对全国层面以及城市层面的户籍工资差异的价格效应的程度进行量化，并且对其影响因素和异质性进行更为丰富的量化讨论。

然而随着城乡距离不断拉近、农村流动人口规模的增加以及这一群体的人力资本的提升等诸多转变，城市对农村流动人口的接纳程度越来越高，认可度也不断改善，整体上对农村流动人口的偏见和歧视都得以改善。特别是2014年国家从政策层面取消了城乡二元户籍制度以后，城乡人口的融合又向前迈出了一大步，所以整体上全国层面的户籍工资差异的价格效应的现象在不断被改善。但现实中，由于各个城市对于户籍制度改革的推进程度存在差异，特别是户籍制度与公共服务体系的解绑程度不同，并且各个城市的特征，诸如禀赋、经济发展程度、政府行为、市场化程度、人口等也存在差异，因此户籍工资差异的价格效应程度在城市之间也存在差异。

在已有研究中，不乏有对全国层面户籍工资差异的价格效应程度的量化研究，但是深入的解释和讨论仍然相对缺乏。而部分关注城市层面户籍工资差异的价格效应的研究，如王美艳（2005）利用第五次全国人口普查的微观数据得出上海、武汉等5个主要城市2001年的户籍工资差异的价格效应为42.88%。邢春冰（2008）利用2005年全国人口普查数据得出全国范围内户籍工资差异的价格效应仅为10%。章莉等（2014）运用2007年CHIPS数据得出了15个城市总的户籍歧视为36%。但是总体上由于涉及的城市数量有限，且数据年份不足，因此难以对结论进行有效的时间与空间的对比。

总体而言，对于户籍工资差异的价格效应的全国和城市层面的研究仍然具备进一步研究的空间。基于此，本章通过运用全国流动人口动态监测调查数据(CMDS)分别对全国以及城市层面的劳动力市场户籍工资差异的价格效应进行了测算。

具体而言，对全国层面户籍工资差异的价格效应的讨论主要包含以下三个方面：①本章运用Oaxaca-Blinder分解方法测算了2011~2017年全国层面的户籍工资差异的价格效应程度，并且结合现实背景讨论户籍工资差异的价格效应在时间和空间维度上的变化特征。②就工作搜寻成本这一理论机制进一步展开。首先，提出流动人口的"户籍标签"作为在有偏见市场中重要的城乡应聘者判断因素会对农村流动人口的待遇起到重要作用，并借助中国"城乡统一户口登记制度"实施的社会准实验，对此进行了验证；其次，进一步讨论了现实中影响工作搜寻成本的因素，即流动人口不同社会关系和流动时长对户籍工资差异的价格效应产生的影响。③异质性讨论，基于不同工作单位性质、不同劳动合同签订状况以及不同职业类型的群体，分别进行户籍工资差异的价格效应的测算，以讨论户籍工资差异的价格效应在不同特征群体中的区别与差异。

对城市层面户籍工资差异的价格效应的研究主要包含以下两个方面：①为了保障测算更多城市层面的户籍工资差异的价格效应，并研究其特征，本章将三年的全国流动人口动态监测调查数据(2014-2016年)进行合并，发现城市规模与城市层面户籍工资差异的价格效应存在U型关系；②为了进一步探究2014年7月《关于进一步推进户籍制度改革的意见》(国发〔2014〕25号)，即户籍制度的改革对户籍工资差异的价格效应的影响，又分别测算旧城镇化时期的户籍工资差异的价格效应和新型城镇化时期的户籍工资差异的价格效应大小，发现有六成的城市的户籍工资差异的价格效应在这一过程中有明显的下降。

第二节 国家和区域层面外来劳动力市场上户籍工资差异的价格效应的量化及特征

一、基于户籍工资差异的价格效应存在条件下的实证假说提出

商品买卖的过程往往被研究者们拿来作为研究场景，而其中百货商店可以看

作一个寻找优质商品的机构，理由是其声誉保障了商品的质量和相对合理的价格，同时还节省了买方搜寻信息的成本，在这一场景下"声誉"可以被看作是传递信息的重要标签（Stigler，1961）。实质上，招聘过程中雇主寻找合适的雇员与买家购买合适的商品在某种程度上面临着相似的场景，即要在尽量少的成本基础上作出最优选择，而这一过程中通过各类标签获取信息就成为快捷有效的重要方式，特别是雇主在短期内难以全面认识到雇员状况的条件下（边燕杰等，2012），就会更加注重标签带来的有利信息，其中教育水平、工作经历等传统人力资本特征都是劳动经济学中影响工资收入最为关键的标签，因此在现实中，招聘方往往会在一些岗位招聘中对学历、工作经验等提出要求。而户籍标签背后反映出的雇员成长背景也能够从一定程度上体现出就如社会关系、认知、习惯等多种信息，即便这些信息也许与具体的工作内容缺乏直接关联，但是也会招致雇主的偏好，并且加重整个市场上对农村流动人口的差别化待遇问题。

诚然，类似于 Black（1995）在其研究中建立的基于工作搜寻理论的模型，我们认为在城市劳动力市场中，存在对农业户籍流动人口有刻板印象和没有刻板印象两类雇主。但由于有刻板印象的雇主要么选择不雇佣农村流动人口，要么选择以较低工资雇佣他们，因此这将增加农村流动人口的工作搜寻成本（Stigler，1962），同时也使得雇主拥有了一定程度的议价权力，而这种议价权力最终会导致农村流动人口在劳动力市场上遭受全面的工资歧视（Borjas & Bronars，1989），这其中包括对农村流动人口没有有刻板印象的雇主。

因此，我们提出本章的第一个假说：

H4-1：由于中国城乡二元户籍制度存续时间长且城乡二元结构长期分割，农业户籍作为一种负面"标签"，在信息不对称的前提下，会引致城市外来劳动力市场上对农村劳动力的工资差别化对待。

并且，在这个信息不断交换的动态社会中，户籍工资差异的价格效应也并非是一成不变的。一些社会学视角的讨论进一步为本章提供了重要的思路，有研究者提出社会网络或人际关系在信息传递和信息交换的过程中格外重要（Munshi，2003）。就求职者而言，如果他们通过社会关系网络寻求工作，那么能更加快速地获取更为准确的工作信息；同样地，对于雇主而言，如果他们通过社会关系网络进行招工，那么社会关系网络则可以为他们提供更多有效的个人信息（Granovetter，1981），进而打破因户籍标签带来的偏见和负面刻板印象影响，已有研究也曾经得出类似的观点，就如经过推荐的员工更有可能被录用（Brown et al.，2016）。信息传递除了对个体是否能获取工作有显著影响以外，还对收入产生影响。在理想的劳动力市场中，这些关系网络提供的信息越精准，信息量越大，则越有助于雇主对求职者做出接近实际的评价，所提供的入职收入也就越符合求职者的真实才能(Granovetter，1973)。因此本章认为，如果农村流动人口是通过社会关系获得的工作，其能够通过社会关系传递更为真实的信息给雇主，进而降低雇主与雇员之间的信息不对称程度，雇主更可能会给予农村流动人口以相对客观的判断，从而缓解户籍工资差异的价格效应。

因此，我们提出本章的第二个假说：

H4-2：社会关系所起到的信息传递作用，有助于缓解农村流动人口与雇主之间的信息不对称程度，进而降低其在城市外来劳动力市场上面临的户籍工资差异的价格效应程度。

类似地，农村流动人口在工作中的表现也可以发挥传递信息的作用，雇主能够通过观察农村流动人口的工作表现而降低其与城市流动人口的工资差异(Cain，1986)。但与通过社会关系渠道传递信息有所不同的是，通过工作表现传递信息需要更长的时间。因此本章认为随着农村流动人口进城务工时间的增加，其越能够通过日常工作表现展现自己的真实才能，其在劳动力市场获得的工资也将与其真实才能或贡献越来越符合，从而这种刻板印象导致的不公平待遇也将逐渐好转。

因此，我们提出本章的第三个假说：

H4-3：农村流动人口进城务工时间的增长，有利于将自己的真实才能信息传递到城市外来劳动力市场，从而削弱其承受的户籍工资差异的价格效应程度。

二、工资差异的结构性分解

本章主要关注的是基于工资的户籍工资差异的价格效应。在现有研究工资收入结构性差异的计量方法中 Oaxaca-Blinder 分解方法是最为经典的计量方法之一(Blinder，1973；Oaxaca，1973；Oaxaca & Ransom，1994)。通过这一方法，可以将农村和城市户籍流动人口的工资差异分解为个人特征及禀赋差异造成的可解释部分和由纯户籍差异(农业户籍和非农户籍)造成的不可解释部分。

Oaxaca-Blinder 分解方法的主要思想是将工资收入差异中可解释部分(个人特征及人力资本差异)和不可解释部分(户籍差异)进行分离。首先，使用明瑟方程估计劳动力的工资收入方程：

$$lnwage = \alpha + \beta x + \varepsilon \tag{4-1}$$

其中，lnwage 是月就业纯收入的对数，x 是个体特征矩阵，α 与 β 分别是方程的常数估计值和系数估计值，ε 是随机误差项。

城市户籍流动人口和农村户籍流动人口收入估计可以分别表示为：

$$\overline{lnwage_n} = \hat{\alpha}_n + \hat{\beta}_n \bar{x}_n \tag{4-2}$$

$$\overline{\text{lnwage}_m} = \widehat{\alpha}_m + \widehat{\beta}_m \overline{x}_m \tag{4-3}$$

式(4-2)和式(4-3)中，n 和 m 分别表示城市户籍流动人口和农村户籍流动人口两个群体(下同)。

其次，将式(4-2)和式(4-3)相减：

$$\overline{\text{lnwage}_n} - \overline{\text{lnwage}_m} = (\widehat{\alpha}_n - \widehat{\alpha}_m) + (\widehat{\beta}_n \overline{x}_n - \widehat{\beta}_m \overline{x}_m) \tag{4-4}$$

变换形式后可得：

$$\overline{\text{lnwage}_n} - \overline{\text{lnwage}_m} = (\widehat{\alpha}_n - \widehat{\alpha}_m) + \beta^*(\overline{x}_n - \overline{x}_m) + (\widehat{\beta}_n - \beta^*)\overline{x}_n + (\beta^* - \widehat{\beta}_m)\overline{x}_m \tag{4-5}$$

式(4-5)是 Oaxaca-Blinder 分解方法对工资收入结构性差异进行分解的最终结果。其中 β^* 表示的是劳动力市场不存在差别化待遇问题时的竞争性工资结构。从经济学角度进行解读，第二项表示的是两个群体人力资本差异导致的工资差异，通常被称为可解释部分，这种差异可能源于个体的受教育程度、年龄、性别、婚姻、工作经验或者来自于个体所从事的行业、所在职位等诸多方面。等式右边第一项、第三项及第四项体现了除协变量以外的原因导致的工资收入差异。具体而言，第三项衡量了城市户籍流动人口从差别化对待中获取的额外收益，而第四项是农村户籍流动人口在差别化对待中遭受的收入损失，第一项的常数项则表示其他未观察到因素对两个群体工资差异的影响，这些通常被称为不可解释部分。

不可解释部分不能由人力资本及个体特征差异解释，那么就代表了市场对不同群体的区别对待。在中国劳动力市场中，农村户籍流动人口及城市户籍流动人口工资差中不可解释部分可视为由于纯户籍差异造成的差价(吴贾等，2015)。这与国外文献经常关注的因人种或性别不同而产生同工不同酬的歧视现象类似，既违背了公平的伦理原则，也违背了按边际生产力支付工资的市场竞争原则，带来了劳动力资源配置的扭曲。

需要强调的是，Oaxaca-Blinder 分解法中对于 β^* 的选择是极为重要的，从理论上来讲 β^* 代表劳动力市场不存在差别化待遇时的竞争性工资结构，然而在现实中完全竞争的劳动力场以及完全竞争的工资结构并不存在，因此对于 β^* 的选择成为学界中的核心问题。总体来看，学界对 β^* 取值如何基于 $\widehat{\beta}_n$ 和 $\widehat{\beta}_m$ 进行加权取值经历了多个阶段(见表4-1)。

表 4-1　β^* 的选择

文章来源	β^* 选择
Oaxaca(1973)	单个群体的估计系数

续表

文章来源	β^* 选择
Reimers(1983)	50%
Cotton(1988)	两个群组的人数占比作为其回归系数的权重
Neumark(1988)	全样本估计系数(不包含样本的户籍虚拟变量)
Jann 和 Fortin(2008)	全样本估计系数(包含样本的户籍虚拟变量)

资料来源：笔者整理。

用单一群体估计系数作为 β^*。Oaxaca-Blinder 分解法在刚开始提出时，Oaxaca 使用了单个群体的估计系数。这一选择会造成户籍工资差异的价格效应计算的偏差，如果用相对高收入群体的估计系数来表示市场不存在差别化待遇的工资结构差异，那么户籍工资差异的价格效应会被低估；而用相对低收入群体的估计系数则相反。显然，选用单一群体的估计系数会产生较大偏误。

用加权平均数作为 β^*。使用加权平均数作为 β^* 也经历了多个阶段。首先是 Reimers(1983)提出给予两个群体各 50%的权重用以模拟市场上无差别化对待问题时的工资结构，即：

$$\beta^* = 0.5\widehat{\beta}_m + 0.5\widehat{\beta}_n \tag{4-6}$$

后来，Cotton(1988)提出用两个群体的人数结构进行加权，并计算出无差别化对待问题时的工资结构。他认为使用单一的群体估计系数将使得差别化对待变为单向行为，即单纯的偏爱或歧视某一群体，但是现实中差别化对待是双向的，即相对的，即：

$$\beta^* = \frac{n_m}{n_m+n_n}\widehat{\beta}_m + \frac{n_n}{n_m+n_n}\widehat{\beta}_n \tag{4-7}$$

其中，n_n 表示城镇户籍流动人口样本数量，n_m 表示农村户籍流动人口样本数量。

用全样本估计系数推导出 β^*。Neumark(1988)也提出了不同的改进方法。他认为市场上无差别化对待的工资结构应该从理论模型中进行推导，因此结合并拓展了贝克尔和阿罗的雇主歧视理论后，提出了全样本工资回归方程系数，即：

$$\beta^* = (X'\Omega X)^{-1}(X'\Omega X) = (X'X)^{-1}(X'Y) \tag{4-8}$$

其中，Y 表示工资的对数，X 则表示两个群体所有样本的可观察特征矩阵。

本书一方面考虑到了 β^* 选取的合理性，另一方面也要尽量避免烦琐的计算带来更大偏误，因此本书选取了人数结构加权的 β^* 计算方式。

三、数据来源和变量说明

本节主要运用的是国家人口计生委 2011~2017 年全国流动人口动态监测调

查数据(China Migrants Dynamic Survey，CMDS)。该数据包含了诸多的样本信息，如个人及家庭成员基本信息、个人的流动与就业、居留意愿等。每年该数据的有效样本数量都高达十几万，覆盖三百多个地级市、州及地区，并且该数据的应用已较为广泛(周颖刚等，2019；孙伟增等，2019)，在学界获得普遍认可。另外，本章中用到的城市层面数据，则来自于各个城市相应年份的统计年鉴。

在进行 Oaxaca-Blinder 分解之前，我们对样本进行了清洗和整理。首先，本章的研究对象是在城市劳动力市场上的流动人口，因此仅需要以工作为目的的样本。另外，本章主要讨论了农村流动人口在城市劳动力市场上的基于工资的户籍工资差异的价格效应问题，因此仅保留就业身份为雇员的样本。其次，为了能够保证不同年份工资分解的结果具有可比性，我们将不同年份中相同的题项进行了统一化整理。具体而言，在 2011~2013 年的数据中，对于样本教育程度的划分是将"高中"和"中专"分开进行统计的，因此为了各个年份的该题项得到统一，我们将 2011~2013 年的这一指标中"高中""中专"进行合并，称为"高中/中专"；2016~2017 年的数据中，将职业"快递"进行了单独统计，本章将此选项合并到"其他商业、服务业人员"；2017 年问卷中的行业统计与之前年份不同，本章则按照之前年份的标准进行了处理；婚姻状况的统计口径也存在差异，因此仅保留了初婚、未婚、再婚、离婚四种在每年问卷中都有且占比最大的样本。

在 Oaxaca-Blinder 分解中我们分别控制了个体层面、城市层面、区域层面以及是否为一线或省会城市的多个变量。其中个体层面的变量有年龄、受教育程度、工作经验、性别、婚姻状况，目前工作所在的行业、职业及单位性质；城市层面变量包括城市人口规模、人均 GDP。其中，本次流动时长作为工作经验的替代变量，以年份计算，但是由于每年的数据的统计工作都截止到当年 5 月，因此本次流动时长为一年的，实为五个月，本次流动时长为两年的，实为一年零五个月，以此类推。地区层面的变量，是根据 2011 年中国国家统计局发布的相关文件进行划分的，分别包括东部、中部、西部以及东北地区；一线或省会城市则将所有省份的省会及北京、上海、广州、深圳标注为"1"，其他城市标注为"0"。这些控制变量在理论内涵上表明了个体的工资收入的决定因素，而已有的研究为本章的控制变量选取提供了诸多参考(章莉等，2014；Deleire，2001；Kim，2010)。

表 4-2 是城市户籍流动人口和农业户籍流动人口基本状况的描述性统计。从收入及就业方面来看。首先，两个群体的月平均纯收入差异很明显，城市户籍流动人口的月平均纯收入为 5211.069 元，而农业户籍流动人口的月平均纯收入为 3821.867 元，两者相差高达 1389.202 元。其次，城市户籍和农业户籍流动人口的就业均集中于第二、第三产业，但在第三产业就业的城市户籍流动人口的比重

高于农业户籍流动人口。并且,城市户籍流动人口在事业单位与国有企业就业的比例远高于农业户籍流动人口,就业比例相差高达 16.74%。最后,城市户籍流动人口更多地担任国家机关、党群组织、企事业单位负责人及专业技术人员,而农业户籍流动人口更多地从事生产、运输及相关职业。这些分析表明城市户籍流动人口和农业户籍流动人口的工资差还比较显著,同时城市户籍流动人口在白领职业中更加集中,而农业户籍流动人口更加集中于蓝领职业。

表 4-2 城市户籍流动人口和农业户籍流动人口基本情况统计 (均值或占比)

项目		城市户籍流动人口	农业户籍流动人口
月平均纯收入 (元)		5211. 069	3821. 867
月平均纯收入差值 (元)		1389. 202	
已婚 (%)		0. 738	0. 749
年龄 (岁)		34. 876	34. 692
流动时长 (年)		5. 607	5. 229
女性 (%)		0. 424	0. 412
受教育程度 (%)	小学及以下	2. 11	16. 46
	初中、高中及中专	40. 76	68. 84
	大专及以上	57. 13	14. 70
就业行业类别 (%)	第一产业	0. 97	1. 56
	第二产业	50. 02	59. 17
	第三产业	49. 01	39. 27
就业单位性质 (%)	事业单位与国有企业	25. 97	9. 23
	集体企业	1. 74	1. 72
	私营企业	26. 64	49. 98
	外资企业	5. 93	4. 36
就业职业类型 (%)	机关、单位负责人及专业技术人员	32. 88	11. 09
	商业及服务类职业	38. 32	41. 97
	生产、运输及相关职业	19. 27	41. 50
流入地 (区分了东、中、西、东北) (%)	东部城市	45. 23	51. 12
	中部城市	15. 55	14. 59
	西部城市	24. 28	26. 89

注:为了节省文本空间并便于比较,本书在统计行业描述中将原始数据中细化的行业类别归纳成了第一、第二、第三产业,且仅列举了部分职业类型。

就个人基本特征而言，首先，两个群体的婚姻状况、年龄、流动时长、性别等方面不存在显著差异；其次，两个群体的受教育程度存在显著差异，农业户籍流动人口的平均受教育程度显著低于城市户籍流动人口，农业户籍流动人口的受教育程度大量集中在高中及以下，占比高达 85.3%，城市户籍流动人口的受教育程度集中在大专及以上，占比为 57.13%，是农业户籍流动人口的近 4 倍。就流入区域而言，城市户籍和农业户籍流动人口的流入地均集中于经济发展程度较高的东部地区，这说明受经济利益的驱动而流动仍然是主要诱因。

从上述描述性统计中能够发现一些基本事实。首先，农业户籍流动人口与城市户籍流动人口的平均工资收入确实存在显著差距；其次，这两个群体在受教育程度、职业分布、就业单位等方面也存在明显差异。但是，两个群体的工资收入差距有多少是因为户籍工资差异的价格效应造成、有多少是由于人力资本特征差异引致还不得而知。基于此，需要对两个群体工资收入差距进行进一步分解。

四、户籍工资差异的价格效应大小的测度结果

（一）基于 Oaxaca-Blinder 分解法的户籍工资差异的价格效应大小测算结果及分析

表 4-3 和图 4-1 报告了在控制个体层面的年龄、受教育程度、工作经验、性别、婚姻状况、行业、职业和单位性质以及城市层面的人口规模、人均 GDP 以后，通过 Oaxaca-Blinder 分解方法测算的 2011~2017 年中国全国层面户籍工资差异的价格效应程度及其变动趋势。测算结果表明，农业户籍流动人口在城市外来劳动力市场上受到工资差别化对待的现象仍然持续存在。平均来看，城市户籍流动人口和农业户籍流动人口总的工资差为 0.207，其中有 29.7%可归因于户籍工资差异的价格效应带来的差别待遇，即户籍工资差异的价格效应。这说明中国城市外来劳动力市场上对农村劳动力的工资差别化对待问题仍然普遍存在，假说4-1得到验证。

表 4-3　2011~2017 年中国户籍工资差异的价格效应大小的测算结果

年份	不可解释	总差距	价格效应大小	样本
2011	0.066	0.201	0.330	51700
2012	0.067	0.229	0.294	66073
2013	0.062	0.189	0.330	77737
2014	0.031	0.105	0.299	68585
2015	0.071	0.230	0.310	72347

续表

年份	不可解释	总差距	价格效应大小	样本
2016	0.065	0.256	0.255	57328
2017	0.063	0.240	0.264	57048
平均值	0.061	0.207	0.297	—

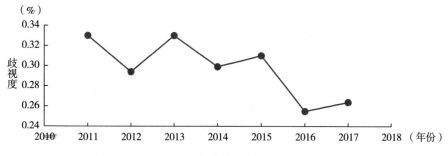

图4-1 2011~2017年户籍工资差异的价格效应大小

整体而言，2011~2017年中国户籍工资差异的价格效应呈现下降趋势，一方面与近年来户籍制度改革大背景息息相关，即从政策角度上，中央政府努力推动农村户籍人口和城市户籍流动人在社会保障、公共教育、住房保障、医疗卫生等基本公共服务方面的均等化，这使农村流动人口在城市外来劳动力市场的地位得以提升；另一方面城市外来劳动力市场中农村流动人口的受教育程度等关键人力资本指标有了极大的提高，一定程度上改善了城市劳动力市场对于农村流动群体的负面刻板印象①。因此在内力与外力的双重作用下，农村户籍流动人口的户籍工资差异的价格效应呈现下降趋势。

（二）户籍工资差异的价格效应的时空变化特征

近年来，中国的城市发展越来越具有集聚化的特征，城市群的发展将成为促进区域经济发展的新增长点。未来几年，将有大量农村流动人口市民化，而城市群也将成为吸纳这上千万人的重要区域。在"十四五"规划中，也着重强调了城市群一体化发展的重要意义，并就不同城市群提出了差异化的发展要求，其中提出要"优化提升京津冀、长三角、珠三角、成渝、长江中游等城市群"，这表明这五大城市群的发展目前已经具备一定基础，且有较大的发展空间。基于此，我们将计算并分析比较2011~2017年各个城市群的户籍工资差异的价格效应状况，结果见表4-4。

---

① 2011年CMDS数据中农村流动人口中大专及以上学历仅为3.65%，2017年则提高到了11.09%。

表4-4　2011~2017年五大城市群户籍工资差异的价格效应的测算结果

年份 地区	2011	2012	2013	2014	2015	2016	2017
长三角	0.300	0.301	0.313	0.279	0.277	0.251	0.234
京津冀	0.346	0.317	0.340	0.334	0.295	0.229	0.256
珠三角	0.268	0.290	0.294	0.294	0.284	0.206	0.175
成渝	0.342	0.336	0.352	0.337	0.350	0.343	0.323
长江中游	0.374	0.311	0.338	0.308	0.326	0.275	0.297

根据这五个城市群的地理区位，其中京津冀、长三角和珠三角都在沿海地区，处于东部，长江中游城市群和成渝城市群在内陆，且分别处于中部和西部地区。为了更好地体现出户籍工资差异的价格效应在不同城市群以及不同时间的状况，我们将表4-4绘制成折线图（见图4-2）。首先，整体上不同城市群的户籍工资差异的价格效应在不同年份都存在差异，且处于东部的长三角、京津冀以及珠三角城市群的户籍工资差异的价格效应在大多数年份都低于成渝和长江中游城市群；其次，长三角、京津冀、珠三角以及长江中游城市群的户籍工资差异的价格效应2011~2017年存在一定程度的下降，而成渝城市群这一趋势不明显；最后，沿海城市群的户籍工资差异的价格效应在2014年后下降得更加明显，且处于相对更低的位置。

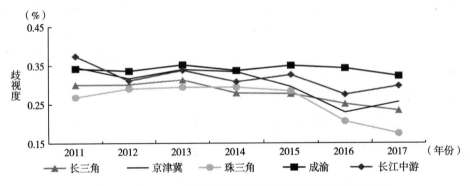

图4-2　2011~2017年五大城市群户籍工资差异的价格效应

出现以上结果是多种因素共同造成的，但是我们从信息的视角提出以下观点。首先，沿海地区的市场化程度更高，这使得劳动力市场的信息流通更加充分，进而更大程度上消除了劳动力市场农村流动人口的负面刻板印象和偏见；其次，信息流通充分地提升了劳动力和就业岗位之间的匹配度，使户籍标签被进一步弱化。正是基于这样的循环机制，不仅沿海地区城市群的户籍工资差异的价格效应更低，也使其在户籍制度改革中得到更加快速的改善。

(三)"农业户籍"标签对户籍工资差异的价格效应的影响分析

本章利用中国"城乡统一户口登记制度"实施的社会准实验，通过对"农转居"和"非农业"群体之间的工资差进行分解，进一步考察了"农业户籍"标记对户籍工资差异的价格效应的影响。具体地，2014年《意见》出台以后，虽然全国多个省、直辖市及自治区均明确出台相关政策，进一步明确建立统一的城乡户口登记制度，但是诸多地区的文件也强调了："对现有居民户口簿不要求统一更换，但对群众主动申请的要予以更换"，因此户口本上写有"农业"与"非农业"的群体仍然占绝大多数。

并且，国家卫计委实施的全国流动人口动态监测调查在户口性质填写中明确要求受访者按照户口簿上的内容进行填写，2014年之前该调查没有将"居民"户口这一选项单列出来进行统计（仅仅统计了农业和非农业，其他户口性质均归为其他，且占比很小），而在2014年（含）以后则包含了"农转居"及"非农转居"选项的样本，这一样本的区分为本章识别"农业户籍"标签对户籍工资差异的价格效应大小的影响提供了机会。

户籍工资差异的价格效应的产生源于中国城乡二元户籍制度的长期存在以及城乡二元结构的长期分割，在信息不对称的前提下，农业户籍作为一种负向"标签"，会引致雇主对农村劳动力的工资差别化对待。对于尚未将农业户口更换为居民户口（以下简称农转居）的农村流动人口，雇主可以从"农业"或"非农"的户口类型中明确区分出受雇者的农村背景；而对于已经将农业户口更换为居民户口的农村流动人口，雇主难以从户口类型直接对雇员的背景进行识别。因此，本章对"农转居"和"非农业"群体之间的工资差进行分解，如果工资差的不可解释部分大幅降低，就能进一步证明农业户籍"标签"引致的工资差别化对待现象的存在。

表4-5是基于Oaxaca-Blinder分解法对农转居和非农户口群体之间的工资差进行分解的结果。在控制了个体层面的年龄、受教育程度、工作经验、性别、婚姻状况、行业、职业和单位性质以及城市层面的人口规模、人均GDP以后，不可解释部分占总收入差距的比例为3%~4%。与表4-2的结果相比，"农业户籍"的显性标签得到去除以后，户籍工资差异的价格效应带来的差别待遇大幅降低，例如，从29.9%降为2014年的3.2%，由31%降为2015年的4.4%，由25.5%降为2016年的3.6%，由26.4%降为2017年的3.4%。

表4-5 农转居和非农户籍流动人口的工资分解结果

年份	不可解释	总差距	不可解释/总差距	农转居样本
2014	0.001	0.030	0.032	3362
2015	0.004	0.091	0.044	613

续表

年份	不可解释	总差距	不可解释/总差距	农转居样本
2016	0.004	0.110	0.036	1111
2017	0.005	0.150	0.034	966

但是，还存在 3%~4% 工资差异无法被解释，这可能是由于其他尚未观测到的新型人力资本特征变量引致的结果。因此，本章后续部分也将新型人力资本特征变量"社会关系"和"流动时长"纳入分析模型，对样本中城乡流动人口之间的工资差进行更为详细的 Oaxaca-Blinder 分解。

(四)社会关系对户籍工资差异价格效应大小的影响分析

一些学者认为"关系"会对个体在工作中的信息获取以及工资收入产生影响（Brown et al.，2016；Franzen & Hangartner，2006）。而这种影响一方面会体现在信息传递效率上，即打破不完全信息带来的影响；另一方面不同质的信息也会对群体间的工资收入差距产生影响。参照本章假说 4-2，如果农村流动人口是通过社会关系获得的工作，其能够通过社会关系传递更为真实的信息给雇主，进而降低雇主与雇员之间的信息不对称程度，雇主更可能会给予农村流动人口以相对客观的判断，从而缓解户籍工资差异的价格效应。2016 年，全国流动人口动态监测调查统计了流动人口的"目前工作获取途径"，这一题项的统计为本章识别社会关系对户籍工资差异价格效应的影响提供了机会。

为此，本章将新型人力资本特征变量"目前工作获取途径"纳入分析模型，对农转居及非农户籍流动人口的工资差进行更为详细的 Oaxaca-Blinder 分解，以探求社会关系对户籍工资差异的价格效应大小的影响。本章提出，其余这 3%~4% 的不可解释部分中可能包含"社会关系"因素，而在之前的工资分解中，由于其他年份数据并不包含相关指标的可替代变量，因此这一因素都没有得到控制。为了能进一步解决这一问题，表 4-6 报告了增加了"目前工作获取途径"变量以后的农转居及非农户籍流动人口的工资差的分解结果。我们发现，不可解释部分占农转居及非农户籍流动人口总工资差的比重仅为 0.5%。这表明社会关系所起到的信息传递作用，降低了农村流动人口面临的户籍工资差异的价格效应程度。需要强调的是，为了保证结果的稳健性，我们对于"目前工作获取途径"这一变量进行了多种形式的设定，来避免因变量形式差异造成的识别问题而导致的结果偏差[①]。

---

① 首先，0~1 变量形式是将亲朋好友介绍工作的设为 1，其他的设为 0；其次，三分类变量形式是将亲朋好友介绍的设定为 1，自己找的设为 2，通过政府及社会中介找的设为 3；最后，多分类变量将原始数据中包含的所有分类分别赋值。

我们发现随着变量形式的变化，不可解释部分会有一些变动，但并没有对"不可解释/总差距"这一总指标产生显著影响。

表 4-6 2016 年考虑社会关系影响的农转居和非农户籍流动人口的工资分解结果

变量形式	不可解释	总差距	不可解释/总差距	农转居样本
0~1 变量	0.0006	0.110	0.005	1111
三分类变量	0.0005	0.110	0.005	1111
多分类变量	0.0005	0.110	0.005	1111

此外，我们也在 2016 年农业及非农户籍流动人口的工资差中增加了"目前工作获取途径"变量，以进行更为详细的 Oaxaca-Blinder 分解，结果如表 4-7 所示。我们发现相较于表 4-3 中测算的 2016 年的中国户籍工资差异的价格效应为 0.255，加入"目前工作获取途径"变量后，在总工资差没有变化的条件下，户籍工资差异的价格效应下降了 2.7~2.8 个百分点。这是由于如果农村流动人口的工作是通过社会关系渠道获得的，比如亲朋好友推荐，那么其信息传递效率会更高，这有助于缓解农村流动人口与雇主之间的信息不对称程度，进而降低其在城市外来劳动力市场上面临的户籍工资差异的价格效应程度。因此，假说 4-2 得到验证。

表 4-7 2016 年考虑社会关系影响的农业和非农户籍流动人口的工资分解结果

变量形式	不可解释	总差距	户籍工资差异的价格效应	样本
0~1 变量	0.058	0.256	0.227	57328
三分类变量	0.059	0.256	0.228	57328
多分类变量	0.059	0.256	0.228	57328

（五）流动时长对户籍工资差异的价格效应大小的影响分析

从以上的讨论中，我们发现"目前工作获取途径"确实对劳动力工资差及户籍工资差异的价格效应程度存在影响，这给予本章诸多思考。我们认为，雇主对于雇员信息的掌握除了可以通过第三方进行间接传递，还可以通过工作的表现进行直接传递。在经济学视角下，研究者们总是假设达到预期生产率的劳动者能获得市场均衡工资（Jovanovic，1979），但是现实中雇主在雇佣初期却难以观察到求职者的综合素质（边燕杰等，2012）。因此要达到雇主与雇员之间信息完全的状态，则需要一段时间进行信息传递，而这段时间内被差别化对待一方遭受的偏见会相对严重，当然这种状况会随着信息完全的过程不断得到缓解。根据本章假说 4-3，农村流动人口进城务工时间越长，越有利于将自己的真实才能信息较为完备地传递到城市外来劳动力市场，其在劳动力市场获得的工资也将与其真实才能或贡献越来越符合，从而刻板印象导致的工资差别化对待现象也将逐渐好转。为此，本章将根据农村流动人口的"本次流动时长"，对其承受的户籍工资差异的价格效应程度进行分组分析，[①] 以此来观察随着流动时间增加，户籍工资差异的价格效应的变化。

　　表4-8 报告了 2011~2017 年不同流动时长样本的户籍工资差异的价格效应的分解结果。图4-3 是根据表4-8 结果绘制的折线图，能够更直观地反映户籍工资差异的价格效应随着流动时长增加而产生的变化。我们发现，户籍工资差异的价格效应随着流动时长的增加会呈现为"先显著下降，后趋于平缓"的变化趋势，这一变化趋势在 2011~2017 年这七年的样本中均显著存在，这说明农村流动人口在进入城市劳动力市场的初期存在一个适应与融合的阶段。从信息传递的角度看，一方面由于城乡劳动力市场分割造成信息不对称，使农业户籍流动人口在城市的预期保留工资仍然参照其在农村的工资水平，进而在短期内没有得到与其个体特征、人力资本适配的工资（这种不适配往往是负向的）；另一方面农村人口的受教育程度、文明程度及工作能力等多方面相较于城市人口存在较大差距，这进一步导致了城市雇主对于农业户籍流动人口在不完全信息下抱有强烈的刻板印象而实施"统计性歧视"（张克克、张胜荣，2016；吴珊珊、孟凡强，2019），类似的观点在 Johnson 和 Lambrinos（1985）讨论残疾人工资歧视时也有所提及，即一个弱势群体受到的歧视包含两部分，其中一部分是由于信息不对称导致雇主没有办法准确识别该雇员的工作能力，进而雇主会将对于群体的偏见用于每个个体上。正是基于信息不充分才从供需两个方面造成了农村流动人口初入城市劳动力市场在短期内面临户籍工资差别化对待的现象，而随着农村流动人口进城务工时间的不断增加，信息交换不断持续，这一户籍工资差别化对待问题将会逐渐减轻。因此，假说4-3 得到验证。

---

① 需要强调的是，由于每年问卷中样本会随着流动年份增长而减少，有 50%的样本的本次流动时长都在 4 年以内，流动时长在十年内的样本占 80%，因此为了保证每个组都有充足的样本，并缓解组间差异带来的影响，以得到可靠的结论，本章按照流动时长每半年一次的分组分析，其中每一组都包含之前的所有样本。例如，第一组是流动 12 个月及以内的样本，第二组是流动 18 个月及以内的所有样本，第三组是流动 24 个月以内的所有样本，以此类推。

表 4-8　2011~2017 年按流动时长分组的中国户籍工资差异的价格效应的测算结果

流动时长 ＼ 年份	2011	2012	2013	2014	2015	2016	2017
12 个月内	0.400	0.332	0.365	0.386	0.355	0.275	0.315
18 个月内	0.356	—	0.379	0.399	0.356	0.264	0.317
24 个月内	0.356	0.307	0.352	0.381	0.353	0.269	0.313
30 个月内	0.357	—	0.360	0.353	0.361	0.265	0.329
36 个月内	0.344	0.289	0.347	0.367	0.353	0.264	0.312
42 个月内	0.337	—	0.349	0.326	0.346	0.258	0.318
48 个月内	0.337	0.272	0.324	0.309	0.342	0.243	0.310
54 个月内	0.344	—	0.339	0.305	0.333	0.237	0.290
60 个月内	0.333	0.276	0.337	0.305	0.327	0.236	0.280
66 个月内	0.321	—	0.329	0.306	0.323	0.223	0.267
72 个月内	0.318	0.265	0.321	0.293	0.314	0.220	0.265
78 个月内	0.321	—	0.310	0.293	0.311	0.224	0.262
84 个月内	0.320	0.262	0.306	0.299	0.307	0.227	0.260
90 个月内	0.320	—	0.310	0.273	0.301	0.225	0.256
96 个月内	0.321	0.266	0.311	0.287	0.304	0.224	0.256
102 个月内	0.317	—	0.312	0.271	0.310	0.232	0.261
108 个月内	0.316	0.256	0.309	0.271	0.304	0.236	0.257
114 个月内	0.317	—	0.311	0.276	0.307	0.231	0.259
120 个月内	0.320	0.260	0.310	0.279	0.301	0.232	0.255

注：2012 年的"本次流动时长"仅提供了年份，没有提供更细的月份数据。

值得注意的是，在图 4-3 以及表 4-8 的结论中我们还发现，虽然随着时间的推移，信息交换使户籍工资差异的价格效应得以减小，但是并没有完全消失。基于此，我们结合已有的研究结论也给出了合理的解释，即这是由于企业出于利润最大化目的，缺乏动机去完全披露这些信息，以彻底消除工资差别化对待现象（Milgrom & Oster，1987）。

五、户籍工资差异的价格效应的异质性特征分析

（一）单位性质异质性

就户籍工资差异价格效应的表现来看，职业隔离、行业隔离也是非常重要

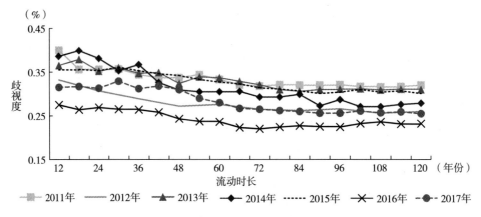

图4-3 2011~2017年户籍工资差异的价格效应按流动时长分组

的歧视表现形式之一，但是这一形式的歧视往往难以与制度相分离，就如一些
地方性公务员及事业单位的带编岗位招聘中存在户籍限制。而本章更加关注制
度以外的市场性户籍工资差异的价格效应，因此研究组内（就如相同行业、职
业内部的户籍工资差异的价格效应状况）的户籍工资差异的价格效应状况是本
章的重点。具体地，我们将根据样本的"所在单位性质"进行分组，即分别就外
企、私企、个体工商户、机关及事业单位、国有及国有控股企业五类，分别进
行农业与非农工资差分解，以研究单位性质组内的户籍工资差异的价格效应的
状况。

表4-9和图4-4分别报告了按单位性质分类的2011~2017年中国户籍工资
差异的价格效应的测算结果及变化趋势图。我们发现：首先，2011~2017年国有
及国有控股企业的户籍工资差异的价格效应下降最为明显，从0.486下降到
0.299，降低幅度高达38.48%；机关及事业单位、外资或中外合资企业以及个体
工商户的户籍工资差异的价格效应呈现出波动性下降的趋势。户籍工资差异的价
格效应的下降与中国户籍制度改革密切相关。一方面，2011~2017年是中国户籍
制度改革的加速期，在这一阶段不断释放出对农村流动人口城市化利好的信号，
同时政策层面的城乡待遇差别也不断降低，因此城市劳动力市场对农村流动人口
的偏见也得以减弱。而在这一过程中，国有及国有控股企业对于相关政策的跟随
更紧，因此有了比其他性质单位更大程度的转变。另一方面，2014年7月30
日国务院发布的《关于进一步推进户籍制度改革的意见》（以下简称《意见》），
标志着实行了半个多世纪的"农业"与"非农业"的二元户籍管理模式正式退出
历史舞台，由此2014年以后几乎所有性质单位的户籍工资差异的价格效应均
出现明显减弱。

表 4-9 2011~2017 年按单位性质分类的中国户籍工资差异的价格效应的测算结果

年份 单位性质	2011	2012	2013	2014	2015	2016	2017
外资或合资企业	0.333	0.285	0.270	0.289	0.271	0.233	0.235
私企	0.390	0.348	0.387	0.401	0.371	0.351	0.345
个体工商户(不显著)	0.149	0.134	0.120	0.147	0.080	0.119	0.052
机关、事业单位	0.352	0.333	0.354	0.299	0.303	0.235	0.251
国有及国有控股企业	0.486	0.427	0.420	0.377	0.328	0.292	0.299
总体	0.330	0.294	0.330	0.299	0.310	0.294	0.255

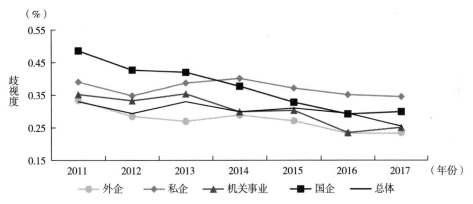

图 4-4 2011~2017 年不同单位的户籍工资差异的价格效应变化趋势

其次，个体工商户的户籍工资差异的价格效应并不显著。这表明就个体工商户而言，对雇员不存在户籍工资差异的价格效应。我们也进一步考察了农业户籍与非农户籍流动人口的工资差，如表 4-10 所示的测算结果表明，当就职于个体工商户，农业户籍与非农流动人口在同等人力资本条件下工资差异相对很小。究其根本，农业户籍流动人口一般具有受教育水平低、流动性大等特征，这些特征也是其他单位对农村流动人口实施差别化对待的缘由之一，而个体工商户大多集中于传统的服务行业中，而相关岗位也往往具备不稳定、高可替代性等特征。从2017 年的数据中我们看到有超过 22% 的个体工商户雇员集中在餐饮行业，超过38% 的集中在其他商业、服务业中，而这一群体中没有签订劳动合同的比例远高于其他性质的单位(除了个体工商户以外的单位，农业户籍没有签订劳动合同的比例为 30%，非农为 11%；而个体工商户中农业户籍没有签订劳动合同的比例超过了 60%，非农为 50%)，从数量占比的统计中也可以发现，个体工商户中农业户籍占比大大高于其他类型的单位，达到 90%。由此，可以说农村流动人口的特征标签与个体工商户的特征是趋同的，当然，这一结果并不代表农村流动人口在相对"低端"的行业有更高的集中性是理所当然的。这其中也存在一种可能性，即由于其他行业对于农村流动人口的接纳度相对更低，导致他们被迫更多聚集在个体工商户中。但无论何种原因，这一结果都会导致农村流动人口广泛从事于相对"低端"职业且流动性高的负面标签被进一步加强。

表 4-10　2011~2017 年按单位性质分类的中国农业户籍与非农流动人口的工资差

分类 \ 年份	2011	2012	2013	2014	2015	2016	2017
外企	0.473	0.502	0.406	0.280	0.385	0.501	0.462
私企	0.159	0.189	0.148	0.084	0.219	0.242	0.232
个体工商户	0.027	0.068	0.058	0.024	0.074	0.043	0.063
机关事业	0.431	0.399	0.399	0.233	0.315	0.291	0.326
国企	0.200	0.187	0.225	0.140	0.224	0.193	0.217

(二)合同签订状况异质性

在 2016 年和 2017 年的问卷中统计了雇员的劳动签订状况，其中签订了劳动合同的约占样本的 63%，未签订的约占 33%。而农业户籍流动人口没有签订劳动合同的比例相对更高，为 37%，城市流动人口仅为 17%。没有签订劳动合同意味着没有"五险一金"，而在以往的研究中，"五险一金"等社会保障是否获得也常常作为是否进行差别化对待的表现方式之一，但是很少有研究在劳动合同签订状况的分组基础上讨论组内的户籍工资差异的价格效应程度，为此，我们对于是否签订了劳动合同的样本进行了分组讨论。

表 4-11 展示了签订劳动合同和没有签订劳动合同群体的户籍工资差异的价格效应和工资收入差。我们发现，没有签订劳动合同的群体户籍工资差异的价格效应程度明显高于签订了劳动合同的群体，这表明在更加规范化和正规化的劳动力市场中，户籍工资差异的价格效应更小。在对样本更加细致的观察中，可以发现没有签订劳动合同的群体，其平均的受教育水平低于签订了劳动合同群体，这表明这一群体的人力资本水平相对更低，当这一群体在没有合同保护的状况下加入城市劳动力市场，势必会导致他们遭受更加严重的偏见和差别化对待。

表 4-11　是否签订劳动合同的户籍工资差异的价格效应

是否签订劳动合同 \ 年份	2016	2017
签订劳动合同	0.247	0.250
没有签劳动合同	0.384	0.372

(三)职业异质性

问卷中的详细统计了样本的职业类型，因此为了进一步探讨不同类型职业内的户籍工资差异的价格效应状况，本章将原问卷中多个类型的职业进行归纳，并讨论"国家机关党群组织企业单位负责人""专业技术人员""公务员、办事人员和有关人员""商业、服务及有关人员"以及"生产运输、建筑及有关人员"的组内户籍工资差异的价格效应(见表4-12)。

表4-12 不同职业群体的组内户籍工资差异的价格效应

不同职业群体 年份	国家机关党群组织 企事业单位负责人	专业技术 人员	公务员、办事人 员和有关人员	商业、服务 及有关人员	生产运输、建 筑及有关人员
2011	0.551	0.303	0.433	0.369	0.387
2012	0.595	0.234	0.401	0.355	0.365
2013	0.523	0.282	0.510	0.377	0.351
2014	0.456	0.286	0.435	0.373	0.340
2015	0.385	0.280	0.507	0.346	0.347
2016	0.375	0.276	0.468	0.307	0.255
2017	0.365	0.283	0.494	0.323	0.218

图4-5是根据表4-12数据绘制的可视化折线图，能够更加清晰地看到2011~2017年不同职业群体的户籍工资差异的价格效应的状态。

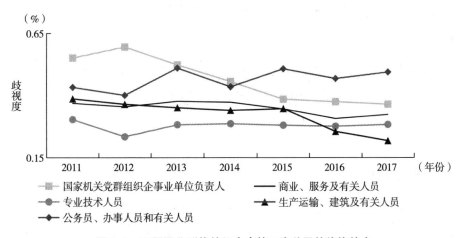

图4-5 不同职业群体的组内户籍工资差异的价格效应

首先，国家机关党群组织企事业单位负责人的户籍工资差异的价格效应有明显的下降，而公务员、办事人员和有关人员的户籍工资差异的价格效应则有一定幅度的上升。表明随着户籍制度的改革，相对高层次的负责人、管理人员等户籍工资差异的价格效应现象有了快速且明显的改善，但是处于较低层次的人员处境则比较糟糕。

这可能是由于高层次的负责人、管理人员的工资收入对制度敏感性较高，随着户籍制度改革的推进，其基于工资的户籍工资差异的价格效应越来越弱。而对普通办事人员而言工资收入受到一些隐性因素影响更大，就如相同条件下，农村流动人口由于缺乏人脉只能在单位的非正式岗位就业，而城市流动人口处于正式岗位，而表面上看这两个人的工作及人力资本完全相同，但工资待遇存在差距，而这类变量的影响在已有数据条件下是难以识别的。

其次，专业技术人员的户籍工资差异的价格效应一直处于较低的位置且变动幅度很小。专业技术人员中高学历占比大大高出平均值(专业技术人员的大专以上的比例超过60%，而其他职业的人群仅为16%)，说明有一技之长能够获得相对公平的待遇，因此其户籍工资差异的价格效应在所有职业类型中最低。

再次，生产运输及建筑及有关人员的户籍工资差异的价格效应在2015年后有明显的下降。

最后，商业及服务及有关人员的户籍工资差异的价格效应在2014年后有小幅度下降。农业户籍流动人口在"生产运输及建筑及有关人员"中的占比是所有职业类型中最高的，超过90%，在"商业、服务业及有关人员中"中占比为其次，达到85%，因此在户籍制度改革过程中这两种职业内的户籍工资差异的价格效应都呈现出波动下降的状态，特别在近几年大力改革的背景下，下降更为明显。

第三节　城市层面外来劳动力市场上户籍工资差异的价格效应的量化及特征

一、描述性统计

首先，需要强调的是，本章在城市劳动力市场户籍工资差异的价格效应计算中，只运用了以就业为迁移目的的受雇者样本，但在探究户籍工资差异的价格效应对流动人口定居意愿影响的时候则将自营者与雇主也纳入了讨论范畴；其次，保证细分研究时候样本量足够。经过对2012~2016年的样本进行统计，我们发现城市户籍流动人口的样本量不到农村户籍流动人口的1/5，为避免因样本量不足造成的偏误，本研究仅保留了城市户籍流动人口样本量 100 以上的城市。

表 4-13 是本节数据的中城市户籍流动人口和农村户籍流动人口的基本状况描述性统计。就个人基本信息来看，首先，两个群体的婚姻状况、年龄、民族、性别几个方面不存在明显差异；其次，两个群体受教育程度存在明显差异，农村户籍流动人口的受教育程度大量集中在高中及以下，占 87.43%，城市户籍流动人口的受教育程度明显更高，几乎全部集中在初中及以上，尤其在大专及以上城市户籍流动人口比例是农村户籍流动人口的 4 倍多。

表 4-13　城市户籍流动人口和农村户籍流动人口基本情况统计（均值或占比）

项目		城市户籍流动人口	农村户籍流动人口
月平均纯收入（元）		5 585.302	4 291.190
月平均纯收入差值（元）		1017.445	
已婚（%）		76.29	79.42
年龄（岁）		34.84	35.14
汉族（%）		93.63	93.24
女性（%）		46.99	46.37
受教育程度（%）	小学及以下	2.17	13.46
	初中、高中及中专	42.71	73.97
	大专及以上	55.12	12.57
就业行业类别（%）	第一产业	0.99	1.79
	第二产业	22.65	31.14
	第三产业	76.35	67.07
就业单位性质（%）	事业单位与国有企业	11.62	3.84
	集体企业	9.58	4.81
	私营企业	66.46	72.57
	外资企业	5.04	4.21
就业职业类型（%）	机关、单位负责人及专业技术人员	26.90	2.75
	商业及服务类职业	52.83	62.58
	生产、运输及相关职业	13.72	23.99

注：为了节省文本空间并便于比较，本书在统计行业描述中将原始数据中细化的行业类别归纳成了第一、第二、第三产业，且仅列举了部分职业类型。

资料来源：根据 CMDS（2012 年、2014 年、2015 年、2016 年）数据整理。

从收入及就业方面来看。首先，两个群体的月平均纯收入差异很明显，城市户籍流动人口比农村户籍流动人口平均多 1000 元以上。其次，城市户籍流动人

口的就业更集中于第三产业,农村户籍流动人口在第三产业就业的比例虽然也高
于第一、第二产业,但其在第三产业就业的集中度不如城市户籍流动人口明显。
再次,城市户籍流动人口在事业单位及国有企业就业的比例更高,而农村户籍流
动人口在私营企业就业的集中度相对更高。最后,城市户籍流动人口的职业更多
集中在国家机关、党群组织、企事业单位负责人及专业技术人员中,表明城市流
动人在白领职业中更加集中,而农村户籍流动人口更加集中于蓝领职业。

而将旧城镇化和新型城镇化区别开来以后还能看到不同时期的城市户籍与农
村户籍流动人口特征随着时间变化的特征。表 4-14 显示,在旧城镇化时期,城
市及农村户籍流动人口的婚姻状况、平均年龄以及性别基本不存在明显差异,而
两个群体的月平均收入、受教育状况、就业状况则存在明显的差别。具体而言,
首先,城市户籍流动人口比农村户籍流动人口的月平均纯收入高 557.29 元;其
次,相对于农村户籍流动人口,城市户籍流动人口的受教育程度明显更高,农村
户籍流动人口相对更集中于初中及以下学历,占所有农村户籍流动人口样本量的
74.68%,而城市户籍流动人口的受教育程度则更集中于高中及以上,占所有城
市户籍流动人口样本量的 79.48%;再次,城市户籍流动人口相对更集中于第三
产业,也更集中于事业单位与国有企业,而农村户籍流动人口在第一、第二产业
就业的比例则明显高于城市户籍流动人口,并且在私营企业就业的比例相对更
高;最后,城市户籍流动人口中单位负责人及专业技术人员的比例大大高于农村
户籍流动人口。类似地,新城镇化时期的样本特征基本与旧城镇化时期保持一
致,但有所不同的是,新城镇化时期城市户籍流动人口和农村户籍流动人口两类
群体在第三产业就业的比例明显更高,同时两个群体的月平均收入差增加了 1
倍,达到 1142.25 元。但这种差额的增加主要是城市户籍流动人口增长更快带来
的,可能与不同时期城市户籍流动人口的构成不同有关。

表 4-14 城市流动人口基本情况统计

项目	旧城镇化时期 (2012 年和 2014 年)		新城镇化时期 (2015~2016 年)	
	城市户籍	农村户籍	城市户籍	农村户籍
月平均纯收入(元)	4189.60	3632.31	5021.01	3878.76
城市户籍相对农村户籍的月均纯 收入差(元)	557.29		1142.25	
婚姻状况(已婚占比)(%)	72.62	77.17	77.62	80.28
平均年龄(岁)	34.42	33.82	37.47	35.19
性别(女性占比)(%)	44.38	43.78	47.47	47.28

续表

项目		旧城镇化时期 （2012 年和 2014 年）		新城镇化时期 （2015～2016 年）	
		城市户籍	农村户籍	城市户籍	农村户籍
受教育状况 （%）	小学及以下	3.78	16.89	4.68	17.87
	初中	27.08	57.79	23.67	52.13
	高中/中专	31.74	22.48	27.85	20.74
	大学专科	17.95	2.41	22.50	6.66
	大学本科	18.88	0.42	19.29	2.51
	研究生	0.57	0.01	2.02	0.10
行业类别 （%）	第一产业	1.52	3.81	1.03	2.26
	第二产业	26.56	32.94	17.25	23.97
	第三产业	71.92	63.25	81.72	73.77
单位性质 （%）	事业单位与国有企业	16.33	5.38	17.10	5.19
	私营企业	67.89	73.29	62.00	70.07
	其他	15.78	19.54	12.59	19.85
职业类型 （%）	单位负责人	2.07	0.20	1.98	0.19
	专业技术人员	16.61	5.31	17.71	5.90
	经商	17.48	18.19	16.17	19.18
	其他	63.84	76.30	64.14	74.73

综合以上所有描述性统计的内容，能够发现一些事实。首先，农村户籍流动人口与城市户籍流动人口的平均工资收入确实存在差距；其次，这两个群体在受教育程度、职业分布、就业单位等个人特征等方面也存在明显的差异；最后，农村户籍流动人口和城市户籍流动人口在新城镇化时期的平均工资差大大高于旧城镇化时期。但两个群体的工资收入差距到底有多少是因为户籍工资差异的价格效应所造成的？旧城镇化时期和新型城镇化时期的户籍工资差异的价格效应有什么变化？还不得而知。基于此，需要通过对两个群体工资收入差距进行进一步分解。

二、分解结果[①]

（一）整体户籍工资差异的价格效应分解及分析

本章运用 CMDS 的数据，首先，对样本中总的户籍工资差异的价格效应进行

---

① 本章工资分解的方法与第三章的完全一致，具体的分解方法请参照第三章的第三节内容。

了测算，从整体上综合考虑了 95 个城市户籍工资差异的价格效应信息；其次，又对 95 个城市的户籍工资差异的价格效应分别进行了测算。表 4-15 列出了在控制个体年龄、受教育程度、性别、工作经验、婚姻状况、行业、职业以及就业单位性质等特征变量以后，通过 Oaxaca-Blinder 分解方法分解的城乡户籍流动人口的工资差结果。

表 4-15　95 个城市的户籍工资差异的价格效应

变量	可解释部分系数	不可解释部分系数
年龄	-0.001 (0.000)	0.123 (0.012)
受教育程度	0.122 (0.001)	0.205 (0.011)
性别	0.000 (0.000)	-0.002 (0.024)
工作经验	0.003 (0.000)	0.039 (0.007)
婚姻状况	-0.007 (0.000)	-0.008 (0.005)
行业	0.013 (0.001)	-0.022 (0.004)
职业	0.015 (0.000)	-0.059 (0.008)
就业单位性质	-0.010 (0.001)	0.113 (0.007)
常数项	—	-0.313 (0.040)
工资差系数	0.123 (0.002)	0.076 (0.003)
总工资差系数	0.199 (0.003)	
贡献率(%)	0.618	0.382

注：括号中的数值为标准误。

　　总体来看，农业户籍流动人口在城市劳动力市场上依然受到明显的户籍差别化对待。在农业户籍流动人口和城市户籍流动人口总的工资差中有 61.8% 可以由个人特征进行解释，而剩余的 38.2% 则可归因于户籍的差别待遇，即为户籍工资差异的价格效应。

在可解释部分中，受教育程度、职业、行业、工作经验都拉大了两个群体的工资差异；其中教育程度对可解释部分工资差的贡献达到61.3%，是造成工资差距最主要的来源。年龄、婚姻状况以及就业单位性质则在一定程度上缩小了两个群体的收入差距。

表4-16列出了总体样本中不同性别城乡户籍流动人口工资差的分解结果。其中男性遭受的户籍工资差异的价格效应为40.1%，而女性相对较低，仅为30.4%。

表4-16　95个城市不同性别流动人口的户籍工资差异的价格效应

变量	男性		女性	
	可解释部分系数	不可解释部分系数	可解释部分系数	不可解释部分系数
年龄	-0.000 (0.001)	0.174 (0.022)	0.000 (0.000)	0.207 (0.026)
受教育程度	0.173 (0.004)	0.231 (0.016)	0.190 (0.005)	0.267 (0.018)
工作经验	0.005 (0.000)	0.060 (0.014)	0.001 (0.000)	0.064 (0.017)
婚姻状况	-0.005 (0.001)	-0.040 (0.016)	-0.005 (0.001)	-0.060 (0.012)
行业	0.005 (0.000)	-0.032 (0.008)	-0.013 (0.001)	-0.038 (0.011)
职业	0.015 (0.001)	-0.058 (0.014)	0.022 (0.001)	0.036 (0.018)
就业单位性质	-0.018 (0.002)	0.204 (0.017)	-0.008 (0.001)	0.188 (0.014)
常数项	—	-0.368 (0.044)		-0.537 (0.052)
工资差系数	0.176 (0.005)	0.118 (0.003)	0.188 (0.005)	0.082 (0.007)
总工资差系数	0.294 (0.005)		0.270 (0.006)	
贡献率(%)	0.599	0.401	0.696	0.304

注：括号中的数值为标准误。

从可解释部分来看，最大程度上拉大了工资差距的依然是受教育程度，而工作经验、职业都会增加男性和女性的城乡工资差异，婚姻状况则相反。而年龄和行业则在影响男女的城乡工资差异方面呈现出不同方向的影响。

表4-17是不同年龄的城乡户籍流动人口工资差的分解结果。总体来看，年

龄为 56 岁及以上的流动人口的户籍工资差异的价格效应最高，为 47.5%；年龄为 35 岁及以下流动人口的户籍工资差异的价格效应次之，为 20%；而年龄为 36~55 岁的流动人口的户籍工资差异的价格效应最低，仅为 8.2%。

表 4-17　95 个城市不同年龄流动人口的户籍工资差异的价格效应

变量	35 岁及以下		36~55 岁		56 岁及以上	
	可解释部分系数	不可解释部分系数	可解释部分系数	不可解释部分系数	可解释部分系数	不可解释部分系数
职业	0.017 (0.001)	-0.032 (0.020)	0.016 (0.002)	-0.054 (0.032)	0.022 (0.008)	-0.447 (0.190)
受教育程度	0.186 (0.007)	0.259 (0.027)	0.219 (0.009)	0.237 (0.03)	0.137 (0.041)	0.070 (0.133)
工作经验	-0.000 (0.001)	0.118 (0.022)	-0.004 (0.001)	0.099 (0.029)	-0.002 (0.008)	0.084 (0.131)
婚姻状况	-0.003 (0.001)	-0.003 (0.014)	-0.000 (0.001)	-0.048 (0.038)	0.002 (0.005)	-0.074 (0.187)
行业	-0.006 (0.001)	-0.026 (0.014)	-0.009 (0.001)	-0.031 (0.018)	-0.017 (0.006)	-0.118 (0.090)
性别（女=1）	-0.006 (0.002)	0.017 (0.007)	0.002 (0.002)	0.000 (0.007)	0.005 (0.003)	0.027 (0.023)
就业单位性质	-0.020 (0.002)	0.196 (0.018)	-0.012 (0.003)	0.194 (0.024)	0.002 (0.015)	0.216 (0.109)
常数项	—	-0.466 (0.061)	—	-0.320 (0.086)	—	0.281 (0.414)
工资差系数	0.168 (0.008)	0.042 (0.010)	0.213 (0.009)	0.019 (0.013)	0.148 (0.044)	0.134 (0.064)
总工资差系数	0.210 (0.008)		0.231 (0.010)		0.282 (0.050)	
贡献率(%)	0.800	0.200	0.922	0.082	0.525	0.475

注：括号中的数值为标准误。

在可解释部分中最值得关注的仍然是受教育程度，因为教育程度对于 3 个人群的工资差贡献率均最高。但是年龄为 35 岁及以下、56 岁及以上的流动人口的受教育程度对于其工资差的贡献率明显不如年龄为 36~55 岁的流动人口的贡献率显著。

表 4-18 是不同行业的城乡户籍流动人口工资差的分解结果。首先，户籍工资差异的价格效应最高的是服务业及相关从业者，高达 39.7%；其次，农业及相

关行业从业者，为 25.9%；户籍工资差异的价格效应最低的是制造业及相关行业从业者，仅为 25%。

表 4-18　95 个城市不同行业流动人口的户籍工资差异的价格效应

变量	农业及相关		制造业及相关		服务业及相关	
	可解释 部分系数	不可解释 部分系数	可解释 部分系数	不可解释 部分系数	可解释 部分系数	不可解释 部分系数
年龄	0.000 (0.000)	0.229 (0.055)	−0.000 (0.000)	0.229 (0.055)	0.001 (0.000)	0.129 (0.031)
受教育程度	0.132 (0.006)	0.312 (0.050)	0.136 (0.006)	0.308 (0.049)	0.132 (0.004)	0.347 (0.028)
工作经验	−0.002 (0.001)	−0.008 (0.035)	−0.002 (0.001)	−0.008 (0.035)	−0.006 (0.001)	0.149 (0.020)
婚姻状况	0.000 (0.001)	0.013 (0.031)	0.000 (0.001)	0.014 (0.031)	−0.009 (0.001)	−0.046 (0.016)
就业单位性质	−0.008 (0.002)	0.218 (0.025)	−0.010 (0.002)	0.220 (0.026)	0.003 (0.001)	0167 (0.015)
性别 （女=1）	0.007 (0.002)	0.009 (0.008)	0.007 (0.002)	0.009 (0.008)	−0.004 (0.001)	0.006 (0.006)
职业	0.026 (0.005)	0.036 (0.034)	0.026 (0.005)	0.036 (0.033)	0.014 (0.002)	−0.033 (0.024)
常数项	—	−0.730 (0.110)	—	−0.730 (0.110)	—	−0.647 (0.063)
工资差系数	0.157 (0.008)	0.055 (0.013)	0.159 (0.008)	0.053 (0.013)	0.132 (0.004)	0.087 (0.008)
总工资差系数	0.212 (0.012)		0.212 (0.012)		0.219 (0.007)	
贡献率(%)	0.741	0.259	0.750	0.250	0.603	0.397

注：括号中的数值为标准误。

（二）城市层面户籍工资差异的价格效应分解及分析

1. 城市层面户籍工资差异的价格效应及特征

以上结论较好地反映了中国城市总体上的户籍工资差异的价格效应及其异质性特征，但这种多个城市综合的户籍工资差异的价格效应并不能反映出城市层面的户籍工资差异的价格效应的差异。而中国城市数量众多，并且城市状况差异巨大，户籍工资差异的价格效应在不同城市存在差异是具备客观条件的，基于此，我们将 95 个城市的户籍工资差异的价格效应分别进行了计算，结果见表 4-19。

表4-19　95个城市 Oaxaca-Blinder 分解结果及排序

城市（地区）	价格效应（%）	工资差可解释部分系数	工资差不可解释部分系数	工资差系数	城市（地区）	价格效应（%）	工资差可解释部分系数	工资差不可解释部分系数	工资差系数
郑州市	0.035	0.110	0.004	0.114	大连市	0.357	0.099	0.055	0.154
巴音郭楞	0.036	0.270	0.010	0.280	佛山市	0.362	0.088	0.050	0.138
无锡市	0.038	0.125	0.005	0.130	广州市	0.363	0.167	0.095	0.262
南昌市	0.040	0.048	0.002	0.050	柳州市	0.367	0.076	0.044	0.120
嘉兴市	0.045	0.149	0.007	0.156	延边州	0.368	0.024	0.014	0.038
青岛市	0.048	0.099	0.005	0.104	怀化市	0.369	0.053	0.031	0.084
厦门市	0.049	0.136	0.007	0.143	大兴安岭	0.372	0.115	0.068	0.183
宁波市	0.050	0.134	0.007	0.141	保定市	0.372	0.049	0.029	0.078
金华市	0.063	0.120	0.008	0.128	西宁市	0.372	0.027	0.016	0.043
芜湖市	0.066	0.099	0.007	0.106	绵阳市	0.384	0.045	0.028	0.073
晋中市	0.072	0.129	0.010	0.139	岳阳市	0.391	0.028	0.018	0.046
新余市	0.082	0.078	0.007	0.085	廊坊市	0.413	0.047	0.033	0.080
泉州市	0.086	0.085	0.008	0.093	石家庄市	0.420	0.029	0.021	0.050
绍兴市	0.095	0.171	0.018	0.189	咸阳市	0.424	0.038	0.028	0.066
呼和浩特市	0.097	0.102	0.011	0.113	北海市	0.427	0.118	0.088	0.206
防城港市	0.103	0.087	0.010	0.097	大庆市	0.429	0.004	0.003	0.007
南京市	0.136	0.121	0.019	0.140	重庆市	0.431	0.074	0.056	0.130
襄阳市	0.136	0.057	0.009	0.066	赣州市	0.444	0.020	0.016	0.036
江门市	0.140	0.251	0.041	0.292	宜昌市	0.448	0.016	0.013	0.029
武汉市	0.152	0.134	0.024	0.158	绥芬河市	0.456	0.031	0.026	0.057
银川市	0.165	0.066	0.013	0.079	娄底市	0.468	0.083	0.073	0.156
贵阳市	0.166	0.181	0.036	0.217	南宁市	0.480	0.066	0.061	0.127
遵义市	0.190	0.111	0.026	0.137	营口市	0.487	0.039	0.037	0.076
鄂尔多斯市	0.191	0.114	0.027	0.141	十堰市	0.493	0.038	0.037	0.075

续表

城市（地区）	价格效应（%）	工资差可解释部分系数	工资差不可解释部分系数	工资差系数
哈尔滨市	0.211	0.060	0.016	0.076
福州市	0.214	0.088	0.024	0.112
长春市	0.219	0.025	0.007	0.032
南通市	0.232	0.139	0.042	0.181
资阳市	0.235	0.088	0.027	0.115
深圳市	0.239	0.166	0.052	0.218
杭州市	0.241	0.129	0.041	0.170
海口市	0.257	0.075	0.026	0.101
常州市	0.282	0.130	0.051	0.181
常德市	0.286	0.035	0.014	0.049
衡阳市	0.291	0.105	0.043	0.148
东莞市	0.292	0.126	0.052	0.178
上海市	0.305	0.330	0.145	0.475
合肥市	0.308	0.063	0.028	0.091
拉萨市	0.308	0.027	0.012	0.039
乌鲁木齐市	0.313	0.099	0.045	0.144
株洲市	0.316	0.026	0.012	0.038
北京市	0.321	0.332	0.157	0.489
苏州市	0.331	0.174	0.086	0.260
天津市	0.339	0.119	0.061	0.180
三亚市	0.343	0.092	0.048	0.140
济南市	0.348	0.103	0.055	0.158
中山市	0.354	0.137	0.075	0.212
惠州市	0.355	0.080	0.044	0.124

城市（地区）	价格效应（%）	工资差可解释部分系数	工资差不可解释部分系数	工资差系数
攀枝花市	0.495	0.050	0.049	0.099
桂林市	0.506	0.086	0.088	0.174
宜春市	0.523	0.041	0.045	0.086
长沙市	0.525	0.058	0.064	0.122
兰州市	0.533	0.042	0.048	0.090
昆明市	0.548	0.095	0.115	0.210
成都市	0.551	0.066	0.081	0.147
珠海市	0.554	0.041	0.051	0.092
沈阳市	0.562	0.053	0.068	0.121
日喀则	0.570	0.293	0.389	0.682
玉溪市	0.582	0.046	0.064	0.110
唐山市	0.693	0.035	0.079	0.114
忻州市	0.759	0.027	0.085	0.112
郴州市	—	0.027	-0.102	-0.075
承德市	—	0.062	-0.095	-0.033
阜阳市	—	0.070	-0.120	-0.050
黄冈市	—	0.053	-0.059	-0.006
吉林市	—	0.043	-0.063	-0.020
九江市	—	0.014	-0.064	-0.050
林芝地区	—	0.079	-0.093	-0.014
平凉市	—	0.018	-0.066	-0.048
秦皇岛市	—	0.048	-0.061	-0.013
泰州市	—	0.067	-0.069	-0.002

表4-19中可解释部分表示由个人特征（即年龄、受教育程度、工作经验、性别、民族、婚姻、行业、职业以及所在单位性质）造成的收入差距，不可解释部分表示由户籍工资差异的价格效应造成的收入差距。

首先，95个样本城市中，有85个城市的城市户籍流动人口和农村户籍流动人口都存在正向的工资收入差距（即城市户籍流动人口工资收入高于农村户籍流动人口的工资收入），存在户籍工资差异价格效应的城市占比高达89.47%，这表明户籍工资差异的价格效应在城市中是普遍存在的。

其次，表4-19中将城市以户籍工资差异的价格效应从小到大的顺序进行排列。户籍工资差异的价格效应最小的城市郑州仅有3.5%，而户籍工资差异的价格效应最为严重的忻州市达到75.9%，不同城市间户籍工资差异的价格效应差异高达20.69倍。同时，还可以观察到85个存在户籍工资差异的价格效应的城市中，仅有15个城市的户籍工资差异的价格效应小于10%，24个城市的户籍工资差异的价格效应小于20%，但也仅有16个城市的户籍工资差异的价格效应高于40%。

再次，值得注意的是，有10个城市存在反向户籍歧视，即在相同个人特征的条件下，农业户籍流动人口的工资高于城市户籍流动人口。已有研究中关于这一现象的关注很少，我们认为出现这一现象可能是基于农业户籍流动人口隐性福利(即各类社会保障)的缺失，进而在其工资中进行的补贴。

最后，本章还探究了户籍工资差异价格效应与城市规模之间的关系，发现两者之间存在一些规律(见图4-6)。图4-6中横轴表示的是城市人口规模(由于横纵轴的数量级差别太大，因此对城市人口规模取了对数)，纵轴是户籍工资差异

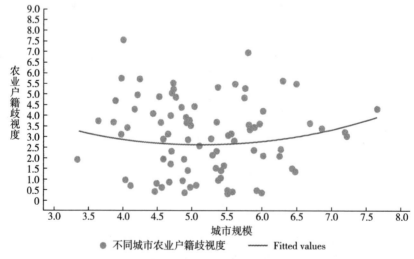

图4-6　不同城市规模下的户籍工资差异的价格效应

的价格效应。我们发现随着城市规模的上升，户籍工资差异的价格效应大体上呈现出先下降后上升的规律，即"U"型特征。

一个不容忽视的问题是，在城市规模增长的初期，户籍工资差异的价格效应还存在微弱的下降。这是由于这时的城市处于基础设施建设时期，农村劳动力的流入会促使城市快速发展，特别是需要大量体力劳动者，因此在体力劳动中更占优势的农村劳动力处于相对稀缺的位置，进而基于工资的户籍工资差异的价格效应会在这一阶段有所下降。随着城市规模的进一步上升，基础设施建设逐步完善，城市的发展迈入了新的发展阶段，城市发展开始注重质量提升，因此对脑力劳动者的需求逐渐上升。有研究认为城市中存在脑力劳动者与体力劳动者严重隔离，其分离指数高达 50%，而这种隔离程度还会随着城市规模的增大而增大，大城市中的中上阶层地位会提高，例如白领等，阶层的社群意识也更强（Duncan et al.，1955）。群体意识的增强以及社会分层的加剧使我们从一定程度上能够理解为什么随着城市规模的增大，户籍工资差异的价格效应会在某个节点开始增强。

2. 旧城镇化和新城镇化时期的户籍工资差异的价格效应对比

此外，为了进一步考察城市层面户籍工资差异的价格效应的时间变化特征，本章还分别计算了城市层面的旧城镇化时期和新型城镇化时期的城市层面户籍工资差异的价格效应，以便探究在 2014 年户籍制度改革前后，各个城市户籍工资差异的价格效应的变化。具体而言，本章采用国家人口计生委 2012~2016 年（除 2013 年）全国流动人口动态监测调查数据①，筛选出城市户籍流动人口样本量不少于 100 的 72 个城市，在控制个体的年龄、教育、工作经验（问卷中的外出累计时长）、性别、民族、婚姻、行业、职业以及所在单位性质等个体特征后，运用 Oaxaca-Blinder 分解方法，计算出相应的城市层面劳动力市场户籍工资差异的价格效应。

表 4-20 中分别展示了新城镇化时期和旧城镇化时期两个阶段的中国 72 个城市的户籍工资差异的价格效应。结果表明，在旧城镇化时期，户籍工资差异的价格效应最小的是郑州市，仅为 0.03，即该市的城市户籍流动人口与农业户籍流动人口的总收入差异中有 3% 是由户籍工资差异的价格效应造成的；同期，户籍工资差异的价格效应最高的是唐山市，户籍工资差异的价格效应达到 0.784，即该市城市户籍流动人口与农业户籍流动人口的总收入差异中有 78.4% 是由纯户籍差异造成的，户籍工资差异的价格效应差异高达 26 倍。此外，有 56 个城市的户籍

---

① 本章没有采用 2013 年全国流动人口动态监测调查数据，这是由于该年 A 卷调查中没有设置"您是否打算在本地长期居住"这一问题，而该问题构成了本书后续章节研究的核心被解释变量。

工资差异的价格效应在 0.5 以下，占所计算城市数量的 77.78%。

表 4-20　新旧城镇化时期城市层面户籍工资差异的价格效应

城市	新城镇化时期	旧城镇化时期	城市	新城镇化时期	旧城镇化时期
郑州市	0.033	0.030	保定市	0.332	0.622
青岛市	0.034	0.037	郴州市	0.340	0.282
厦门市	0.042	0.087	长春市	0.341	0.523
无锡市	0.044	0.096	佛山市	0.345	0.516
芜湖市	0.049	0.050	延边州	0.365	0.590
金华市	0.059	0.066	南通市	0.370	0.327
泉州市	0.079	0.042	中山市	0.372	0.121
嘉兴市	0.092	0.094	重庆市	0.376	0.553
南昌市	0.095	0.062	拉萨市	0.379	0.467
宁波市	0.126	0.109	遵义市	0.380	0.413
武汉市	0.144	0.252	大同市	0.390	0.273
呼和浩特市	0.160	0.170	西宁市	0.399	0.247
咸阳市	0.174	0.439	合肥市	0.400	0.429
南京市	0.177	0.245	东莞市	0.401	0.292
福州市	0.194	0.141	兰州市	0.417	0.390
哈尔滨市	0.198	0.220	沈阳市	0.422	0.691
温州市	0.199	0.143	长沙市	0.423	0.621
大庆市	0.216	0.476	三亚市	0.431	0.538
绵阳市	0.216	0.381	廊坊市	0.440	0.471
杭州市	0.233	0.324	石家庄市	0.444	0.457
鄂尔多斯市	0.237	0.495	广州市	0.445	0.322
太原市	0.253	0.182	乌鲁木齐市	0.446	0.337
上海市	0.287	0.371	柳州市	0.471	0.125
深圳市	0.289	0.234	南宁市	0.491	0.507
天津市	0.293	0.403	赣州市	0.495	0.631
苏州市	0.297	0.360	呼伦贝尔市	0.525	0.425
绍兴市	0.301	0.283	珠海市	0.528	0.230
济南市	0.305	0.312	平凉市	0.530	0.482
银川市	0.307	0.310	九江市	0.553	0.660
贵阳市	0.307	0.233	成都市	0.561	0.453

城市	新城镇化时期	旧城镇化时期	城市	新城镇化时期	旧城镇化时期
宜宾市	0.308	0.102	桂林市	0.572	0.734
常州市	0.311	0.364	西安市	0.593	0.530
徐州市	0.320	0.350	北京市	0.600	0.329
大连市	0.327	0.431	宜昌市	0.641	0.602
海口市	0.329	0.241	昆明市	0.641	0.781
宜春市	0.330	0.398	唐山市	0.676	0.784
总体均值	0.308	0.378			
标准差	0.132	0.199			

而在新城镇化时期，户籍工资差异的价格效应最小以及最大的城市仍然是郑州市和唐山市，其户籍工资差异的价格效应分别变为 0.033 和 0.676，户籍工资差异的价格效应差异为 20.48 倍，较旧城镇化时期有所缩小。此外，有 61 个城市的户籍工资差异的价格效应在 0.5 以下，这说明整体而言户籍工资差异的价格效应有下降趋势。进一步分析发现，72 个城市中有 42 个城市的户籍工资差异的价格效应在新型城镇化战略实施以后呈现下降趋势。也就是说，在新型城镇化阶段，有近 60% 的城市，户籍工资差异的价格效应呈现下降趋势。这种变化极有可能是新型城镇化阶段中户籍限制逐步放开造成的。

第四节 本章小结

现有关于流动人口以及城乡融合的研究中，已经有一些文献对户籍工资差异的价格效应量化做出了尝试，但是总体上还停留在对国家或少量城市层面的简单计算中。有鉴于此，本章立足于中国城乡二元户籍制度存续时间长及城乡二元结构长期分割的现实背景，通过数据计量来量化了国家、区域以及地级市层面的户籍工资差异的价格效应，并就其特征和异质性进行了讨论。具体地，首先，本章先探究了全国层面的户籍工资差异的价格效应，主要运用全国流动人口动态监测调查数据（CMDS）对 2011~2017 年中国城市外来劳动力市场的户籍工资差异的价格效应程度进行了系统的测算；其次，利用 2014~2016 年国家人口计生委全国流动人口动态监测调查数据（CMDS），探究了城市外来劳动力市场上的户籍工资差异的价格效应程度，另外，还考察了 72 个城市旧城镇化和新城镇化两个时期的户籍工资差异的价格效应，并进行了不同时期的户籍工资差异的价格效应对比。

研究发现六个问题：①中国城乡二元户籍制度存续时间长且城乡二元结构长期分割的背景，为农村流动人口在城市劳动力市场的负面刻板印象及基于刻板印象产生的偏见给予了客观条件，而偏见又成为农村流动人口被广泛歧视的源头。基于此，本章从工资差异的视角，验证了 2011~2017 年中国城市外来劳动力市场上对农村劳动力的工资歧视的普遍存在。整体而言，中国户籍工资差异的价格效应呈现下降趋势，这与近年来中国政府对于户籍制度改革的推进密切相关。②"农业户籍"的显性标签得到去除以后，户籍工资差异的价格效应带来的差别待遇大幅降低，这也从侧面证明了农业户籍"标签"引致的工资歧视的存在。③社会关系所起到的信息传递作用，有助于降低农村流动人口面临的户籍工资差异的价格效应程度。④农村流动人口进城务工时间越长，越有利于将自己的真实才能信息较为完备地传递到城市外来劳动力市场，其在劳动力市场获得的工资也将与其真实才能或贡献越来越符合，从而面临的户籍工资差异的价格效应现象也将逐渐好转。⑤通过分城市的户籍工资差异的价格效应计算，发现不同城市的户籍工资差异的价格效应存在差异，且与城市人口规模存在 U 型关系。⑥无论全国层面还是城市层面的户籍工资差异的价格效应都存在诸多异质性，并且这些异质性在结合中国社会背景与组间特征都可以得到相应的解释。

自 2014 年开始新型城镇化建设以来，我国已经出台多项政策落实户籍制度改革，目前这一改革仍在加速推进。2019 年 4 月 8 日国家发展改革委下发的《2019 年新型城镇化建设重点任务》中针对 I 型及 II 型大城市非户籍人口在城市落户进一步加大了推进力度，同时教育、医疗、养老等公共服务覆盖面也将进一步扩大。基于这一背景，可以说制度层面上户籍的二元隔离已经逐步被瓦解，并且从本章的研究结论也体现出了户籍制度改革的现实作用，但是要使在几十年来积累在整个社会的户籍工资差异的价格效应得到彻底的改变，依然有很长的路要走。

户籍工资差异的价格效应对农村流动人口城市选择行为的影响研究

CHAPTER 5

第一节 引言

近年来，随着新型城镇化战略的推出，"人的城市化"已经成为城乡发展不可绕过的重要一环。随着户籍改革的推进，越来越多的城市对农村流动人口的居住、就业、医疗、子女上学等方面的政策限制逐渐宽松，进一步推动了农村流动人口向城市迁移。但是由于各个城市户籍制度改革的程度存在差异，且劳动力市场的特征及运行机制等方面不同，进而导致了户籍工资差异的价格效应在城市间存在差异。

与此同时，随着微观数据和计量技术的不断完善，近年来关于人口迁移的研究大量涌现，但是其中绝大多数都着眼于个人及家庭层面的影响因素(Cao et al., 2014；赵耀辉，1997；李强，2014；聂伟、王小璐，2014)。从经典理论和现实经验中可以得知，劳动力的迁移是受到个人特质、家庭特征以及城市区域特征共同影响的(夏怡然、陆铭，2015)，因此，城市以及区域层面因素对于流动人口迁移行为的影响也应当被重点讨论，然而直到1974年，专门针对流入地特征影响人口迁移行为的计量方法条件 Logit 出现(McFadden，1974)，这一课题才被重视起来。

综上所述，首先，将运用条件 Logit 的方法来讨论户籍工资差异的价格效应对农村流动人口流入城市选择的影响。由于这一方法控制了个体固定效应，因此可以有效避免个体层面的变量遗漏造成的内生性问题。同时，在控制变量的选择上，还考虑了城市基础教育、医疗服务、房价、失业率、落户门槛等一系列关键变量。另外，还考虑了区域及城市间的差异与区别，进而控制了一系列区域层面的变量。其次，选用了明朝城市驿站数量作为工具变量，在解决了基准模型内生性的基础上进一步证明了基准结果的稳健性。最后，还探究了个体人力资本、年龄、流动经验以及流入城市偏好差异带来的异质性影响。

第二节　描述性统计与变量说明

一、数据来源与描述性统计

本章主要运用的是国家人口计生委 2014 年、2015 年以及 2016 年全国流动人口动态监测调查数据（China Migrants Dynamic Survey，CMDS）。本章主要考察的是户籍工资差异的价格效应对农村流动人口城市选择的影响，因此研究对象为农村流动人口。另外，还排除了不以工作即务工和经商为流动目的的样本。

表 5-1 是针对 2014~2016 年 CMDS 合并数据对农村户籍流动人口进行的基本状况描述性统计。就个人基本信息来看，首先，农村流动人口的月平均收入为 4291.19 元，且已婚比例较高，接近八成，平均年龄在 35 岁，男性略高于女性；其次，在受教育程度上，初中、高中及中专学历的比例占绝大多数超过七成达到 73.97%，小学及以下和大专及以上学历的群体的占比则均在 13%；最后，农村流动人口在工作中更多集中在第三产业，且大多分布在私营企业中，并更多从事商业及服务类相关职业。

表 5-1　农村户籍流动人口基本情况统计（均值或占比）

项目		农村户籍流动人口
月平均纯收入（元）		4291.19
已婚（%）		79.42
年龄（岁）		35.14
汉族（%）		93.24
女性（%）		46.37
受教育程度（%）	小学及以下	13.46
	初中、高中及中专	73.97
	大专及以上	12.57
就业行业类别（%）	第一产业	1.79
	第二产业	31.14
	第三产业	67.07

项目		农村户籍流动人口
就业单位性质(%)	事业单位与国有企业	3.84
	集体企业	4.81
	私营企业	72.57
	外资企业	4.21
就业职业类型(%)	机关、单位负责人及专业技术人员	2.75
	商业及服务类职业	62.58
	生产、运输及相关职业	23.99

资料来源：根据CMDS(2014~2016年)数据整理。

二、变量说明

由于本章运用的计量方法是条件Logit，因此在基准计量模型中加入的都是城市层面的控制变量。其中最关键的自变量是第四章中运用2014~2016年CMDS数据计算的户籍工资差异的价格效应程度，见表4-19。其他城市层面的变量数据大部分来源于当年的《中国城市统计年鉴》，落户门槛数据来源于张吉鹏等(2019)，房价数据是从同花顺金融服务网获取的商品住宅销售面积和商品住宅销售额数据进行计算而来。表5-2列出了本章其他控制变量以及变量定义。从以往人口迁移的研究中，城市及区域层面的变量大多涉及流入地的教育状况、医疗服务、就业(包括工资以及就业机会)、产业结构、环境等，这些方面都在较大程度上影响着人口迁移的决策和行为。基于此，本章选定了表5-2中的这些控制变量。具体体现在以下七个方面：

(1)城市公共服务。尽管中国城市的公共服务，特别是医疗和基于教育存在户籍歧视，但现实中劳动力仍然更加倾向于流入基础教育和医疗服务水平相对更高的城市(夏怡然、陆铭，2015)。

(2)与就业相关的城市特征。在传统的发展经济学视角下，由于城市部门的工资收入高于农业部门，因此劳动力将由农村向城市劳动力市场迁移(Lewis，1954)，虽然在城市部门会有失业风险，但是由于整体上预期工资收入高于农业生产获得的利润，因此人口迁移现象仍然会发生(Todaro，1969；Harris & Todaro，1970)，但是当流动人口面临多种城市选择时，就业机会和预期收入则成为重要的影响因素，因此城市的失业率、职工平均工资以及产业结构、人口规模以及人均生产总值等指标就成为关键代理变量，这些指标能够充分地反映出城市的经济活力与发展潜力，在已有基于中国市场的相关研究中确实也反映出了与上述结论较为一致的结果（肖群鹰、刘慧君，2007；王桂新等，2012）。

（3）环境因素。由于人们对良好环境质量需求提升，环境质量等相关要素已经越来越多地被纳入人口迁移模型中（孙伟增等，2019），因此本章模型中引入城市建成区绿化覆盖率来反映环境对农村流动人口城市选择的影响。

（4）住房价格。房价是目前流动人口乃至全社会都关注的民生大计，其作为生活成本的代表性指标，不仅通过影响个人以及家庭的实际工资来影响流动人口的行为决策，也可以能够通过反映公共服务资本化进而影响流动人口的行为决策。

（5）落户门槛。虽然户籍制度改革在不断推进中，但是由于户籍制度与城市公共服务的挂钩在短期内难以解除，由此导致的农村户籍人口在城市公共服务享受等方面仍然存在着明显的政策壁垒，进而影响农村流动人口的流入城市选择，并且这一控制变量体现出的更多是本地对外地的限制，因此控制这一变量也能够体现在控制本地对外地歧视的基础上，观察户籍工资差异的价格效应对农村流动人口城市选择的影响。

（6）流入地和户籍地是否为同一个省。已有研究中发现，劳动力更倾向于省内流动（Zhang & Zhao，2015），一方面与文化认同有关，另一方面也与朋友、家庭等社会资本支持等相关。除非有更大的收益，例如更高的工资收入等，才促使农村流动人口向更远的地方流动。

（7）地区与城市群。我国在各地区存在地理、气候、文化、禀赋等多方面的差异性，且不同城市群的集聚效应以及和运行机制也存在差异，因此地区层面以及城市群的变量有助于捕捉与区域以及城市群相关的遗漏变量。

表 5-2　城市特征变量说明

变量	定义
基础教育	人均小学数量和普通中学数量加权和（权重均为0.5）
医疗服务	人均病床数、人均医生书和人均医院数的加权和（权重均为1/3）
职工平均工资	在岗职工平均工资
失业率	城镇登记失业人员数/（城镇登记失业人员数+城镇从业人员期末人数）
产业结构	第二产业产值（万元）/第三产业产值（万元）
人口数量	年末总人口（万人）
人均生产总值	人均GDP
住房价格	商品住宅销售额（元）/商品住宅销售面积（平方米）
绿化覆盖率	建成区绿化覆盖率

变量	定义
是否属于户籍省份	备择城市是否属于户籍省份,是为0,否为1
落户门槛	综合了2014~2017年投资与纳税、普通就业、人才引进、购房等方面测算出的城市落户门槛评价指标,分支越大,落户门槛越高
是否是省会或一线城市	备择城市是否为省会城市或一线城市,是为1,否为0
城市群	CMDS2014年数据中的变量,2015年和2016年也根据2014年数据进行处理。包括京津冀、珠三角、长三角、长江中游城市群、成渝、海峡西岸、哈长城市群、辽中南、中原城市群、江淮城市群、关中城市群、广西北部湾城市群、太原城市群、呼包鄂榆、乌昌石城市群、宁夏沿黄以及其他地区
是否为东部城市	北京、天津、河北、上海、江苏、浙江、福建、山东、广东和海南
是否为中部城市	山西、安徽、江西、河南、湖北和湖南
是否为西部城市	内蒙古、广西、重庆、四川、贵州、云南、西藏、陕西、甘肃、青海、宁夏和新疆

第三节 实证方法

为了能够直观地反映出城市层面的因素对农村流动人口城市选择的影响,特别是探究户籍工资差异的价格效应在其中的影响,本章采用条件Logit的计量模型对这一问题进行探讨。具体的模型设定如下:

$$\text{choice}_{ij} = \beta_1 \text{disc}_j + \beta_2 \text{control1}_j + \beta_3 \text{control2}_k + \varepsilon \qquad (5-1)$$

在式中,i代表农村流动人口的个体;j代表城市;k代表城市群或区域;disc是本章的关键自变量户籍工资差异的价格效应;control1是城市层面的控制变量;control2为城市群或区域层面的控制变量;choice表示是否流入了某个城市,如果流入了该城市那么取1,否则取0。

条件Logit模型需要改变原始数据的数据结构见表5-3。流入城市选择变量为1的样本均为原始样本,即该样本在实际填写问卷的时候已经流入了被选择的城市中,而其备择城市集则是通过个人的户籍省份中前80%的农村流动人口最为聚集的城市进行建构的[1],这表明备择城市集能够反映一个省80%农村流动人口

---

① 选取户籍省份80%的人口最集中的流入城市作为备择城市集,一方面是由于在很多户籍省份中,后面20%的人口在各个流入城市过于分散,仅有1个或2个个体流入,这样的城市作为备择城市集有欠合理性,另一方面是为了减少运算量。

选择最多的就业城市。通过这一处理，每个农村流动人口的备择城市数量在2~67个。那么条件 Logit 就是在控制其他城市层面以及区域层面的诸多变量以后，拟合出户籍工资差异的价格效应对个人在备择城市集中流入城市选择的影响。

表 5-3　条件 Logit 模型的数据结构

样本	个人 ID	根据个人户籍省份确定的备择城市集 j	流入城市选择 choice	control1	control2
1	1	1	1		
2	1	2	0		
⋮	⋮	⋮	0		
n1	1	n1	0		
n1+1	2	1	0		
n1+2	2	2	1		
⋮	⋮	⋮	0		
n1+n2	2	n2	0		
n1+n2+1	3	1	1		
n1+n2+2	3	2	0		
n1+n2+3	3	n3	0		
⋮	⋮	⋮	⋮		

第四节　实证结果与讨论

一、基准结果

表5-4 至表5-7 报告了户籍工资差异的价格效应对农村流动人口城市选择影响的估计结果。其中表5-4 和表5-5 中的落户门槛指标是2014~2017 年时期的，而表5-6 和表5-7 的是2003~2013 年时期的。[①] 首先，从模型1 至模型6 的结果均体现出户籍工资差异的价格效应与农村流动人口的城市选择存在显著的负向相关关系。其次，从表5-5 和表5-7 的边际效应结果中，大致上城市的户籍工资差

---

① 落户门槛指标的具体计算详见张吉鹏，黄金，王军辉，等. 城市落户门槛与劳动力回流[J]. 经济研究，2020(7)：175-190；张吉鹏，卢冲. 户籍制度改革与城市落户门槛的量化分析[J]. 经济学(季刊)，2019，18(4)：1509-1530.

异的价格效应占公共资产的比重上升一个百分比，流动人口进入这一城市的概率将下降 0.008~0.013 个百分点。

其他控制变量也符合相关理论及已有五个研究结论：①基础教育、医疗服务与农村流动人口的城市选择有正向相关关系，这表明城市的公共服务对农村流动人口有显著的吸引力。②职工平均工资、失业率、产业结构、年末总人口以及人均生产总值都能从不同程度上以及不同角度反映出备择城市的工作机会、经济发展和工资收入，因此对于流动人口而言，有更多工作机会以及更大回报的城市会增加农村流动人口选择这一城市的概率。③高房价会增加人们在城市中的实际收入，因此对农村流动人口的城市选择有显著负向影响。④出省对于农村流动人口的城市选择也有负向影响，而省会或者一线城市对他们的吸引力是显著的。⑤高落户门槛也会减弱农村流动人口的流入倾向，这表明农村流动人口在城市选择过程中既受到本地对外地歧视的负面影响，也受到户籍工资差异的价格效应的负面影响。

表5-4 基准回归结果（一）

变量	模型1 choice	模型2 choice	模型3 choice
户籍工资差异的价格效应	-0.235*** (0.036)	-0.239*** (0.036)	-0.231*** (0.036)
基础教育	0.872*** (0.026)	0.807*** (0.026)	0.910*** (0.026)
医疗服务	0.006*** (0.001)	0.007*** (0.001)	0.005*** (0.001)
职工平均工资	0.000*** (0.000)	0.000*** (0.000)	0.000*** (0.000)
失业率	-3.007*** (0.294)	-2.743*** (0.296)	-3.098*** (0.293)
产业结构	-0.266*** (0.019)	-0.286*** (0.019)	-0.258*** (0.019)
年末总人口	0.000* (0.000)	0.000*** (0.000)	0.000 (0.000)
人均生产总值	0.000*** (0.000)	0.000*** (0.000)	0.000*** (0.000)
房价	-0.000*** (0.000)	-0.000*** (0.000)	-0.000*** (0.000)

变量	模型 1 choice	模型 2 choice	模型 3 choice
建成区绿化覆盖率	-0.006 *** (0.001)	-0.005 *** (0.001)	-0.007 *** (0.001)
是否属于户籍省份	-2.290 *** (0.015)	-2.279 *** (0.015)	-2.296 *** (0.015)
是否是省会或一线城市	0.045 ** (0.020)	0.015 (0.021)	0.056 *** (0.020)
城市群	-0.001 (0.001)	-0.001 (0.001)	-0.001 (0.001)
是否是东部城市	0.290 *** (0.031)	0.339 *** (0.031)	0.266 *** (0.031)
是否是中部城市	-0.496 *** (0.030)	-0.472 *** (0.030)	-0.509 *** (0.030)
是否是西部城市	-0.194 *** (0.030)	-0.140 *** (0.031)	-0.221 *** (0.030)
落户门槛前一期(投影法)	-0.019 (0.031)	—	—
落户门槛前一期(等权重法)	—	-0.583 *** (0.112)	—
落户门槛前一期(熵值法)	—	—	-0.399 *** (0.093)
Observations	1304047	1304047	1304047

注：括号中的数值为标准误；*、**、*** 分别表示 10%、5%、1% 的显著性水平。地区控制变量基准是东北地区。

表 5-5　基准回归结果边际效应(一)

变量	模型 1 边际效用 choice	模型 2 边际效用 choice	模型 3 边际效用 choice
户籍工资差异的价格效应	-0.012 *** (0.002)	-0.013 *** (0.003)	-0.011 *** (0.002)
基础教育	0.044 *** (0.003)	0.045 *** (0.003)	0.042 *** (0.003)
医疗服务	0.000 *** (0.000)	0.000 *** (0.000)	0.000 *** (0.000)

续表

变量	模型 1 边际效用 choice	模型 2 边际效用 choice	模型 3 边际效用 choice
职工平均工资	0.000 *** (0.000)	0.000 *** (0.000)	0.000 *** (0.000)
失业率	−0.152 *** (0.014)	−0.152 *** (0.015)	−0.145 *** (0.013)
产业结构	−0.014 *** (0.001)	−0.016 *** (0.001)	−0.012 *** (0.001)
年末总人口	0.000 * (0.000)	0.000 *** (0.000)	0.000 (0.000)
人均生产总值	0.000 *** (0.000)	0.000 *** (0.000)	0.000 *** (0.000)
房价	−0.000 *** (0.000)	−0.000 *** (0.000)	−0.000 *** (0.000)
建成区绿化覆盖率	−0.000 *** (0.000)	−0.000 *** (0.000)	−0.000 *** (0.000)
是否属于户籍省份	−0.116 *** (0.011)	−0.126 *** (0.011)	−0.108 *** (0.010)
是否是省会或一线城市	0.002 ** (0.001)	0.001 (0.001)	0.003 *** (0.001)
城市群	−0.000 (0.000)	−0.000 (0.000)	−0.000 (0.000)
是否是东部城市	0.015 *** (0.002)	0.019 *** (0.003)	0.012 *** (0.002)
是否是中部城市	−0.025 *** (0.002)	−0.026 *** (0.002)	−0.024 *** (0.002)
是否是西部城市	−0.010 *** (0.002)	−0.008 *** (0.002)	−0.010 *** (0.002)
落户门槛前一期(投影法)	−0.001 (0.002)	—	—
落户门槛前一期(等权重法)	—	−0.032 *** (0.007)	—
落户门槛前一期(熵值法)	—	—	−0.019 *** (0.004)
Observations	1304047	1304047	1304047

注:括号中的数值为标准误; * 、 ** 、 *** 分别表示 10%、5%、1%的显著性水平。地区控制变量基准是东北地区。

表 5-6　基准回归结果(二)

变量	模型 4 choice	模型 5 choice	模型 6 choice
户籍工资差异的价格效应	-0.137 *** (0.036)	-0.164 *** (0.037)	-0.121 *** (0.036)
基础教育	0.796 *** (0.024)	0.861 *** (0.024)	0.819 *** (0.024)
医疗服务	0.009 *** (0.001)	0.008 *** (0.001)	0.009 *** (0.001)
职工平均工资	0.000 *** (0.000)	0.000 *** (0.000)	0.000 *** (0.000)
失业率	-3.437 *** (0.296)	-3.023 *** (0.294)	-3.147 *** (0.296)
产业结构	-0.272 *** (0.019)	-0.258 *** (0.019)	-0.241 *** (0.019)
年末总人口	0.000 *** (0.000)	0.000 *** (0.000)	0.000 *** (0.000)
人均生产总值	0.000 *** (0.000)	0.000 *** (0.000)	0.000 *** (0.000)
房价	-0.000 (0.000)	-0.000 ** (0.000)	-0.000 *** (0.000)
建成区绿化覆盖率	-0.003 * (0.001)	-0.005 *** (0.001)	-0.002 * (0.001)
是否属于户籍省份	-2.280 *** (0.015)	-2.287 *** (0.015)	-2.269 *** (0.015)
是否是省会或一线城市	0.039 * (0.020)	0.038 * (0.020)	0.071 *** (0.020)
城市群	-0.004 *** (0.001)	-0.002 (0.001)	-0.005 *** (0.001)
是否是东部城市	0.322 *** (0.030)	0.354 *** (0.031)	0.396 *** (0.030)
是否是中部城市	-0.410 *** (0.030)	-0.424 *** (0.031)	-0.350 *** (0.030)
是否是西部城市	-0.121 *** (0.030)	-0.131 *** (0.030)	-0.046 (0.030)

续表

变量	模型 4 choice	模型 5 choice	模型 6 choice
落户门槛(投影法)	-0.353 *** (0.021)	—	—
落户门槛(等权重法)	—	-0.882 *** (0.102)	—
落户门槛(熵值法)	—	—	-1.763 *** (0.087)
Observations	1304047	1304047	1304047

注：括号中的数值为标准误；*、**、*** 分别表示 10%、5%、1% 的显著性水平；地区控制变量基准是东北地区。

表 5-7 基准回归结果—边际效用(二)

变量	模型 4 边际效用 choice	模型 5 边际效用 choice	模型 6 边际效用 choice
户籍工资差异的价格效应	-0.009 *** (0.003)	-0.009 *** (0.002)	-0.008 *** (0.003)
基础教育	0.053 *** (0.004)	0.046 *** (0.003)	0.056 *** (0.004)
医疗服务	0.001 *** (0.000)	0.000 *** (0.000)	0.001 *** (0.000)
职工平均工资	0.000 *** (0.000)	0.000 *** (0.000)	0.000 *** (0.000)
失业率	-0.228 *** (0.019)	-0.161 *** (0.015)	-0.216 *** (0.019)
产业结构	-0.018 *** (0.001)	-0.014 *** (0.019)	-0.017 *** (0.001)
年末总人口	0.000 *** (0.000)	0.000 *** (0.000)	0.000 *** (0.000)
人均生产总值	0.000 *** (0.000)	0.000 *** (0.000)	0.000 *** (0.000)
房价	-0.000 (0.000)	-0.000 ** (0.000)	-0.000 *** (0.000)

变量	模型 4 边际效用 choice	模型 5 边际效用 choice	模型 6 边际效用 choice
建成区绿化覆盖率	−0.000 * (0.000)	−0.000 *** (0.000)	−0.000 * (0.000)
是否属于户籍省份	−0.151 *** (0.013)	−0.122 *** (0.011)	−0.156 *** (0.013)
是否是省会或一线城市	0.003 * (0.001)	0.002 * (0.001)	0.005 *** (0.002)
城市群	−0.000 *** (0.000)	−0.000 (0.000)	−0.000 *** (0.000)
是否是东部城市	0.021 *** (0.003)	0.019 *** (0.003)	0.027 *** (0.004)
是否是中部城市	−0.027 *** (0.003)	−0.023 *** (0.002)	−0.024 *** (0.002)
是否是西部城市	−0.008 *** (0.002)	−0.007 *** (0.002)	−0.003 (0.002)
落户门槛（投影法）	−0.023 *** (0.003)	—	—
落户门槛（等权重法）	—	−0.047 *** (0.007)	—
落户门槛（熵值法）	—	—	−1.763 *** (0.087)
Observations	1304047	1304047	1304047

注：括号中的数值为标准误；*、**、*** 分别表示 10%、5%、1% 的显著性水平。地区控制变量基准是东北地区。

二、稳健性检验

基准回归中没有区分农村流动人口的流动时间，包含了 CMDS（2014～2016年）中所有以工作为目的的农业户籍流动人口，这表明其中一些样本的流动决策较早（数据中本次流动时间最早的样本为 1956 年），那么他们的城市选择将不受2014～2016 年户籍工资差异的价格效应程度的影响。基于此，本章进一步将 2014年以前流动的农村流动人口删除，即准确匹配户籍工资差异的价格效应和农村流动人口城市选择的时间，实证结果见表 5-8 和表 5-9。

表 5-8 稳健性检验——仅保留 2014 年及以后进行城市选择的样本

变量	模型 7 choice	模型 8 choice	模型 9 choice
户籍工资差异的价格效应	-0.393 *** (0.056)	-0.381 *** (0.056)	-0.384 *** (0.056)
基础教育	0.295 *** (0.040)	0.281 *** (0.039)	-0.370 *** (0.040)
医疗服务	0.022 *** (0.001)	0.022 *** (0.001)	0.020 *** (0.001)
职工平均工资	-0.000 (0.000)	-0.000 (0.000)	-0.000 (0.000)
失业率	-2.453 *** (0.479)	-2.162 *** (0.481)	-2.574 *** (0.478)
产业结构	-0.235 *** (0.031)	-0.244 *** (0.031)	-0.213 *** (0.031)
年末总人口	0.001 *** (0.000)	0.001 *** (0.000)	0.001 *** (0.000)
人均生产总值	0.000 ** (0.000)	0.000 ** (0.000)	0.000 (0.000)
房价	-0.000 *** (0.000)	-0.000 *** (0.000)	-0.000 *** (0.000)
建成区绿化覆盖率	-0.001 (0.002)	0.001 (0.002)	-0.001 (0.002)
是否属于户籍省份	-0.347 *** (0.047)	-2.278 *** (0.026)	-2.294 *** (0.026)
是否是省会或一线城市	0.121 *** (0.032)	0.090 *** (0.033)	0.148 *** (0.032)
城市群	-0.012 *** (0.002)	-0.012 *** (0.002)	-0.012 *** (0.002)
是否是东部城市	0.650 *** (0.055)	0.682 *** (0.055)	0.603 *** (0.054)
是否是中部城市	-0.140 *** (0.052)	-0.129 ** (0.052)	-0.167 *** (0.052)
是否是西部城市	-0.070 (0.055)	-0.028 (0.055)	-0.118 ** (0.055)
落户门槛(投影法)	-2.276 *** (0.027)	—	—

续表

变量	模型 7 choice	模型 8 choice	模型 9 choice
落户门槛(等权重法)	—	-1.519^{***} (0.172)	—
落户门槛(熵值法)	—	—	-0.526^{***} (0.142)
Observations	330956	330956	330956

注：括号中的数值为标准误；*、**、*** 分别表示10%、5%、1%的显著性水平。地区控制变量基准是东北地区。

表 5-9　稳健性检验——边际效用

变量	模型 7 边际效用 choice	模型 8 边际效用 choice	模型 9 边际效用 choice
户籍工资差异的价格效应	-0.061^{***} (0.011)	-0.057^{***} (0.010)	-0.055^{***} (0.010)
基础教育	0.045^{***} (0.005)	0.042^{***} (0.006)	0.053^{***} (0.005)
医疗服务	0.003^{***} (0.000)	0.000^{***} (0.000)	0.003^{***} (0.000)
职工平均工资	-0.000 (0.000)	0.000^{***} (0.000)	0.000^{***} (0.000)
失业率	-0.380^{***} (0.065)	-0.324^{***} (0.063)	-0.367^{***} (0.059)
产业结构	-0.036^{***} (0.004)	-0.037^{***} (0.003)	-0.030^{***} (0.003)
年末总人口	0.000^{***} (0.000)	0.000^{***} (0.000)	0.000^{***} (0.000)
人均生产总值	0.000^{**} (0.000)	0.000^{***} (0.000)	0.000^{***} (0.000)
房价	-0.000^{***} (0.000)	-0.000^{**} (0.000)	-0.000^{***} (0.000)
建成区绿化覆盖率	-0.001 (0.002)	-0.000^{***} (0.000)	-0.000^{*} (0.000)

续表

变量	模型 7 边际效用 choice	模型 8 边际效用 choice	模型 9 边际效用 choice
是否属于户籍省份	−0.353 *** (0.028)	−0.341 *** (0.028)	−0.327 *** (0.028)
是否是省会或一线城市	0.019 *** (0.006)	0.013 * (0.005)	0.021 *** (0.006)
城市群	−0.002 *** (0.000)	−0.002 (0.000)	−0.002 *** (0.000)
是否是东部城市	0.101 *** (0.014)	0.102 *** (0.014)	0.086 *** (0.013)
是否是中部城市	−0.022 *** (0.008)	−0.019 *** (0.008)	−0.024 *** (0.007)
是否是西部城市	−0.011 (0.008)	−0.004 *** (0.008)	−0.017 (0.008)
落户门槛(投影法)	−0.054 *** (0.009)	—	—
落户门槛(等权重法)	—	−0.227 *** (0.034)	—
落户门槛(熵值法)	—	—	−0.075 *** (0.023)
Observations	330956	330956	330956

注：括号中的数值为标准误；*、**、*** 分别表示 10%、5%、1%的显著性水平。地区控制变量基准是东北地区。

模型 7、模型 8 以及模型 9 的结果显示，在删除了 2014 年以前流动的样本以后，户籍工资差异的价格效应对农村流动人口的城市选择之间仍然存在显著的负向相关关系，城市的户籍工资差异的价格效应占公共资产的比重上升一个百分点，流动人口进入这一城市的概率将下降 0.055~0.061 个百分点。这进一步证明了基准结果的稳健性。

三、内生性问题

由于流动人口更倾向于选择包容度、开放度更高的城市，这又进一步增强了这个城市的包容度，进而削弱这些城市的歧视程度，这一反向因果可能导致以上基准结果存在内生性，因此本节将运用明朝城市驿站数量作为工具变量解决这一问题。

我国初代农民工是目前农村流动人口的最初形式，虽然从个人特征和人力资本等诸多方面而言，他们已经有了巨大差异，但是新生代的农村流动人口仍然在行为决策上保留并延续了老一代农民工的特征。就如初代农民工绝大多数从内陆到沿海地区，诸如深圳、广州等城市进行建设，而在几十年前对农村流动人口吸引力的这些城市，到现在仍然是他们后代更加偏好的流入城市。为了找到更加外生的工具变量，就需要回答为什么是这些城市更加具备吸引力？是这些城市在发展中更有潜力和包容性，导致这一结果的原因除了城市的地理位置和要素禀赋，交通条件也是其中关键的要素。而地理位置和要素禀赋难以与城市的户籍工资差异的价格效应程度产生关联，因此本章选取明朝在各个城市设立的驿站数量作为工具变量。这一变量一方面与目前农村流动人口的城市选择没有直接关系，另一方面当时的驿站作为专供传递文书者或来往官吏中途住宿、补给、换马的住所，其位置的设置与现代交通、通信和能源基础设施具有一定的相关性，进而可以认为驿站越多的城市，其越具备集聚效应和发展潜力，且由于来往人多这些地区的包容性也更强，而现代城市是在古代城市的基础上进行发展的，因此这一关联性也将使驿站多的城市户籍工资差异的价格效应程度更低。

因此本章运用明朝城市驿站数量作为工具变量①，加上基准模型中其他控制变量用最小二乘法拟合出了户籍工资差异的价格效应的预测值，然后将这一户籍工资差异的价格效应的预测值代替原始值作为主要解释变量，运用条件 Logit 模型分析户籍工资差异的价格效应对农村流动人口城市选择的影响，结果见表 5-10 至表 5-12。结果显示，工具变量和户籍工资差异的价格效应有显著的负相关关系，并且将用工具变量拟合的户籍工资差异的价格效应加入模型，结果仍然与基准回归结果一致，即户籍工资差异的价格效应与农村流动人口城市选择是显著的负向相关关系，且影响效应比基准回归更大，这表明在解决相关内生性以后，户籍工资差异的价格效应对农村流动人口城市选择的负向影响在基准回归中被低估了。具体地，在解决内生性以后，城市的户籍工资差异的价格效应占公共资产的比重上升一个百分点，流动人口进入这一城市的概率将下降 0.063~0.079 个百分点。

---

① 明朝驿站数据来源于哈佛大学地理分析中心 Worldmap 提供的数据，http：//worldmap. harvard. edu。

表 5-10　户籍工资差异的价格效应对农村流动人口城市选择的影响——工具变量法（一）

变量	户籍工资差异的价格效应	模型 8 choice	边际效用
明朝城市驿站数量	-0.004 *** (0.000)	—	—
基础教育	0.211 *** (0.001)	1.862 *** (0.130)	0.127 *** (0.018)
医疗服务	0.001 *** (0.000)	0.027 *** (0.001)	0.002 *** (0.000)
职工平均工资	-0.000 *** (0.000)	0.000 *** (0.000)	0.000 *** (0.000)
失业率	-0.640 *** (0.013)	-9.100 *** (0.503)	-0.622 *** (0.111)
产业结构	0.063 *** (0.001)	0.343 *** (0.041)	0.023 *** (0.003)
年末总人口	0.000 *** (0.000)	0.002 *** (0.000)	0.000 *** (0.000)
人均生产总值	0.000 *** (0.000)	0.000 *** (0.000)	0.000 *** (0.000)
房价	-0.000 *** (0.000)	-0.000 *** (0.000)	-0.000 *** (0.000)
建成区绿化覆盖率	0.010 *** (0.000)	0.126 *** (0.006)	0.009 *** (0.001)
是否属于户籍省份	0.001 *** (0.000)	-1.644 *** (0.021)	-0.112 *** (0.023)
落户门槛（投影法）	-0.188 *** (0.004)	-3.482 *** (0.157)	-0.238 *** (0.043)
是否是省会或一线城市	0.052 *** (0.001)	1.002 *** (0.043)	0.068 *** (0.011)
城市群	0.005 *** (0.000)	0.038 *** (0.003)	0.003 *** (0.000)
是否是东部城市	-0.148 *** (0.001)	-1.327 *** (0.101)	-0.091 *** (0.015)
是否是中部城市	-0.179 *** (0.001)	-2.351 *** (0.118)	-0.161 *** (0.027)
是否是西部城市	-0.096 *** (0.001)	-1.310 *** (0.079)	-0.090 *** (0.015)

续表

变量	户籍工资差异的 价格效应	模型 8 choice	边际效用
户籍工资差异的价格效应 （预测值）	—	−1.159 *** (0.059)	−0.079 *** (0.013)
Constant	−0.369 *** (0.005)	—	—
Observations	1247392	1037295	1037295
R-squared	0.368	—	—

注：括号中的数值为标准误；*、**、*** 分别表示 10%、5%、1% 的显著性水平。地区控制变量基准是东北地区。

表 5-11　户籍工资差异的价格效应对农村流动人口城市选择的影响——工具变量法（二）

变量	户籍工资差异的 价格效应	模型 9 choice	边际效用
明朝城市驿站数量	−0.005 *** (0.000)	—	—
基础教育	0.231 *** (0.001)	1.176 *** (0.112)	0.148 *** (0.010)
医疗服务	0.002 *** (0.000)	0.024 *** (0.001)	0.003 *** (0.000)
职工平均工资	−0.000 *** (0.000)	0.000 *** (0.000)	0.000 *** (0.000)
失业率	−0.526 *** (0.013)	−6.615 *** (0.455)	−0.880 *** (0.112)
产业结构	0.062 *** (0.001)	0.158 *** (0.037)	0.022 *** (0.003)
年末总人口	0.000 *** (0.000)	0.002 *** (0.000)	0.000 *** (0.000)
人均生产总值	0.000 *** (0.000)	0.000 *** (0.000)	0.000 *** (0.000)
房价	−0.000 *** (0.000)	−0.000 *** (0.000)	−0.000 *** (0.000)
建成区绿化覆盖率	0.010 *** (0.000)	0.089 *** (0.005)	0.012 *** (0.001)
是否属于户籍省份	0.003 *** (0.000)	−1.655 *** (0.021)	−0.224 *** (0.033)

续表

变量	户籍工资差异的价格效应	模型 9 choice	边际效用
落户门槛（等权重法）	-0.092 *** (0.001)	-0.795 *** (0.038)	-0.295 *** (0.036)
是否是省会或一线城市	0.051 *** (0.001)	0.834 *** (0.040)	0.113 *** (0.013)
城市群	0.005 *** (0.000)	0.024 *** (0.003)	0.003 *** (0.000)
是否是东部城市	-0.131 *** (0.001)	-0.778 *** (0.090)	-0.108 *** (0.013)
是否是中部城市	-0.172 *** (0.001)	-1.704 *** (0.104)	-0.228 *** (0.025)
是否是西部城市	-0.084 *** (0.001)	-0.996 *** (0.074)	-0.135 *** (0.016)
户籍工资差异的价格效应（预测值）	—	0.829 *** (0.051)	-0.063 *** (0.022)
Constant	-0.437 *** (0.005)	—	—
Observations	1247392	1037295	1037295
R-squared	0.373	—	—

注：括号中的数值为标准误；＊、＊＊、＊＊＊分别表示10%、5%、1%的显著性水平。地区控制变量基准是东北地区。

表 5-12 户籍工资差异的价格效应对农村流动人口城市选择的影响——工具变量法（三）

变量	户籍工资差异的价格效应	模型 10 choice	边际效用
明朝城市驿站数量	-0.005 *** (0.000)	—	—
基础教育	0.237 *** (0.001)	1.107 *** (0.117)	0.148 *** (0.010)
医疗服务	0.002 *** (0.000)	0.023 *** (0.001)	0.003 *** (0.000)
职工平均工资	-0.000 *** (0.000)	0.000 *** (0.000)	0.000 *** (0.000)
失业率	-0.465 *** (0.013)	-6.563 *** (0.468)	-0.880 *** (0.112)

续表

变量	户籍工资差异的价格效应	模型 10 choice	边际效用
产业结构	0.063***	0.160***	0.022***
	(0.001)	(0.039)	(0.003)
年末总人口	0.000***	0.002***	0.000***
	(0.000)	(0.000)	(0.000)
人均生产总值	0.000***	0.000***	0.000***
	(0.000)	(0.000)	(0.000)
房价	−0.000***	−0.000***	−0.000***
	(0.000)	(0.000)	(0.000)
建成区绿化覆盖率	0.011***	0.089***	0.012***
	(0.000)	(0.006)	(0.001)
是否属于户籍省份	0.003***	−1.673***	−0.224***
	(0.000)	(0.021)	(0.033)
落户门槛(熵值法)	−0.368***	−2.199***	−0.295***
	(0.003)	(0.125)	(0.036)
是否是省会或一线城市	0.050***	0.840***	0.113***
	(0.001)	(0.041)	(0.013)
城市群	0.004***	0.023***	0.003***
	(0.000)	(0.003)	(0.000)
是否是东部城市	−0.122***	−0.806***	−0.108***
	(0.001)	(0.094)	(0.013)
是否是中部城市	−0.169***	−1.704***	−0.228***
	(0.001)	(0.108)	(0.025)
是否是西部城市	−0.074***	−1.008***	−0.135***
	(0.001)	(0.076)	(0.016)
户籍工资差异的价格效应(预测值)	—	−0.815***	−0.073***
		(0.054)	(0.037)
Constant	−0.464***	—	—
	(0.005)		
Observations	1247392	1037295	1037295
R-squared	0.380	—	—

注:括号中的数值为标准误;*、**、*** 分别表示10%、5%、1%的显著性水平。地区控制变量基准是东北地区。

四、异质性讨论

在之前基准回归以及稳健性和内生性讨论过程中,条件 Logit 是把所有的农村流动人口样本视为对城市户籍工资差异的价格效应和城市特征具有相同偏好的同质性群体，而得到了户籍工资差异的价格效应和城市特征影响农村流动人口城市选择的平均效应。但是，现实中具有不同特征和人力资本的个体可能会对城市选择提出差异化的需求，因此需要对不同群体进行异质性考察。条件 Logit 模型需要通过加入城市特征与个人特征的交互项才能捕捉个体层面异质性。为此，本节将要关注两个层面的异质性：一是人力资本异质性，包括教育差异、年龄以及流动时长；二是个人城市偏好异质性，即考虑城市群集聚效应带来的异质性影响。

（一）人力资本异质性

1. 教育异质性

表 5-13 中报告了教育程度个体异质性条件 Logit 的回归结果。模型 11、模型 12 和模型 13 的结果显示，户籍工资差异的价格效应与农村流动人口的城市选择仍然存在显著的负向关联，教育程度和户籍工资差异的价格效应的交互项系数显著为正，这一结果说明农村流动人口的学历上升会弱化城市劳动力市场中的户籍工资差异的价格效应对其城市选择的负向影响，这表明学历提升有利于缓解户籍工资差异的价格效应的不利影响。

表 5-13　户籍工资差异的价格效应对农村流动人口城市选择的影响——教育程度异质性

变量	模型 11 choice	模型 12 choice	模型 13 choice
户籍工资差异的价格效应	-1.069 *** (0.093)	-1.073 *** (0.093)	-1.074 *** (0.094)
教育程度×户籍工资差异的 价格效应	0.251 *** (0.026)	0.254 *** (0.026)	0.255 *** (0.026)
基础教育	0.807 *** (0.026)	0.871 *** (0.026)	0.910 *** (0.026)
医疗服务	0.007 *** (0.001)	0.006 *** (0.001)	0.005 *** (0.001)
职工平均工资	0.000 *** (0.000)	0.000 *** (0.000)	0.000 *** (0.000)
失业率	-2.743 *** (0.297)	-3.005 *** (0.294)	-3.096 *** (0.294)
产业结构	-0.284 *** (0.019)	-0.265 *** (0.019)	-0.256 *** (0.019)

续表

变量	模型 11 choice	模型 12 choice	模型 13 choice
年末总人口	0.000 *** (0.000)	0.000 ** (0.000)	0.000 (0.000)
人均生产总值	0.000 *** (0.000)	0.000 *** (0.000)	0.000 *** (0.000)
房价	-0.000 *** (0.000)	-0.000 *** (0.000)	-0.000 *** (0.000)
建成区绿化覆盖率	-0.004 *** (0.001)	-0.006 *** (0.001)	-0.006 *** (0.001)
是否属于户籍省份	-2.278 *** (0.015)	-2.289 *** (0.015)	-2.295 *** (0.015)
是否是省会或一线城市	0.015 (0.021)	0.044 ** (0.020)	0.056 *** (0.020)
城市群	-0.001 (0.001)	-0.001 (0.001)	-0.001 (0.001)
是否是东部城市	0.340 *** (0.031)	0.291 *** (0.031)	0.268 *** (0.031)
是否是中部城市	-0.471 *** (0.030)	-0.495 *** (0.030)	-0.507 *** (0.030)
是否是西部城市	-0.138 *** (0.031)	-0.192 *** (0.030)	-0.218 *** (0.030)
落户门槛(投影法)	-0.570 *** (0.112)	—	—
落户门槛(等权重法)	—	0.023 (0.031)	—
落户门槛(熵值法)	—	—	-0.411 *** (0.093)
Observations	1304047	1304047	1304047

注：括号中的数值为标准误；*、**、*** 分别表示 10%、5%、1%的显著性水平。地区控制变量基准是东北地区。

2. 年龄异质性

表5-14 中报告了年龄异质性条件 Logit 的回归结果。结果显示，城市的户籍工资差异的价格效应与农村流动人口的年龄交互项系数为正，与年龄的平方的交互项系数为负，这说明农村流动人口受到流入地的户籍工资差异的价格效应的影

响与年龄之间存在倒 U 型关系，且拐点在 35~36 岁。具体而言，对于 36 岁之前的农村流动人口而言，他们在城市选择中受到户籍工资差异的价格效应的负向效应是逐渐减弱的，而随着年龄的增长，在 36 岁以后这一负效应会越来越强。这表明在青壮年时期，随着时间的推移劳动力社会经验以及资本积累处于上升阶段，且能力、体力等多方面处于峰值，因此在这一阶段户籍工资差异的价格效应对其城市选择的负面影响将被弱化，而 36 岁以后，随着体力、精力的丧失，劳动力在市场中的竞争力逐渐下降，户籍工资差异的价格效应对其城市选择的负面影响将被强化。

表 5-14　户籍工资差异的价格效应对农村流动人口城市选择的影响——年龄异质性

变量	模型 14 choice	模型 15 choice	模型 16 choice
户籍工资差异的价格效应	−1.985 *** (0.249)	−1.988 *** (0.249)	−1.990 *** (0.250)
年龄×户籍工资差异的价格效应	0.108 *** (0.015)	0.108 *** (0.015)	0.108 *** (0.015)
年龄的平方×户籍工资差异的 价格效应	−0.002 *** (0.000)	−0.002 *** (0.000)	−0.002 *** (0.000)
基础教育	0.807 *** (0.026)	0.871 *** (0.026)	0.911 *** (0.026)
医疗服务	0.007 *** (0.001)	0.006 *** (0.001)	0.005 *** (0.001)
职工平均工资	0.000 *** (0.000)	0.000 *** (0.000)	0.000 *** (0.000)
失业率	−2.761 *** (0.296)	−3.024 *** (0.294)	−3.116 *** (0.294)
产业结构	−0.287 *** (0.019)	−0.268 *** (0.019)	−0.259 *** (0.019)
年末总人口	0.000 *** (0.000)	0.000 * (0.000)	0.000 (0.000)
人均生产总值	0.000 *** (0.000)	0.000 *** (0.000)	0.000 *** (0.000)
房价	−0.000 *** (0.000)	−0.000 *** (0.000)	−0.000 *** (0.000)
建成区绿化覆盖率	−0.005 *** (0.001)	−0.006 *** (0.001)	−0.007 *** (0.001)
是否属于户籍省份	−2.277 *** (0.015)	−2.288 *** (0.015)	−2.294 *** (0.015)

续表

变量	模型 14 choice	模型 15 choice	模型 16 choice
是否是省会或一线城市	0.014 (0.021)	0.043** (0.020)	0.055*** (0.020)
城市群	−0.001 (0.001)	−0.001 (0.001)	−0.001 (0.001)
是否是东部城市	0.341*** (0.031)	0.292*** (0.031)	0.268*** (0.031)
是否是中部城市	−0.467*** (0.030)	−0.491*** (0.030)	−0.503*** (0.030)
是否是西部城市	−0.138*** (0.031)	−0.192*** (0.030)	−0.218*** (0.030)
落户门槛(投影法)	−0.583*** (0.112)	—	—
落户门槛(等权重法)	—	0.019 (0.031)	—
落户门槛(熵值法)	—	—	−0.402*** (0.093)
Observations	1304047	1304047	1304047

注:括号中的数值为标准误;*、**、***分别表示10%、5%、1%的显著性水平。地区控制变量基准是东北地区。

3. 流动时长

表5-15中报告了流动时长异质性条件 Logit 的回归结果。结果显示,随着流动时长的增长,农业户籍流动人口城市选择受到户籍工资差异的价格效应的负向作用被削弱。这可能是由于随着流动时长的增长,农村流动人口在城市劳动力市场获取有效信息和社会支持的可能性不断加强,进而削弱了户籍工资差异的价格效应为农村流动人口城市选择带来的负面影响。

表5-15 户籍工资差异的价格效应对农村流动人口城市选择的影响——流动时长异质性

变量	模型 17 choice	模型 18 choice	模型 19 choice
户籍工资差异的价格效应	−1.211*** (0.106)	−1.221*** (0.106)	−1.227*** (0.106)
流动时长×户籍工资差异的 价格效应	0.060*** (0.005)	0.061*** (0.005)	0.061*** (0.005)
基础教育	0.813*** (0.026)	0.878*** (0.026)	0.917*** (0.026)

续表

变量	模型 17 choice	模型 18 choice	模型 19 choice
医疗服务	0.007 *** （0.001）	0.006 *** （0.001）	0.005 *** （0.001）
职工平均工资	0.000 *** （0.000）	0.000 *** （0.000）	0.000 *** （0.000）
失业率	-2.798 *** （0.297）	-3.058 *** （0.294）	-3.149 *** （0.294）
产业结构	-0.282 *** （0.019）	-0.263 *** （0.019）	-0.255 *** （0.019）
年末总人口	0.000 *** （0.000）	0.000 * （0.000）	0.000 （0.000）
人均生产总值	0.000 *** （0.000）	0.000 *** （0.000）	0.000 *** （0.000）
房价	-0.000 *** （0.000）	-0.000 *** （0.000）	-0.000 *** （0.000）
建成区绿化覆盖率	-0.004 *** （0.001）	-0.006 *** （0.001）	-0.006 *** （0.001）
是否属于户籍省份	-2.280 *** （0.015）	-2.290 *** （0.015）	-2.296 *** （0.015）
是否是省会或一线城市	0.016 （0.021）	0.045 ** （0.020）	0.057 *** （0.020）
城市群	-0.001 （0.001）	-0.001 （0.001）	-0.001 （0.001）
是否是东部城市	0.331 *** （0.031）	0.282 *** （0.031）	0.259 *** （0.031）
是否是中部城市	-0.481 *** （0.030）	-0.505 *** （0.030）	-0.517 *** （0.030）
是否是西部城市	-0.142 *** （0.031）	-0.196 *** （0.030）	-0.222 *** （0.030）
落户门槛（投影法）	-0.565 *** （0.113）	—	—
落户门槛（等权重法）	—	0.023 （0.031）	—
落户门槛（熵值法）	—	—	-0.413 *** （0.093）
Observations	1304047	1304047	1304047

注：括号中的数值为标准误；＊、＊＊、＊＊＊分别表示10%、5%、1%的显著性水平。地区控制变量基准是东北地区。

(二)城市偏好异质性

近年来，中国的城市发展的集聚化特征越来越明显，城市群已经逐渐成为城镇化发展的必然选择，并且也将成为促进区域经济发展的新增长点。目前我国的长三角城市群、珠三角城市群、京津冀城市群、成渝城市群、长江中游城市群这五大城市群具有较为突出的地位，不断吸引着大量流动人口进入，因此探究城市群在户籍工资差异的价格效应对农村流动人口城市选择中的调节作用，极具政策含义。

表5-16报告了农村流动人口城市偏好异质性条件Logit的回归结果。结果显示，如果农村流动人口流入城市属于五大城市群，那么会削弱户籍工资差异的价格效应对农村流动人口城市选择的负向作用，这表明在五大城市群中的集聚效应带来的正面作用将抵消部分户籍工资差异的价格效应带来的负向作用。

表5-16　户籍工资差异的价格效应对农村流动人口城市选择的影响——城市偏好异质性

变量	模型20 choice	模型21 choice	模型22 choice
户籍工资差异的价格效应	-0.723 *** (0.045)	-0.716 *** (0.045)	-0.726 *** (0.045)
流入城市是否属于五大城市群× 户籍工资差异的价格效应	0.240 *** (0.013)	0.234 *** (0.013)	0.242 *** (0.013)
基础教育	0.871 *** (0.026)	0.809 *** (0.026)	0.908 *** (0.026)
医疗服务	0.005 *** (0.001)	0.007 *** (0.001)	0.005 *** (0.001)
职工平均工资	0.000 *** (0.000)	0.000 *** (0.000)	0.000 *** (0.000)
失业率	-2.822 *** (0.293)	-2.602 *** (0.295)	-2.905 *** (0.293)
产业结构	-0.208 *** (0.019)	-0.229 *** (0.019)	-0.200 *** (0.019)
年末总人口	0.000 (0.000)	0.000 *** (0.000)	-0.000 (0.000)
人均生产总值	0.000 *** (0.000)	0.000 *** (0.000)	0.000 *** (0.000)
房价	-0.000 *** (0.000)	-0.000 *** (0.000)	-0.000 *** (0.000)
建成区绿化覆盖率	-0.003 ** (0.001)	-0.002 (0.001)	-0.003 ** (0.001)

续表

变量	模型 20 choice	模型 21 choice	模型 22 choice
是否属于户籍省份	−2.278 *** (0.015)	−2.267 *** (0.015)	−2.283 *** (0.015)
是否是省会或一线城市	0.102 *** (0.021)	0.074 *** (0.021)	0.114 *** (0.021)
城市群	0.000 (0.001)	0.000 (0.001)	0.000 (0.001)
是否是东部城市	0.268 *** (0.031)	0.314 *** (0.031)	0.246 *** (0.031)
是否是中部城市	−0.555 *** (0.030)	−0.531 *** (0.030)	−0.567 *** (0.030)
是否是西部城市	−0.251 *** (0.031)	−0.199 *** (0.031)	−0.276 *** (0.030)
落户门槛(投影法)	0.056 * (0.031)	—	—
落户门槛(等权重法)	—	−0.425 *** (0.113)	—
落户门槛(熵值法)	—	—	0.505 *** (0.094)
Observations	1304047	1304047	1304047

注:括号中的数值为标准误;*、**、*** 分别表示 10%、5%、1%的显著性水平。地区控制变量基准是东北地区。

第五节　本章小结

改革开放以来,人口不断从农村向城市迁移,使我国城镇化率从 1978 年的 17.9%一路上升到 2020 年的 63.89%。城市的公共服务、环境、经济发展等诸多方面随着以人为核心的新型城镇化进程的推进不断得到调整,转而又影响这流动人口的流向,因此,我们不禁好奇农村流动人口都流去哪儿了?他们的流向有什么特征?现有仅少量研究关注了一些要素对农村流动人口城市选择的影响,涉及公共服务以及环境等方面,但鲜有将户籍工资差异的价格效应与农村流动人口的城市选择进行关联的研究,因此本章就这一问题展开了研究。

　　具体而言，首先，着重关注城市特征和区域特征带来的影响，因此运用条件 Logit 的计量模型对户籍工资差异的价格效应与农村流动人口的城市选择进行了回归，发现两者之间存在显著的负向相关关系；其次，运用明朝城市驿站数量作为工具变量，在解决了模型内生性的条件下再一次证明了基准结果的稳健性；最后，讨论了个体层面不同的教育程度、年龄、流动时长以及城市偏好对基准回归存在异质性影响。

　　理论和实证分析结果表明：首先，户籍工资差异的价格效应对农村流动人口的城市选择有显著的负向影响，需要强调的是，控制变量中包含了城市层面的落户门槛指数，这表明在控制了本地对外来人口的落户限制后，户籍工资差异的价格效应的负向作用仍然存在，在以往的研究中，很少有将户籍工资差异的价格效应和本地对外地歧视在同一个框架下进行讨论的，更难以厘清两种歧视分别造成的影响；其次，本章使用的工具变量，明朝的城市驿站数量与城市户籍工资差异的价格效应存在负向相关关系，运用这一工具变量解决内生性以后，户籍工资差异的价格效应对农村流动人口城市选择的负向效应大于基准结果，说明基准结果的稳健性；最后，在异质性讨论中，个体人力资本和流动经验的增长都将削弱户籍工资差异的价格效应对农村流动人口城市选择的负向作用，而年龄体现出的调节作用则是非线性的，在 35~36 岁之前，户籍工资差异的价格效应对农村流动人口城市选择的负向作用将减缓，而 36 岁以后，这一负向作用将加强。而在针对流入城市的异质性研究中发现，如果农村流动人口流入城市属于五大城市群，则会削弱户籍工资差异的价格效应对农村流动人口城市选择的负向作用。

　　总体而言，本章的研究主要说明两个结论：一是农村流动人口在选择流入城市时，不仅受到户籍工资差异的价格效应的不利影响，也受到本地对外地的户籍限制；二是提升人力资本、增加社会支持将有利于农村流动人口缓解户籍工资差异的价格效应带来的重压。

户籍工资差异的价格效应对农村流动人口在流入地定居意愿的影响研究

CHAPTER 6

第一节 引言

第五章中已经探讨了户籍工资差异的价格效应对农村流动人口城市选择的影响，结果表明户籍工资差异的价格效应对农村流动人口的流入城市选择具有显著的负面影响。而在新型城镇化背景下，我们不仅要求农村流动人口能够"流进来"，更要关注"留下来"。但至今还没有研究将农村流动人口在城市劳动力市场所遭遇差别化待遇与这个群体在流入地城市定居意愿联系起来。

一方面，有大量研究显示，农村流动劳动力因为城乡分割的户籍制度而在城市劳动力市场较城市户籍流动劳动力面临更多的不公平待遇问题(王小章，2009；谢桂华，2012；余向华、陈雪娟，吴贾等，2015；吴珊珊、孟凡强，2019)。如2014年3月发布的《国家新型城镇化规划(2014-2020)》都已指出，"现行城乡分割的户籍管理等制度，固化着已经形成的城乡利益失衡格局，制约着农业转移人口市民化"。另一方面，《国家新型城镇化规划 (2014-2020)》把加快农业转移人口在城镇定居和完成市民化作为新型城镇化战略的中心工作，并要求在2020年前完成1亿农业转移人口在城镇落户。为此，中国农业转移人口城镇定居意愿的影响因素在近年来吸引了大量注意力(李国正等，2017)。国内外相关文献通常认为经济激励因素是农业转移人口城市定居意愿的主要决定因素(Chen & Liu，2016；Chen & Wang，2019)，但已有文献发现公平感知度对农民工留城意愿也有促进作用(钱文荣、李宝值，2013)，并有文献证实中国农民工的迁移行为从单纯的经济理性走向社会理性(熊景维、钟涨宝，2016)。为此，研究基于劳动力市场户籍工资差异的价格效应如何影响农村流动人口在城市的定居意愿，可以以此探究农村流动劳动力在定居决策时候到底如何权衡个人经济收益和劳动力市场的公平感受，这一点即使在国际学术界中也研究甚少。

基于此，本章从理论模型建构和微观实证检验两个层面就城市劳动力市场的户籍工资差异的价格效应与农村流动人口在流入地城市定居意愿的关联性这一命题进行了研究。具体而言，首先，在纳入户籍工资差异的价格效应的基础上建立了理论模型，说明户籍工资差异的价格效应对农村流动人口的城市定居意愿有负面影响；其次，运用第五章中计算的不同时期的户籍工资差异的价格效应探究了户籍工资差异的价格效应对农村流动人口在城市定居意愿的影响；再次，运用了扩展回归模型（ERM）等计量方法，缓解了研究问题中可能潜在的内生性问题和样本选择偏差问题；最后，还做了细致的异质性分析，对相关研究提供了进一步深化的指向。如本章考察了不同就业形式、不同职业、不同教育程度及不同城市规模的农村流动人口的城市定居意愿与劳动力市场户籍工资差异的价格效应之间关联性的异质性。这些扩展既提高了研究的稳健性，丰富了相关文献的研究范畴，也为科学的制定加快农业转移人口城镇定居政策提供更加翔实和细致的依据。

总体而言，本章的研究证实了农村流动人口在其流入城市进行定居决策的时候，不仅在乎经济激励，也十分在乎公平感和获得感。这个发现对如何推进新型城镇化具有重要的现实政策含义。同时，本章还发现中国启动新型城镇化建设以来，伴随着户籍制度改革的深化和对农业转移人口融入城市的重视，已经出现劳动力市场户籍工资差异的价格效应降低的趋势，而且伴随着农村流动人口因户籍工资差异的价格效应所产生的城镇定居抑制也出现减缓。这为新型城镇化战略以来的户籍制度改革政策有效性提供了一个初步的评估。

第二节　理论模型与假说建构

如前文所述，影响农村流动人口在流入地城市定居意愿的因素纷繁复杂，但核心是要充分理解农村流动人口对流入地城市选择的动机机制与约束。在相关文献的基础上，尤其基于经典的哈里斯—托达罗人口流动模型、明瑟收入决定方程和移民定居地选择模型（Hunt & Mueller，2004；Wang et al.，2019），本章构建了农村流动人口的城市定居决策模型，并将户籍工资差异的价格效应纳入模型分析框架，从效用最大化视角去考察聚劳动力市场上的户籍工资差异的价格效应如何与农村流动人口的城市定居意愿相关。基本理论模型构建如下：

$$settled = f(d, c), \quad f'(d) > 0 \tag{6-1}$$

$$d = p \times y - w \tag{6-2}$$

$$p = \gamma n / (s-n) \tag{6-3}$$

$$y = e^{\alpha + \beta_0 x + \beta_1 disc}, y'(disc) < 0 \tag{6-4}$$

式中，settled 表示农村流动劳动力在流入城市定居意愿的强弱；d 表示其在流入地城市与家乡的预期收入差距；c 表示城市基本特征，例如城市规模、城市经济发达和社会文明程度、城市宜居性等；p 表示农村流动人口在流入城市稳定获得意愿就业机会的概率；y 表示其在流入城市稳定就业所能获得的预期工资收入；w 表示其如果继续留在家乡的预期收入；γ 表示城市的工作机会创造率；n 表示城市的总就业人数；s 表示该城市的总劳动力规模，由此（s-n）表示城市失业人数；α 为一个常数；x 为农村流动劳动力的个人人力资本和其他基本特征；disc 为其在流入地劳动力市场上所面临的户籍工资差异的价格效应程度。

式（6-1）表示的是农村流动人口在流入城市定居意愿强弱是其在流入城市与家乡预期收入差距的增函数，即农村流动人口的城市定居意愿会随着这个预期收入差距的扩大而增强，但同时也受到城市诸多特征的影响；式（6-2）表示的是，流入城市与家乡预期收入差距，是流入城市稳定就业时候的工资乘以稳定就业概率再减去家乡就业的预期收入；式（6-3）则说明，在流入城市稳定就业的概率，与城市经济部门的工作创造率正相关，而与城市失业水平呈负相关；式（6-4）为考虑劳动力市场的户籍差别化待遇的明瑟收入方程，重点是要强调，农村流动力在流入城市稳定就业时候的实际工资 $y'(disc) < 0$ 会随着所在城市户籍工资差异的价格效应的增大而减少。综合式（6-1）~式（6~4），可以得出农村流动人口在流入地城市的定居意愿决定函数为：

$$settled = f\left(\frac{\gamma n}{(s-n)}e^{\alpha + \beta_0 x + \beta_1 disc}, \ c\right) \tag{6-5}$$

用式（6-5）对户籍工资差异的价格效应程度 disc 求偏导可得：

$$\frac{\partial csettled}{\partial disc} = \frac{\partial\left(f\left(\frac{\gamma n}{(s-n)}e^{\alpha + \beta_0 x + \beta_1 disc}, \ c\right)\bigg|\frac{\gamma n}{(s-n)}, \ x, \ c\right)}{\partial disc} =$$

$$\frac{\partial\left(f\left(\frac{\gamma n}{(s-n)}e^{\alpha + \beta_0 x + \beta_1 disc}, \ c\right)\bigg|\frac{\gamma n}{(s-n)}, \ x, \ c\right)}{\partial d} \times \frac{\partial d}{\partial disc} \tag{6-6}$$

式（6-6）反映了劳动力市场户籍工资差异的价格效应程度对农村流动人口的城市定居意愿的影响。由于根据式（6-2）可知流入地与流出地的预期收入差距（d）与农村流动人口在流入城市稳定就业所能获得的实际工资水平（y）呈正相关，

即 $\dfrac{\partial d}{\partial y} > 0$，又根据式(6-1)和式(6-4)分别可知：

$$\frac{\partial\left(f\left(\dfrac{\gamma n}{(s-n)}e^{\alpha+\beta_0 x+\beta_1 disc},\ c\right)\middle|\dfrac{\gamma n}{(s-n)},\ x,\ c\right)}{\partial d} > 0 \qquad (6-7)$$

$$\frac{\partial y}{\partial disc} < 0 \qquad (6-8)$$

根据式(6-7)和式(6-8)可以求得：

$$\frac{\partial settled}{\partial disc} = \frac{\partial\left(f\left(\dfrac{\gamma n}{(s-n)}e^{\alpha+\beta_0 x+\beta_1 disc},\ c\right)\middle|\dfrac{\gamma n}{(s-n)},\ x,\ c\right)}{\partial d} \times \frac{\partial d}{\partial y} \times \frac{\partial y}{\partial disc} < 0 \qquad (6-9)$$

由式（6-9）可知，农村流动人口的城市定居意愿关于户籍工资差异的价格效应程度的一阶导数小于零。这表明，随着农村流动人口在流入地城市劳动力市场所受到的户籍工资差异的价格效应程度的增加，其在该城市定居意愿会降低。这一影响的作用机制在于，由于户籍工资差异的价格效应会使农村流动人口在流入地城市不能得到与其人力资本相匹配的预期工资收入，使其产生相对剥夺感，从而降低在该流入城市的定居意愿。而城市户籍流动人口，由于劳动力市场上的户籍工资差异的价格效应并不会让其在流入城市的实际工资与其人力资本相匹配的工资发生偏离，因此对这一人群在流入地城市的定居意愿不会产生显著影响。为此，本章提出如下假说：

H6-1A：农村户籍流动人口在流入地城市的定居意愿与该城市劳动力市场上的户籍工资差异的价格效应程度之间存在负向关联。

H6-1B：城市户籍流动人口在流入地城市的定居意愿与该城市劳动力市场上的户籍工资差异的价格效应程度之间不存在显著关联性。

进一步分析发现，农村流动人口的城市定居意愿具有显著的大城市偏好（童玉芬、王莹莹，2015；孙中伟，2015）。既有理论也表明，城市规模扩大有利于推动外来劳动力就业概率提高，而且越是大城市外来流动人口越不太会挤占原有居民的就业机会（陆铭等，2012）。然而，这也意味着，一方面，在大城市中的劳动力市场户籍工资差异的价格效应主要不是因为"拥挤效应"带来的，敢涌入大城市的农村流入人口已经相对素质较高，也不会遭遇太多"统计性歧视"。那么就主要是基于心理偏见的差别化对待。这种差别化对待程度越高，会让农村流动人口感受更明显，更会觉得不受欢迎。另一方面，考虑到大城市高收入与高生活成本并存，在大城市因为基于户籍差别化对待所带来的收入损失会让农村流动人口定居城市的净收益缩窄更多。为此，本章提出如下假说：

H6-2：农村流动人口的城市定居意愿与所在城市劳动力市场户籍工资差异的价格效应之间的负向关联性，在大城市更强，在小城市相对较弱。

另外，我们认为农村户籍流动人口城市定居意愿与所在劳动力市场户籍工资差异的价格效应的关联，可能会由于农村户籍流动人口个体特征的不同而存在异质性。

首先，不同就业类型人群对劳动力市场中的户籍工资差异的价格效应的敏感性不同。农村流动人口在城市虽然以打工受雇为主，也有相当比例是雇主或无雇员的个体自营者，本章将这些群体统一简称为自营者。自营者与受雇者具有显著区别，自营者的收入是通过直接向市场提供产品或服务产生的，而受雇者由其雇主或所在单位支付其工资，也就是说自营者可能受到的户籍差别化对待仅可能来源于消费者或供应商，而受雇营者可能受到的户籍差别化对待则来源于雇主。受雇者很容易会因为雇主的偏见偏好等因素而被差别化对待，但这种劳动力市场上的差别化对待不太可能溢出到自营者身上。为此，本章提出如下假说：

H6-3：流入地城市定居意愿与劳动力市场户籍工资差异的价格效应之间的负向关联性，在农村流动人口中的受雇者群体显著，但在自营者群体中不显著。

其次，不同职业人群对劳动力市场中的户籍工资差异的价格效应敏感性不同。具体而言，从事管理或技术类职业的人员由于其职业技能性相对较强、可替代性相对较强，因此工作相对稳定，在单位里感受到的平等性较好，进而其定居意愿不太容易受到城市层面不公平氛围的影响。而简单体力劳动者和其他非技术型职业的从业者由于其职业技能性较弱、可替代性相对较强，且工作变换较为频繁，对城市层面的公平性会更加敏感。为此，本章提出如下假说：

H6-4：流入地城市定居意愿与劳动力市场户籍工资差异的价格效应之间的负向关联性，在农村流动人口中的非技术类职业受雇者群体中显著，但在管理类或技术类受雇者群体中不显著。

最后，不同受教育程度人群对劳动力市场中的户籍工资差异的价格效应敏感性不同。高学历者自我认同感较强，在就职单位所受保护也较好，自身遭受不公平待遇的概率较低，为此其在某城市的定居决策不太会受该城市公平氛围的影响。低学历者自我定位较低，对不公正的忍耐性较强，其城市定居决策也受该城市公平氛围影响较小。只有中等学历者，一方面较低学历者对公平性的要求较高、忍耐性较弱，另一方面在就职单位受到的保护不如高学历者那么好，对不公平的反抗能力较低，其城市定居决策受所感知的城市公平氛围会更强一些。为此，本章提出如下假说：

H6-5：流入地城市定居意愿与劳动力市场户籍工资差异的价格效应之间的负向关联性，在农村流动人口中的中等学历受雇者群体中最显著，在高学历或低学历群体中都相对不显著。

在计量实证上，由于本章的被解释变量"农村户籍流动人口是否愿意长期定居于流入地"为二分变量，settled=1表示"其愿意定居于城市"，settled=0表示"不愿意"，设其残差服从逻辑分布，将式（6-5）转化为Logistic方程的基本形式：

$$\mathrm{logit}(settled=1)=\alpha+\beta_0 x+\beta_1 disc+\beta_2 c \tag{6-10}$$

式中，$\mathrm{logit}(settled=1)$表示农村流动人口愿意定居城市的概率，核心解释变量为农村流动人口在城市劳动力市场所受到的户籍工资差异的价格效应程度disc，主要控制变量x和c分别表示个人基本特征和备选城市的基本特征；α为常数项；β_0、β_1和β_2为待估系数。

第三节　数据来源和描述性统计

本章主要运用的是国家人口计生委2012年、2014年、2015年以及2016年全国流动人口动态监测调查数据（China Migrants Dynamic Survey，CMDS）。[①] 该数据包含了诸多的样本信息，如个人及家庭成员基本信息、个人的流动与就业、居留与落户意愿等。每年该数据的有效样本数量都高达十几万，覆盖三百多个地级市、州及地区，并且该数据的应用已较为广泛，在学界获得普遍认可。另外，本章中用到的城市层面数据，则来自于各个城市相应年份的统计年鉴。

为使实证结果更加准确，我们对原始数据进行了如下筛选与处理。首先，由于本研究以劳动力市场为出发点，我们仅留下了以就业为流动目的的样本。其次，根据《2017年国民经济行业分类》（GB/T 4754—2017）将问卷中20类行业划分为第一、第二、第三产业；将原问卷19类职业中国家机关、党政组织、企事业单位的负责人及专业技术人员划分为管理或技术岗位，其他职业为非管理或技术岗位；将年龄划分为三个阶段，分别为30岁以下、31~60岁、61岁及以上；将民族划分为汉族及其他民族；婚姻状况划分为已婚和未婚。

关于定居意愿，在CMDS原始问卷中问到"您是否打算在本地长期居住（5年以上）"，2015年的问卷答案包括"打算""不打算"以及"没想好"，2016年的问卷答案包括"打算""返乡""继续流动"以及"没想好"。由于选择"没想好"选项的流动人口，我们无法准确识别未来5年内他们在流入地城市的定居意愿，因此我们

---

① 本章没有采用2013年全国流动人口动态监测调查数据，这是由于该年A卷调查中没有设置"您是否打算在本地长期居住"这一问题，而该问题构成了本章研究的核心被解释变量。

将这两年的数据中选择"没想好"的样本全部删除。同时，为了匹配 2015 年和
2016 年的样本数据，我们将 2016 年数据中选择"返乡"和"继续流动"选项的样本
当做不准备在本地定居的样本来处理。

表 6-1 中分别对新旧城镇化时期的城市户籍流动人口和农村户籍流动人口的
基本状况进行了描述性统计。结果显示，在旧城镇化时期，城市及农村户籍流动
人口的婚姻状况、平均年龄以及性别基本不存在明显差异，而两个群体的月平均
收入、受教育状况、就业状况则存在明显的差别。具体而言，首先，城市户籍流
动人口比农村户籍流动人口的月平均纯收入高 557.29 元；其次，相对于农村户
籍流动人口，城市户籍流动人口的受教育程度明显更高，农村户籍流动人口相对
更集中于初中及以下学历，占所有农村户籍流动人口样本量的 74.68%，而城市
户籍流动人口的受教育程度则更集中于高中及以上，占所有城市户籍流动人口样
本量的 79.48%；再次，城市户籍流动人口相对更集中于第三产业，也更集中于
事业单位与国有企业，而农村户籍流动人口在第一、第二产业就业的比例则明显
高于城市户籍流动人口，并且在私营企业就业的比例相对更高；最后，城市户籍
流动人口中单位负责人及专业技术人员的比例大大高于农村户籍流动人口。类似
地，新城镇化时期的样本特征基本与旧城镇化时期保持一致，但有所不同的是，
新城镇化时期城市户籍流动人口和农村户籍流动人口两类群体在第三产业就业的
比例明显更高，同时两个群体的月平均收入差增加了 1 倍，达到 1142.25 元。但
这种差额的增加主要是城市户籍流动人口增长更快带来的，可能与不同时期城市
户籍流动人口的构成不同有关。基于之前的理论模型，也参考了之前文献的做法
（Chen & Liu，2016；Chen & Wang，2019），本章运用了"潜在经济收益"这个概
念来试图捕捉流动人口在流入地定居的经济激励，具体做法是用其月平均纯收入
比其户籍地省会城市流动人口的平均收入，并区分了户籍的差异。我们认为，这
个比值越大，反映流动人口在流入地定居的经济激励越大。

表 6-1　城市流动人口基本情况统计　　　　　单位：元，%，岁

项目	旧城镇化时期（2012 年和 2014 年）		新城镇化时期（2015~2016 年）	
	城市户籍 月平均纯收入	农村户籍 月平均纯收入	城市户籍 月平均纯收入	农村户籍 月平均纯收入
	4189.60	3632.31	5021.01	3878.76
城市户籍相对农村户籍的月均 纯收入差	557.29		1142.25	
婚姻状况（已婚占比）	72.62	77.17	77.62	80.28
平均年龄	34.42	33.82	37.47	35.19

项目		旧城镇化时期(2012年和2014年)		新城镇化时期(2015~2016年)	
		城市户籍月平均纯收入	农村户籍月平均纯收入	城市户籍月平均纯收入	农村户籍月平均纯收入
		4189.60	3632.31	5021.01	3878.76
性别(女性占比)		44.38	43.78	47.47	47.28
受教育状况	小学及以下	3.78	16.89	4.68	17.87
	初中	27.08	57.79	23.67	52.13
	高中/中专	31.74	22.48	27.85	20.74
	大学专科	17.95	2.41	22.50	6.66
	大学本科	18.88	0.42	19.29	2.51
	研究生	0.57	0.01	2.02	0.10
行业类别	第一产业	1.52	3.81	1.03	2.26
	第二产业	26.56	32.94	17.25	23.97
	第三产业	71.92	63.25	81.72	73.77
单位性质	事业单位与国有企业	16.33	5.38	17.10	5.19
	私营企业	67.89	73.29	62.00	70.07
	其他	15.78	19.54	12.59	19.85
职业类型	单位负责人	2.07	0.20	1.98	0.19
	专业技术人员	16.61	5.31	17.71	5.90
	经商	17.48	18.19	16.17	19.18
	其他	63.84	76.30	64.14	74.73
潜在经济收益		1.06	1.36	1.12	1.46

注：潜在经济收益的定义是：当前月纯收入/流出地省会城市流动人口的月纯收入。

综上所述，我们发现三个问题：首先，从整体而言，农村户籍流动人口与城市户籍流动人口的月平均工资存在显著差距；其次，两个群体在婚姻状况、平均年龄、性别方面没有明显的差异，但在受教育水平、就业行业类别、就业单位性质和就业职业类型等方面存在显著差异；最后，从时间维度来看，农村户籍流动人口与城市户籍流动人口在旧城镇化与新型城镇化时期的月平均收入、受教育状况和就业状况存在显著变化。

第四节　实证结果与讨论

基于前文的理论探讨，本章将在第五章中旧城镇化和新型城镇化阶段各个城市的户籍工资差异的价格效应数据基础上考察城市层面的劳动力市场户籍工资差异的价格效应与农村流动人口个体层面的城市定居意愿之间的关联性,以期对前文所提出的理论假说进行验证。此外,本章还将对比新旧城镇化时期的差异性,不仅检验基本结论的稳健性,也探究户籍工资差异的价格效应对农村流动人口在流入地定居意愿的影响。

一、主要回归结果

表 6-2 中两个模型都是基于新城镇化时期(2015~2016 年)的数据样本进行分析的,即探讨了新型城镇化背景下城市层面劳动力市场户籍工资差异的价格效应与流动人口在流入城市定居意愿之间的关联性。从表 6-2 可以发现,对于农村流动人口而言,城市层面劳动力市场户籍工资差异的价格效应每上升 0.1 个单位,其定居意愿会下降约 0.26 个百分点,系数在 1% 水平上显著;但对于城市户籍流动人口而言,城市层面劳动力市场户籍工资差异的价格效应与其定居意愿的关联度很弱,且不显著。由此,假说 6-1 得到验证。

表 6-2　城市户籍工资差异的价格效应对流动人口定居意愿的影响:
基准结果(新型城镇化时期)

控制变量	农村户籍(模型 1)		城市户籍(模型 2)	
	系数	边际效应	系数	边际效应
城市层面户籍工资差异的价格效应	-0.173 *** (0.058)	-0.026 *** (0.009)	0.049 (0.178)	0.004 (0.015)
性别(是否为女性)	0.065 *** (0.013)	0.009 *** (0.002)	0.213 *** (0.039)	0.017 *** (0.003)
是否在 30 岁以下	0.126 * (0.073)	0.018 * (0.011)	0.245 (0.187)	0.019 (0.014)
是否在 31~60 岁	0.332 *** (0.072)	0.051 *** (0.011)	0.465 ** (0.185)	0.041 ** (0.018)
是否是小学及以下学历	-0.246 *** (0.020)	-0.035 *** (0.003)	-0.457 *** (0.107)	-0.045 *** (0.012)
是否是大学本科及以上学历	0.863 *** (0.046)	0.098 *** (0.004)	0.539 *** (0.049)	0.041 *** (0.003)
是否已婚	0.282 *** (0.022)	0.044 *** (0.004)	0.219 *** (0.053)	0.019 *** (0.005)
流入地家庭规模	0.375 *** (0.008)	0.056 *** (0.001)	0.441 *** (0.023)	0.036 *** (0.002)

控制变量	农村户籍(模型1)		城市户籍(模型2)	
	系数	边际效应	系数	边际效应
潜在经济收益	0.340 *** (0.018)	0.050 *** (0.003)	0.231 *** (0.032)	0.019 *** (0.003)
流动距离	−0.469 *** (0.013)	−0.071 *** (0.002)	−0.352 *** (0.032)	−0.029 *** (0.003)
是否从事第三产业	−0.019 (0.066)	−0.003 (0.010)	0.028 (0.224)	0.002 (0.019)
是否从事第二产业	−0.422 *** (0.066)	−0.066 *** (0.010)	−0.143 (0.225)	−0.012 (0.020)
职业是否是管理或技术人员	0.438 *** (0.029)	0.057 *** (0.0003)	0.312 *** (0.051)	0.024 *** (0.004)
职业是否是经商	0.169 *** (0.024)	0.024 *** (0.003)	0.180 ** (0.072)	0.014 ** (0.005)
单位是否是国有或集体企业	0.345 *** (0.030)	0.046 *** (0.004)	0.134 ** (0.054)	0.011 ** (0.004)
就业身份是否是雇主	0.591 *** (0.038)	0.074 *** (0.004)	0.263 *** (0.090)	0.020 *** (0.006)
就业身份是否是个体自营	0.187 *** (0.019)	0.027 *** (0.003)	0.088 (0.065)	0.007 (0.005)
流入城市人口规模	0.009 *** (0.001)	0.001 *** (0.000)	−0.007 ** (0.002)	−0.001 ** (0.000)
流入城市人均GDP	0.004 *** (0.000)	0.001 *** (0.000)	0.003 *** (0.001)	0.000 *** (0.000)
流入地区是否为东部地区	−0.912 *** (0.036)	−0.125 *** (0.005)	−0.931 *** (0.076)	−0.075 *** (0.006)
流入地区是否为中部地区	−0.722 *** (0.039)	−0.124 *** (0.008)	−0.689 *** (0.084)	−0.070 *** (0.010)
流入地区是否为西部地区	−0.628 *** (0.036)	−0.103 *** (0.006)	−0.789 *** (0.075)	−0.079 *** (0.009)
调查时间是否为2016年	0.573 *** (0.019)	0.079 *** (0.002)	0.849 *** (0.056)	0.063 *** (0.004)
流入地区第三产业比重	0.030 *** (0.003)	0.004 *** (0.000)	0.044 *** (0.007)	0.004 *** (0.001)

控制变量	农村户籍（模型1）		城市户籍（模型2）	
	系数	边际效应	系数	边际效应
流入地区第二产业比重	0.012 *** （0.003）	0.002 *** （0.000）	0.020 *** （0.007）	0.002 *** （0.001）
流入地区是否为一线/省会城市	−0.255 *** （0.020）	−0.037 *** （0.003）	−0.244 *** （0.057）	−0.020 *** （0.004）
ln 房价	0.029 *** （0.005）	0.003 *** （0.001）	0.031 *** （0.007）	0.031 *** （0.007）
落户门槛	0.019 *** （0.003）	0.001 *** （0.000）	0.011 *** （0.003）	0.011 *** （0.003）
Constant	−0.449 * （0.250）	—	−1.723 ** （0.671）	—
Observations	102021	102021	21469	214691
Pseudo R^2	0.1324	0.1324	0.1302	0.1302

注：括号中的数值为标准误；*、**、***分别表示10%、5%、1%的显著性水平。地区控制变量基准是东北地区。

表6-2还显示，流动人口在流入地城市的定居意愿，无论是城市户籍还是农村户籍，都与其个体和家庭特征、流动范围、行业与职业特征、流入地区域与城市特征等关联性很大。这一结果总体上符合直觉，也与之前文献发现基本一致（杨传开等，2017；李国正等，2017），因为这些问题不是本章重点，为节省空间，本章之后不再多加讨论。

为对比新城镇化时期相对旧城镇化时期，劳动力市场上的户籍工资差异的价格效应对农村流动人口在流入城市定居意愿的影响是否出现变化，本章进一步对旧城镇化时期以及全样本时期户籍工资差异的价格效应与农村流动人口城市定居意愿影响的关联进行实证分析，检验结果如表6-3所示。

表6-3 不同时期下户籍工资差异的价格效应对农村流动人口定居意愿的影响

控制变量	旧城镇化时期（模型3）		全样本时期（模型4）		全样本加时间哑变量（模型5）	
	系数	边际效应	系数	边际效应	系数	边际效应
户籍工资差异的价格效应	−0.322 *** （0.041）	−0.051 *** （0.006）	−0.120 *** （0.032）	−0.034 *** （0.009）	−0.593 *** （0.052）	−0.071 *** （0.006）
性别 （是否为女性）	0.054 *** （0.017）	0.008 *** （0.002）	0.058 *** （0.008）	0.016 *** （0.002）	0.074 *** （0.014）	0.009 *** （0.002）

续表

控制变量	旧城镇化时期(模型3)		全样本时期(模型4)		全样本加时间哑变量(模型5)	
	系数	边际效应	系数	边际效应	系数	边际效应
是否在30岁以下	0.443 (0.308)	0.062 (0.040)	0.079** (0.039)	0.021** (0.011)	0.330*** (0.080)	0.037*** (0.008)
是否在31~60岁	0.696** (0.308)	0.106** (0.049)	0.177*** (0.039)	0.049*** (0.011)	0.544*** (0.079)	0.073*** (0.012)
是否是小学及 以下学历	−0.105*** (0.025)	−0.015*** (0.004)	−0.154*** (0.011)	−0.044*** (0.003)	−0.178*** (0.017)	−0.022*** (0.002)
是否是本科及 以上学历	0.621*** (0.136)	0.068*** (0.013)	0.459*** (0.024)	0.102*** (0.004)	0.883*** (0.066)	0.078*** (0.004)
是否已婚	0.729*** (0.021)	0.119*** (0.004)	0.235*** (0.012)	0.069*** (0.004)	0.753*** (0.020)	0.111*** (0.003)
潜在经济收益	0.288*** (0.006)	0.034*** (0.000)	0.123*** (0.009)	0.047*** (0.001)	0.307*** (0.004)	0.026*** (0.001)
流动距离	−0.231*** (0.013)	−0.033*** (0.002)	−0.267*** (0.007)	0.034*** (0.002)	−0.320*** (0.011)	−0.038*** (0.001)
是否从事 第三产业	0.278*** (0.088)	0.047*** (0.013)	−0.050 (0.034)	−0.073*** (0.002)	0.139** (0.063)	−0.017** (0.008)
是否从事 第二产业	−0.232*** (0.089)	−0.027*** (0.013)	−0.308*** (0.035)	−0.014 (0.009)	−0.424*** (0.063)	−0.055*** (0.009)
职业是否是管理 或技术人员	0.660*** (0.039)	0.076*** (0.004)	0.246*** (0.016)	−0.089*** (0.010)	0.540*** (0.033)	0.054*** (0.003)
职业是否是经商	0.159*** (0.027)	0.023*** (0.004)	0.051*** (0.013)	0.061*** (0.003)	0.199*** (0.013)	0.020*** (0.003)
单位是否是 国有或集体企业	0.157*** (0.032)	0.020*** (0.004)	0.187*** (0.016)	0.014*** (0.003)	0.150*** (0.028)	0.017*** (0.003)
就业身份是否 是雇主	0.541*** (0.034)	0.068*** (0.004)	0.378*** (0.020)	0.048*** (0.004)	0.738*** (0.029)	0.071*** (0.002)
就业身份是否 是自营	0.383*** (0.022)	0.053*** (0.003)	0.108*** (0.011)	0.089*** (0.004)	0.427*** (0.017)	0.049*** (0.002)
流入城市 人口规模	0.005*** (0.000)	0.001*** (0.000)	0.005*** (0.001)	0.029*** (0.003)	0.014*** (0.001)	0.002*** (0.000)
流入城市 人均GDP	0.014*** (0.000)	0.003*** (0.000)	0.002*** (0.000)	0.001*** (0.000)	0.007*** (0.000)	0.001*** (0.000)

续表

控制变量	旧城镇化时期(模型3)		全样本时期(模型4)		全样本加时间哑变量(模型5)	
	系数	边际效应	系数	边际效应	系数	边际效应
流入地区是否为东部地区	-0.357*** (0.023)	-0.011*** (0.008)	-0.522*** (0.018)	0.001*** (0.000)	-0.101*** (0.020)	-0.012*** (0.002)
流入地区是否为中部地区	-0.097*** (0.037)	-0.056*** (0.011)	-0.385*** (0.020)	-0.139*** (0.005)	-0.080*** (0.028)	-0.010*** (0.004)
流入地区是否为西部地区	-0.103*** (0.027)	-0.053*** (0.010)	-0.362*** (0.019)	-0.117*** (0.007)	0.0230 (0.023)	-0.003 (0.003)
时间哑变量	0.632*** (0.009)	0.058*** (0.002)	-0.421*** (0.005)	-0.107*** (0.006)	0.156* (0.085)	0.010* (0.004)
流入城市第三产业比重	0.042*** (0.002)	0.003*** (0.000)	0.017*** (0.001)	0.005*** (0.000)	0.139** (0.063)	0.011** (0.003)
流入城市第二产业比重	0.022*** (0.003)	0.001*** (0.000)	0.007*** (0.001)	0.002*** (0.000)	-0.424*** (0.063)	0.039*** (0.005)
流入城市是否为一线/省会城市	-0.189*** (0.038)	-0.015*** (0.004)	-0.127*** (0.011)	-0.035*** (0.003)	-0.217*** (0.029)	-0.032*** (0.005)
ln 房价	0.021*** (0.005)	0.002*** (0.000)	0.029*** (0.005)	0.003*** (0.001)	0.024*** (0.005)	0.002*** (0.001)
落户门槛	0.012*** (0.002)	0.001*** (0.000)	0.036*** (0.003)	0.004*** (0.000)	0.020*** (0.004)	0.002*** (0.000)
户籍工资差异的价格效应×调查时间是否为2015~2016年	—	—	—	—	0.156*** (0.015)	0.019*** (0.002)
Constant	-0.024 (0.054)	—	6.392*** (0.162)	—	-0.249*** (0.077)	—
Observations	110205	110205	212352	212352	212352	212352
Pseudo R²	0.1683	0.1683	0.1361	0.1361	0.1714	0.1714

注：括号中的数值为标准误；*、**、***分别表示10%、5%、1%的显著性水平。地区控制变量基准是东北地区。

在表6-3中，模型3的结果表明旧城镇化时期户籍工资差异的价格效应与农业户籍流动人口在流入城市定居意愿也存在显著的负相关性，通过对比模型3(旧城镇化时期)与模型1(新城镇化时期)、模型4(全样本时期)和模型5(全样本加时间哑变量)的边际效应大小，以及模型5中籍工资差异的价格效应与时期的交乘项系数及边际效应为正，都提供了证据来表明，随着新型城镇化阶段的到来，城市劳动力市场户籍工资差异的价格效应对农村流动人口定居意愿的负向作用被减弱了。由于本章更关心新型城镇化以来情况，以下研究只针对新型城镇化时期(2015~2016年)样本开展。

表6-4中的模型6在模型1的基础上进一步增加了"户籍工资差异的价格效应"与"流入城市人口规模"的交互项。可以发现该交互项的系数显著为负。这意味着，随着城市规模的增大，户籍工资差异的价格效应对农村户籍流动人口的负向作用会强化。由此，假说6-2得到验证。

表6-4　户籍工资差异的价格效应对农村户籍流动人口定居意愿的影响：
城市规模的调节作用

控制变量	城市规模交互(模型6)	
	系数	边际效应
户籍工资差异的价格效应	-0.345 *** (0.126)	-0.051 *** (0.019)
性别(是否为女性)	0.0682 *** (0.0147)	0.010 *** (0.002)
是否在30岁以下	0.125 * (0.0732)	0.018 * (0.011)
是否在31~60岁	0.331 *** (0.0720)	0.050 *** (0.11)
是否是小学及以下学历	-0.226 *** (0.0203)	-0.035 *** (0.003)
是否是大学本科及以上学历	0.864 *** (0.0463)	0.098 *** (0.004)
是否已婚	0.284 *** (0.0219)	0.045 *** (0.004)
流入地家庭规模	0.375 *** (0.00765)	0.055 *** (0.001)
潜在经济收益	0.341 *** (0.0178)	0.050 *** (0.003)
流动距离	-0.504 *** (0.0127)	-0.075 *** (0.002)
是否从事第三产业	-0.0160 (0.0655)	-0.002 (0.010)
是否从事第二产业	-0.421 *** (0.0663)	-0.066 *** (0.011)

续表

控制变量	城市规模交互（模型 6）	
	系数	边际效应
职业是否是管理或技术人员	0.438 *** (0.0291)	0.057 *** (0.003)
职业是否是经商	0.167 *** (0.0243)	0.024 *** (0.003)
单位是否是国有或集体企业	0.343 *** (0.0300)	0.046 *** (0.004)
就业身份是否是雇主	0.590 *** (0.0382)	0.074 *** (0.004)
就业身份是否是自营	0.186 *** (0.0204)	0.027 *** (0.003)
流入城市人口规模	0.0403 *** (0.00693)	0.006 *** (0.001)
流入城市人均 GDP	0.00451 *** (0.000297)	0.001 *** (0.000)
流入地区是否为东部地区	−0.944 *** (0.0358)	−0.135 *** (0.005)
流入地区是否为中部地区	−0.725 *** (0.0390)	−0.125 *** (0.008)
流入城市是否为西部地区	−0.593 *** (0.0369)	−0.097 *** (0.007)
调查时间是否为 2016 年	0.575 *** (0.0194)	0.080 *** (0.002)
流入城市第三产业比重	0.0291 *** (0.00264)	0.004 *** (0.000)
流入城市第二产业比重	0.0114 *** (0.00272)	0.002 *** (0.000)
流入城市是否为一线/省会城市	−0.264 *** (0.0200)	−0.039 *** (0.002)
ln 房价	0.022 *** (0.005)	0.002 *** (0.000)
落户门槛	0.015 *** (0.003)	0.001 *** (0.000)

续表

控制变量	城市规模交互(模型6)	
	系数	边际效应
户籍工资差异的价格效应×流入城市人口规模	-0.0859*** (0.0185)	-0.013*** (0.003)
Constant	-0.588** (0.253)	—
Observations	102147	102147
Pseudo R^2	0.1361	0.1361

注:括号中的数值为标准误;＊、＊＊、＊＊＊分别表示10%、5%、1%的显著性水平。

二、工具变量检验及样本选择偏误

在以上实证研究中,我们较为充分地探讨了户籍工资差异的价格效应对流动人口在流入城市定居意愿的影响。基准结果显示,对于被差别化对待的农村户籍流动人口来说,户籍工资差异的价格效应会负向影响其在流入地的定居意愿,而城市户籍流动人口在流入地的定居意愿与户籍工资差异的价格效应没有显著性关系。但是这一结论可能受到了内生性问题的干扰,主要是两个原因:一是遗漏变量问题。本章从原始数据中尽可能多地选取了控制变量,包括个人、城市、地区以及时间等多个维度,但是仍然可能存在遗漏变量。二是测量误差问题。由于本书运用的数据问卷数量大,涉及面广,因此难免出现测量误差对结论造成干扰。基于以上原因,本章将通过工具变量法解决内生性问题。

另外,本章还可能存在样本选择偏误。根据《中国流动人口动态监测调查数据工作方案》中的说明,该数据为随机调查所得,因此就数据获取这一层面而言,样本选择偏误存在的可能性及程度不大。但值得注意的是,"您是否在本地长期居住(5年及5年以上)"这一题项中,每年有近30%的样本由于选择了"没想好",因此在之前的实证研究中被删除了,通过进一步的探究,我们发现这部分被删除的样本并非是随机的。具体而言,这一群体的教育水平比全样本普遍低一些;其所在单位的单位性质更多为非机关、事业单位及国有企业;而在就业合同的签订种类中,这一群体也相对稳定性更差。基于此,我们认为这可能导致基准回归中存在样本选择偏误。

综合以上分析,本章将运用扩展回归模型(Extended Regression Model)对以上两类内生性问题给予解决。本章共选取两个工具变量,分别为"各城市流入人口中农村户籍流动人口占比"以及"是否是分散居住(与集体宿舍相对应)"①。之所以选取这两个变量作为工具变量是由于它们与户籍工资差异的价格效应相关,但是又不直接影响流动人口在流入地定居意愿。具体而言,首先,如果流动人口中农村户籍流动人口占比越小,那么其受到差别化对待程度越高,这是由于数量占少数的群体往往在很多方面处于弱势地位,因此我们认为"各城市流入人口中农村户籍流动人口占比"与"户籍工资差异的价格效应"具有负相关性;其次,我们认为农村户籍流动人口"是否分散居住"也与其受到的差别化对待程度高度相关,越是分散居住的农村户籍流动人口,越可能接触更多的城市本地群体,从而更有可能融入当地城市,进而降低其主观感受到的差别化对待程度,正如 Zou 等(2019)所指出,住在正规社区中的外来人口更容易融入当地社会。总体而言,居住形式是从个体微观层面影响了农村户籍流动人口的差别化对待感知,而流动人口农村户籍流动人口占比则是从更加宏观的城市层面影响了客观的户籍工资差异的价格效应程度,但这两者似乎都与个体在城市中的定居选择没有直接相关性。2016 年的 CMDS 数据中提供了流动人口的居住模式,分别有"集体宿舍""临时住所"以及"分散居住",基于此我们将"临时住所"的样本去除,将"分散居住"设定为 1,"集体宿舍"设定为 0。

    具体的扩展回归模型结果如表 6-5 所示,我们在表中报告了三个方程结果,第一列为解决两类内生性以后的最终结果,第二列及第三列为解决两类内生性的中间步骤结果。首先,我们发现两个工具变量与户籍工资差异的价格效应之间存在显著的相关性;其次,第一列的户籍工资差异的价格效应对农村户籍流动人口的定居选择存在显著的负向相关性,并且负向相关程度与表 6-2 基准回归相比更大,这表明基准回归中户籍工资差异的价格效应对农村流动人口的定居意愿的负向影响被低估了,但进一步证明了本章基准假说的稳健性;最后,ERM 模型中输出的三个方程两两之间的残差项的相关性是显著的,进而我们认为这样的内生性处理方式是合理的,模型中户籍工资差异的价格效应确实是内生性的虚拟变量。

表 6-5　户籍工资差异的价格效应对农村户籍流动人口定居意愿的影响:

ERM 结果(模型 7)

控制变量	Settled 系数	heckcode 系数	discrimination 系数
户籍工资差异的价格效应	-2.290 *** (0.397)	—	—

---

① 由于"是否是分散居住(与集体宿舍相对应)"这一变量仅在 2016 年 A 卷涉及相关的问题,2014 年及 2015 年 A 卷没有,因此工具变量检验所用数据仅限于 2016 年。

续表

控制变量	Settled 系数	heckcode 系数	discrimination 系数
农村户籍流动人口/流入人口	—	−0.014 *** (0.001)	−0.002 *** (0.000)
是否是分散居住	—	0.138 *** (0.008)	0.021 *** (0.001)
性别(是否为女性)	0.029 ** (0.013)	0.063 *** (0.009)	0.001 * (0.001)
是否在 30 岁以下	0.432 *** (0.057)	−0.250 *** (0.050)	0.002 (0.004)
是否在 31~60 岁	0.424 *** (0.056)	−0.144 *** (0.050)	0.005 (0.004)
是否是小学及以下学历	−0.180 *** (0.021)	−0.134 *** (0.014)	−0.018 *** (0.001)
是否是大学本科及以上学历	0.365 *** (0.033)	0.398 *** (0.020)	−0.001 (0.001)
是否已婚	−0.085 *** (0.019)	0.233 *** (0.013)	0.004 *** (0.001)
流入地家庭规模	0.170 *** (0.009)	0.124 *** (0.004)	−0.004 *** (0.000)
潜在经济收益	0.130 *** (0.016)	0.215 *** (0.012)	−0.001 (0.001)
流动距离	−0.162 *** (0.011)	−0.146 *** (0.007)	−0.002 *** (0.001)
是否从事第三产业	−0.047 (0.065)	−0.130 *** (0.043)	0.012 *** (0.003)
是否从事第二产业	−0.257 *** (0.065)	−0.201 *** (0.044)	0.002 (0.004)
职业是否是管理或技术人员	0.179 *** (0.026)	0.217 *** (0.017)	0.008 *** (0.001)
职业是否是经商	0.119 *** (0.021)	0.028 ** (0.013)	−0.001 (0.001)
单位是否是国有或集体企业	0.060 ** (0.026)	0.254 *** (0.018)	0.005 *** (0.001)
就业身份是否是雇主	0.255 *** (0.040)	0.001 *** (0.000)	0.006 *** (0.001)
就业身份是否是自营	0.109 *** (0.024)	−0.001 *** (0.000)	0.002 *** (0.000)

续表

控制变量	Settled 系数	heckcode 系数	discrimination 系数
LN 流入城市人口规模	0.010 *** （0.001）	—	0.001 *** （0.000）
LN 流入城市人均 GDP	0.001 *** （0.000）	—	−0.001 *** （0.000）
流入地区是否为东部地区	−0.208 *** （0.029）	—	0.025 *** （0.001）
流入地区是否为中部地区	−0.374 *** （0.048）	—	−0.078 *** （0.002）
流入城市是否为西部地区	−0.015 （0.036）	—	0.067 *** （0.002）
流入城市第三产业比重	0.014 *** （0.003）	0.000 （0.000）	0.011 *** （0.002）
流入城市第二产业比重	0.009 *** （0.003）	0.001 *** （0.000）	0.006 *** （0.002）
流入城市是否为一线/省会城市	0.022 （0.017）	−0.079 *** （0.010）	0.015 *** （0.001）
ln 房价	0.015 ** （0.008）	0.002 * （0.001）	0.003 *** （0.001）
落户门槛	0.017 *** （0.003）	0.001 * （0.001）	0.012 *** （0.001）
Constant	1.820 *** （0.149）	1.147 *** （0.085）	0.535 *** （0.008）
corr(e. heckcode，e. settled)		−0.830 *** （0.023）	
corr(e. discrimination，e. settled)		0.282 *** （0.046）	
corr(e. discrimination，e. heckcode)		−0.009 ** （0.004）	
Observations	75461	75461	75461

注：括号中的数值为标准误；* 、** 、*** 分别表示 10%、5%、1%的显著性水平。

三、考虑流动人口个人特征的异质性分析

基于假说 6-3，本章将农村流动人口划分为自营者和受雇者两个组别，探究这两组人群在流入地的定居意愿受到当地劳动力市场中户籍工资差异的价格效应

影响的差异性。回归结果见表6-6。

表6-6　户籍工资差异的价格效应对不同就业类型农村流动人口在流入地定居意的影响

控制变量	自营者或雇主(模型8)		非自营者且非雇主(模型9)	
	系数	边际效应	系数	边际效应
户籍工资差异的价格效应	-0.154 (0.120)	-0.012 (0.009)	-0.335 *** (0.094)	-0.043 *** (0.012)
性别(是否为女性)	0.047 * (0.024)	0.005 * (0.013)	0.060 ** (0.024)	0.008 ** (0.003)
是否在30岁以下	0.051 (0.119)	0.006 (0.013)	0.407 *** (0.110)	0.051 *** (0.014)
是否在31~60岁	0.271 ** (0.117)	0.032 ** (0.015)	0.563 *** (0.108)	0.074 *** (0.015)
是否是小学及以下学历	-0.176 *** (0.031)	-0.021 *** (0.004)	-0.226 *** (0.034)	-0.031 *** (0.005)
是否是大学本科及以上学历	0.436 *** (0.101)	0.042 *** (0.008)	0.936 *** (0.080)	0.089 *** (0.005)
是否已婚	0.161 *** (0.046)	0.019 *** (0.006)	0.066 ** (0.031)	0.009 ** (0.004)
流入地家庭规模	0.138 *** (0.012)	0.016 *** (0.001)	0.658 *** (0.014)	0.084 *** (0.002)
潜在经济收益	0.516 *** (0.022)	0.058 *** (0.002)	0.353 *** (0.040)	0.045 *** (0.005)
流动距离	-0.412 *** (0.019)	-0.047 *** (0.002)	-0.435 *** (0.021)	-0.056 *** (0.003)
是否从事第三产业	-0.318 *** (0.092)	-0.033 *** (0.009)	0.336 *** (0.119)	0.044 *** (0.016)
是否从事第二产业	-0.589 *** (0.097)	-0.079 *** (0.015)	-0.114 (0.118)	-0.015 (0.015)
职业是否是管理或技术人员	0.463 *** (0.106)	0.044 *** (0.008)	0.428 *** (0.043)	0.049 *** (0.004)
职业是否是经商	0.008 (0.024)	0.001 (0.003)	0.110 (0.120)	0.014 (0.014)
单位是否是国有或集体企业	1.035 *** (0.360)	0.080 *** (0.017)	0.231 *** (0.039)	0.028 *** (0.004)
LN流入城市人口规模	0.014 *** (0.002)	0.002 *** (0.000)	0.009 *** (0.002)	0.001 *** (0.000)

续表

控制变量	自营者或雇主(模型8)		非自营者且非雇主(模型9)	
	系数	边际效应	系数	边际效应
LN 流入城市人均 GDP	−0.003 *** (0.000)	−0.000 *** (0.000)	0.005 *** (0.001)	0.001 *** (0.000)
流入地区是否为东部地区	−0.657 *** (0.064)	−0.076 *** (0.008)	−0.698 *** (0.053)	−0.085 *** (0.006)
流入地区是否为中部地区	−0.780 *** (0.065)	−0.105 *** (0.010)	−0.479 *** (0.062)	−0.070 *** (0.010)
流入城市是否为西部地区	−0.816 *** (0.062)	0.106 *** (0.009)	−0.404 *** (0.055)	−0.056 (0.008)
调查时间是否为 2016 年	1.295 *** (0.031)	0.128 *** (0.003)	0.574 *** (0.024)	0.072 *** (0.003)
流入城市第三产业比重	0.046 *** (0.004)	0.005 *** (0.000)	0.031 *** (0.004)	0.004 *** (0.000)
流入城市第二产业比重	0.046 *** (0.004)	0.005 *** (0.000)	0.018 *** (0.004)	0.002 *** (0.001)
流入城市是否为一线/省会城市	−0.190 *** (0.035)	−0.021 *** (0.004)	−0.176 *** (0.032)	−0.023 *** (0.004)
ln 房价	0.020 *** (0.004)	0.002 *** (0.000)	0.027 *** (0.005)	0.002 *** (0.001)
落户门槛	0.011 *** (0.002)	0.001 *** (0.000)	0.038 *** (0.003)	0.004 *** (0.000)
Constant	−1.898 *** (0.374)	—	−2.253 *** (0.400)	—
Observations	56885	56885	60608	60608
Pseudo R^2	0.1169	0.1169	0.1360	0.1360

注：括号中的数值为标准误；* 、** 、*** 分别表示 10%、5%、1%的显著性水平。

　　结果显示，自营者在流入地的定居意愿受当地劳动力市场户籍工资差异的价格效应的影响不显著，而受雇者在流入地的定居意愿则显著受到当地劳动力市场户籍工资差异的价格效应的影响。假说 6-3 得到验证。

　　基于假说 6-4，本章又将农村流动人口划分为管理或技术类职业及其他两个组别，探究不同职业类型流入地劳动力市场的户籍工资差异的价格效应对农村户籍流动人口在该城市定居意愿的影响是否有差异性。回归结果见表 6-7。

表 6-7　户籍工资差异的价格效应对不同职业农村流动人口在流入地定居意愿的影响

控制变量	管理或技术类职业（模型 10）		非管理非技术类职业（模型 11）	
	系数	边际效应	系数	边际效应
户籍工资差异的价格效应	0.169 (0.340)	0.012 (0.024)	-0.373 *** (0.080)	-0.04 *** (0.009)
性别(是否为女性)	0.034 (0.090)	0.002 (0.006)	0.064 *** (0.020)	0.007 *** (0.002)
是否在 30 岁以下	0.647 (0.636)	0.046 (0.046)	0.319 *** (0.092)	0.033 *** (0.009)
是否在 31~60 岁	0.699 (0.636)	0.050 (0.046)	0.508 *** (0.090)	0.058 *** (0.011)
是否是小学及以下学历	-0.615 *** (0.170)	-0.055 *** (0.019)	-0.171 *** (0.027)	-0.019 *** (0.003)
是否是大学本科及以上学历	0.690 *** (0.137)	0.040 *** (0.007)	0.903 *** (0.088)	0.070 *** (0.005)
是否已婚	0.219 ** (0.109)	0.016 ** (0.009)	0.056 ** (0.028)	0.006 ** (0.003)
流入地家庭规模	0.613 *** (0.049)	0.043 *** (0.003)	0.582 *** (0.011)	0.062 *** (0.001)
潜在经济收益	0.394 *** (0.112)	0.028 *** (0.008)	0.319 *** (0.026)	0.034 *** (0.003)
流动距离	-0.493 *** (0.068)	-0.035 *** (0.005)	-0.427 *** (0.017)	-0.046 *** (0.002)
是否从事第三产业	0.056 (0.570)	0.004 (0.040)	0.106 (0.087)	0.011 (0.010)
是否从事第二产业	-0.362 (0.568)	-0.026 (0.043)	-0.335 *** (0.088)	-0.038 *** (0.010)
单位是否是国有或集体企业	0.484 *** (0.118)	0.030 *** (0.006)	0.212 *** (0.041)	0.021 *** (0.004)
就业身份是否是雇主	0.494 (0.362)	0.029 (0.017)	0.588 *** (0.048)	0.052 *** (0.003)
就业身份是否是自营	0.419 ** (0.203)	0.025 ** (0.010)	0.223 *** (0.025)	0.023 *** (0.003)
ln 流入城市人口规模	0.016 ** (0.007)	0.001 ** (0.000)	0.012 *** (0.002)	0.001 *** (0.000)
ln 流入城市人均 GDP	0.005 *** (0.002)	-0.000 *** (0.000)	0.005 *** (0.000)	0.001 *** (0.000)

续表

控制变量	管理或技术类职业(模型 10)		非管理非技术类职业(模型 11)	
	系数	边际效应	系数	边际效应
流入地区是否为东部地区	−0.666 *** (0.176)	−0.045 *** (0.011)	−0.752 *** (0.047)	−0.079 *** (0.005)
流入地区是否为中部地区	−0.455 ** (0.207)	−0.037 ** (0.019)	−0.595 *** (0.052)	−0.074 *** (0.008)
流入地区是否为西部地区	−0.448 ** (0.189)	−0.035 ** (0.017)	−0.535 *** (0.048)	−0.064 *** (0.006)
调查时间是否为 2016 年	0.881 *** (0.086)	0.063 *** (0.006)	0.573 *** (0.020)	0.060 *** (0.002)
流入城市第三产业比重	0.064 *** (0.015)	0.005 *** (0.001)	0.033 *** (0.003)	0.003 *** (0.000)
流入城市第二产业比重	0.054 *** (0.015)	0.004 *** (0.001)	0.021 *** (0.004)	0.002 *** (0.000)
流入城市是否为一线/省会城市	−0.374 *** (0.112)	−0.026 *** (0.008)	−0.185 *** (0.027)	−0.020 *** (0.003)
ln 房价	0.016 *** (0.002)	0.002 *** (0.000)	0.029 ** (0.005)	0.003 ** (0.001)
落户门槛	0.019 *** (0.003)	0.002 *** (0.000)	0.011 *** (0.002)	0.001 *** (0.000)
Constant	−5.168 *** (1.522)	—	−1.896 *** (0.326)	—
Observations	7232	7232	94915	94915
Pseudo R^2	0.1485	0.1485	0.1279	0.1279

注:括号中的数值为标准误;*、**、*** 分别表示 10%、5%、1%的显著性水平。

结果显示,从事管理及技术类职业的农村流动人口在流入城市的定居意愿受到该城市劳动力市场户籍工资差异的价格效应的影响不显著,而从事其他非技术非管理类职业的农村流动人口的定居意愿则显著受到该城市户籍工资差异的价格效应的影响。假说6-4得到验证。

基于假说6-5,本章进一步将农村流动人口划分为小学及以下、中学或中专和大专及以上三个组别,对不同教育水平下城市劳动力市场户籍工资差异的价格效应对农村流动人口定居意愿影响的异质性进行探究,回归结果见表6-8。

表 6-8　户籍工资差异的价格效应对不同教育水平的农村户籍流动人口在流入地定居意愿的影响

控制变量	小学及以下(模型 12)		中学/专科(模型 13)		本科及以上(模型 14)	
	系数	边际效应	系数	边际效应	系数	边际效应
户籍工资差异的价格效应	−0.145 (0.205)	−0.018 (0.026)	−0.388*** (0.085)	−0.040*** (0.009)	0.041 (0.634)	0.002 (0.027)
性别(是否为女性)	0.163*** (0.048)	0.020*** (0.006)	0.039* (0.022)	0.004* (0.002)	0.133 (0.154)	0.006 (0.007)
是否在30岁以下	0.103 (0.135)	0.013 (0.016)	0.413*** (0.147)	0.041*** (0.014)	−1.082 (8.032)	−0.065 (0.619)
是否在31~60岁	0.454*** (0.115)	0.064*** (0.018)	0.573*** (0.146)	0.062*** (0.017)	−1.046 (8.032)	0.098 (0.109)
是否已婚	−0.399*** (0.084)	−0.044*** (0.008)	0.119*** (0.030)	0.013*** (0.003)	0.323* (0.188)	0.015* (0.011)
流入地家庭规模	0.629*** (0.026)	0.079*** (0.003)	0.576*** (0.012)	0.059*** (0.001)	0.505*** (0.100)	0.022*** (0.011)
潜在经济收益	0.0338 (0.062)	0.004 (0.008)	0.360*** (0.028)	0.037*** (0.003)	0.376** (0.167)	0.016** (0.010)
流动距离	−0.346*** (0.043)	−0.043*** (0.005)	−0.454*** (0.018)	−0.047*** (0.002)	0.046*** (0.012)	0.005*** (0.001)
是否从事第三产业	−0.0553 (0.150)	−0.007 (0.019)	0.188* (0.106)	0.020* (0.012)	−0.649*** (0.152)	−0.034*** (0.010)
是否从事第二产业	−0.406*** (0.155)	−0.053*** (0.021)	−0.250** (0.107)	−0.027** (0.012)	−0.873*** (0.059)	−0.036*** (0.001)
职业是否是管理或技术人员	0.104 (0.158)	0.013 (0.018)	0.476*** (0.044)	0.042*** (0.003)	0.123*** (0.016)	0.005*** (0.001)
职业是否是经商	0.259*** (0.087)	0.030*** (0.010)	0.173*** (0.038)	0.017*** (0.004)	−0.125 (0.358)	−0.00 (0.017)
单位是否是国有或集体企业	0.0924 (0.095)	0.011*** (0.011)	0.261*** (0.043)	0.025*** (0.004)	0.427** (0.214)	0.016** (0.011)
就业身份是否是雇主	0.509*** (0.127)	0.054*** (0.011)	0.506*** (0.055)	0.044*** (0.004)	0.757*** (0.058)	0.075*** (0.018)
就业身份是否是自营	0.355*** (0.065)	0.043*** (0.008)	0.142*** (0.030)	0.014*** (0.003)	−0.633** (0.286)	−0.035** (0.025)
ln 流入城市人口规模	0.0128*** (0.004)	0.002*** (0.001)	0.013*** (0.002)	0.001*** (0.000)	0.013*** (0.002)	0.001*** (0.000)
ln 流入城市人均 GDP	0.0043*** (0.001)	0.001*** (0.000)	0.005*** (0.000)	0.001*** (0.000)	0.003 (0.003)	0.000 (0.000)

续表

控制变量	小学及以下 (模型 12)		中学/专科 (模型 13)		本科及以上 (模型 14)	
	系数	边际效应	系数	边际效应	系数	边际效应
流入地区是否为东部地区	−1.146 *** (0.135)	−0.141 *** (0.017)	−0.692 *** (0.049)	−0.070 *** (0.005)	−0.831 ** (0.346)	−0.034 ** (0.021)
流入地区是否为中部地区	−0.785 *** (0.150)	−0.121 *** (0.028)	−0.586 *** (0.055)	−0.070 *** (0.008)	−0.518 (0.372)	−0.027 (0.026)
流入城市是否为西部地区	−0.716 *** (0.135)	−0.099 *** (0.020)	−0.527 *** (0.050)	−0.061 *** (0.006)	−0.444 (0.356)	−0.022 (0.02)
调查时间是否为 2016 年	0.201 *** (0.049)	0.025 *** (0.006)	0.647 *** (0.022)	0.065 *** (0.002)	1.070 *** (0.155)	0.051 *** (0.025)
流入城市第三产业比重	0.0504 *** (0.009)	0.006 *** (0.001)	0.031 *** (0.004)	0.003 *** (0.000)	0.037 *** (0.003)	0.002 *** (0.000)
流入城市第二产业比重	0.0366 *** (0.009)	0.005 *** (0.001)	0.020 *** (0.004)	0.002 *** (0.000)	0.041 (0.027)	0.002 (0.001)
流入城市是否为一线/省会城市	−0.316 *** (0.069)	−0.040 *** (0.009)	−0.179 *** (0.029)	−0.018 *** (0.003)	0.142 (0.215)	0.006 (0.010)
ln 房价	0.002 * (0.001)	0.000 * (0.000)	0.020 *** (0.003)	0.002 *** (0.000)	0.047 *** (0.008)	0.004 *** (0.001)
落户门槛	0.012 (0.028)	0.001 (0.003)	0.034 *** (0.003)	0.004 *** (0.000)	0.028 *** (0.009)	0.004 *** (0.001)
Constant	−2.895 *** (0.807)	—	−2.029 *** (0.367)	—	2.250 (8.203)	—
Observations	14178	14178	83808	83808	4161	4161
Pseudo R^2	0.1222	0.1222	0.1313	0.1313	0.1244	0.1244

注：括号中的数值为标准误；* 、** 、*** 分别表示 10%、5%、1%的显著性水平。

结果显示，小学及以下受教育程度和大专及以上受教育程度的农村流动人群在流入城市的定居意愿受该城市劳动力市场户籍工资差异的价格效应影响不显著，而处于中间受教育程度的农村户籍流动人口在流入城市的定居意愿则显著受到该城市户籍工资差异的价格效应的负影响。假说 6-5 得到验证。

第五节　本章小结

在新时代背景下，如何提高农村户籍流动人口在流入地城市的定居意愿，以实现真正的人的城镇化已经成为我国新型城镇化战略中最为关键的问题。但城市劳动力市场上各种基于农业户籍的差别化待遇问题如何影响农村流动人口在流入地城市的定居意愿，在文献中还少有研究，本章试图对这个问题展开系统分析以弥补相关研究空白。

具体而言，首先，基于托达罗人口流动模型、明瑟收入方程和移民定居地选择模型，并将户籍差别化待遇问题纳入模型分析框架，构建理论模型，从效用最大化视角考察了户籍工资差异的价格效应相关因素是否会以及如何影响农村流动人口的城市定居意愿。其次，分别探究了不同时期户籍工资差异的价格效应对农村流动人口在流入地城市定居意愿的影响。本章还通过扩展回归模型（ERM）解决了样本选择偏差等一系列内生性问题，并证明了基准回归结果的稳健性。最后，考察了不同就业形式、不同职业以及不同教育程度的农村户籍流动人口在不同规模流入地城市定居意愿受户籍工资差异的价格效应影响的异质性。

理论和实证分析结果表明：首先，城市规模会强化户籍工资差异的价格效应对农村流动人口的城市定居意愿的负向影响；其次，城市劳动力市场上的户籍工资差异的价格效应对农村流动人口中受雇者群体的定居意愿影响显著，但对自营者群体的影响不显著；再次，城市劳动力市场上的户籍工资差异的价格效应对农村流动人口中非管理非技术群体的定居意愿影响显著，但对管理型技术型就业群体的影响不显著；最后，教育程度不同的农村户籍流动人口的定居意愿受到户籍工资差异的价格效应的影响也存在异质性，呈现出最高和最低的受教育人群不显著，而中等教育群体显著的特征。总体而言，本章的研究说明农村户籍流动人口是否在所流入城市进行定居时，不仅在乎经济激励，也十分在乎公平感和获得感。此外，中国新型城镇化建设以来的户籍制度改革对缓解户籍工资差异的价格效应的负向影响已起到了一定的作用。

户籍工资差异的价格效应对农村流动人口在流入地购房意愿的影响研究

CHAPTER 7

第一节　引言

探究农村流动人口在流入城市的定居意愿能够从一定程度上体现出这一群体城镇化的状况，但是由于定居意愿仅仅代表了在流入地生活五年及以上，因此这一指标难以在更深程度上反映出农业转移人口市民化的状况。而有恒产者有恒心，因此在以人为核心的新型城镇化推进过程中，能够有一个固定的、持续的住所更能反映出农村流动人口融入城市的愿望与决心，继而我们认为住房购买意愿是一个比长期定居意愿在农村流动人口市民化程度上更能反映出深层次内涵的代理变量。因此本章将进一步探究户籍工资差异的价格效应对农村流动人口在流入城市购房意愿的影响。

在已有讨论流动人口购房意愿的研究中，研究者们关注了许多不同层面的影响因素。其中涉及了城市（Song & Zhang，2019）、家庭（宋艳姣，2016）以及个人特征（林李月等，2021），普遍而言，随着新型城镇化的深入，近年学者们对流动人口城镇化以及市民化的讨论增加了更多家庭层面的特征，同时也考虑了更多公共服务等要素的影响（侯慧丽，2016；宋艳姣，2016；黎嘉辉，2019），这主要是由于公共服务在家庭稳定以及功能需求中往往具有非常重要的作用。

基于此，本章不仅讨论户籍工资差异的价格效应对农村流动人口的购房意愿影响，同时还着重关注城市基础教育、医疗服务以及房价收入比的影响，以此探究农村流动劳动力在购房决策时，对经济因素、公共服务和公平感受的权衡。具体而言，首先，探究户籍工资差异的价格效应对农村流动人口在流入地住房购买意愿的影响，结果发现两者间存在显著的负向关联，同时流入城市的户籍工资差异的价格效应与农村流动人口在户籍地的购房意愿有显著的正向关联，以此印证了户籍工资差异的价格效应对农村流动人口市民化存在阻碍；其次，本章运用各个地级市及副省级城市的政府工作报告中关于户籍制度的改革相关词汇词频作为工具变量解决了内生性问题，进一步印证了基准回归中的结论；再次，在基准结果中，我们还发现城市更多的医疗服务以及基础教育资源也会对农村流动人口的城市购房意愿产生正面影响，而房价收入比则显著地削弱了其在城市的购房意愿；最后，本章关注了城市公共服务以及个体特征两个层面的调节作用，结果显示城市中更加丰富的公共服务能够显著削弱户籍工资差异的价格效应对购房意愿的负面影响，而个体的教育程度越高也能够显著削弱户籍工资差异的价格效应对购房意愿的负面影响，自营者的就业身份则会加重户籍工资差异的价格效应对购房意愿的负面影响。

第二节 数据来源及描述性统计

本章主要运用的是第四章中运用国家人口计生委 2015 年和 2016 年全国流动人口动态监测调查数据（China Migrants Dynamic Survey，CMDS）计算的户籍工资差异的价格效应作为本章的主要解释变量。由于 2015 年 CMDS 数据中没有设计购房意愿相关的题项，因此本章的样本均来自于 2016 年的 CMDS 数据。

为使实证结果更加准确，我们对原始数据进行了如下筛选与处理。首先，由于本书以劳动力市场为出发点，我们仅留下了以就业为流动目的的样本；其次，根据《2017 年国民经济行业分类》（GB/T 4754—2017）将问卷中 20 类行业划分为第一、第二、第三产业；将原问卷 19 类职业中国家机关、党政组织、企事业单位的负责人及专业技术人员划分为管理或技术岗位，其他职业划分为非管理或技术岗位；婚姻状况划分为已婚和未婚。

关于购房意愿，在 CMDS 原始问卷中问到"您是否打算在本地购买住房"，2016 年的问卷答案包括"是""否"。对于在户籍地是否打算购买住房的题项有三个，分别涉及在户籍村、乡以及县购买住房的意愿，我们将这三个题项合并，即但凡想在户籍村、乡以及县一个地方有住房购买意愿的就赋值为 1，均没有购买意愿的赋值为 0。

表 7-1 中对 2016 年的实证样本的基本状况进行了描述性统计。首先，农村流动人口 2015 年全家月平均收入为 6527.96 元，城市户籍流动人口全家平均收入为 8953.14 元，比农村户籍流动人口全家多 2425.18 元，这表明农村流动人口家庭在城市的购房压力明显高于城市流动人口；其次，相对于农村户籍流动人口，城市户籍流动人口的受教育程度明显更高，农村户籍流动人口相对更集中于

初中及以下学历，占所有农村户籍流动人口样本量的 67.94%，而城市户籍流动人口的受教育程度则更集中于高中及以上，占所有城市户籍流动人口样本量的72.89%；再次，城市户籍流动人口相对更集中于第三产业，也更集中于事业单位与国有企业，而农村户籍流动人口在第一、第二产业就业的比例则明显高于城市户籍流动人口，并且在私营企业就业的比例相对更高；最后，城市户籍流动人口中单位负责人及专业技术人员的比例大大高于农村户籍流动人口。另外，由于本书考察的是购房意愿，因此房价收入比这一控制变量非常重要，本书主要以家庭为单位，计算了城市层面的住房单价与家庭月平均收入的比值，可以发现，农业户籍流动人口家庭的房价收入比明显高于城市户籍。

表 7-1　2016 年 CMDS 农村流动人口基本情况统计

项目		农业户籍	城市户籍
去年全家月平均收入(元)		6527.96	8953.14
城市户籍相对农村户籍的全家月均纯收入差(元)		2425.18	
婚姻状况(已婚占比)(%)		82.50	79.96
平均年龄(岁)		35.73	36.03
性别(女性占比)(%)		42.16	43.53
受教育状况 (%)	小学及以下	16.04	4.23
	初中	52.90	22.89
	高中/中专	21.22	26.73
	大学专科	7.03	22.52
	大学本科	2.71	21.11
	研究生	0.10	2.53
行业类别 (%)	第一产业	2.28	1.53
	第二产业	28.50	22.03
	第三产业	69.22	76.44
单位性质 (%)	事业单位、国有及集体企业	5.86	18.15
	私营企业	27.94	31.17
	个体工商户	44.50	31.67
职业类型 (%)	单位负责人	0.21	2.02
	专业技术人员	6.09	18.29
	经商	20.54	16.84
	其他	73.13	62.85
房价收入比		1.92	1.72

注：房价收入比的定义是：2015 年全家月均收入与房价之比。

综上所述，我们发现：首先，从整体而言，农村户籍流动人口与城市户籍流动人口家庭的月平均工资存在显著差距；其次，两个群体在婚姻状况、平均年龄、性别方面没有明显的差异，但在教育水平、就业行业类别、就业单位性质和就业职业类型等方面存在显著差异；最后，农村流动人口在城市购买住房具有比城市流动人口更大的经济压力。基于此我们期望在控制房价收入比、公共服务①等多个对农村流动人口存在不同方向影响因素的条件下，进一步探究户籍工资差异的价格效应对农村流动人口在城市的购房意愿。

第三节　实证结果及讨论

一、基准结果

表7-2中模型1是户籍工资差异的价格效应对农村流动人口在本地购房意愿的影响。结果显示，首先，户籍工资差异的价格效应与农村流动人口在城市的住房购买意愿有显著的负向关联，从边际效应来看，户籍工资差异的价格效应每降低1个百分点，农村流动人口在城市的购房意愿将下降0.06个百分点。其次，房价收入比越高，农村流动人口的购房意愿将显著降低，而医疗服务和基础教育资源越好能显著提升农村流动人口购房意愿。

表7-2　户籍工资差异的价格效应对农村流动人口流入地购房意愿的影响——基准结果

变量	本地购房意愿(模型1)		户籍地购房意愿(模型2)	
	系数	边际效应	系数	边际效应
户籍工资差异的价格效应	-0.234 *** (0.052)	-0.066 *** (0.015)	0.125 ** (0.063)	0.026 ** (0.013)
性别(是否为女性)	-0.011 (0.015)	-0.003 (0.004)	-0.039 ** (0.017)	-0.008 ** (0.003)
年龄	-0.004 *** (0.001)	-0.001 *** (0.000)	-0.004 *** (0.001)	-0.001 *** (0.000)

---

①　在本章中关注的城市公共服务资源主要包括医疗资源和教育资源。其中医疗资源运用《城市统计年鉴》中提供的医院床位数、医院数以及医生数，通过这些数据计算出人均的医院床位数、人均医院数以及人均医生数，经过标准化处理后对三个指标赋予相同权重并相加。而基础教育是运用《城市统计年鉴》中提供的小学和中学数量，计算出人均小学数和人均中学数，赋予相同权重后相加。

续表

变量	本地购房意愿（模型1）		户籍地购房意愿（模型2）	
	系数	边际效应	系数	边际效应
受教育程度	0.132 *** (0.009)	0.037 *** (0.002)	−0.001 (0.011)	−0.000 (0.002)
是否已婚	−0.267 *** (0.051)	−0.075 *** (0.014)	0.026 (0.058)	0.005 (0.012)
流动距离	−0.089 *** (0.012)	−0.025 *** (0.003)	0.105 *** (0.016)	0.022 *** (0.003)
是否从事第二产业	−0.142 *** (0.021)	−0.040 *** (0.006)	0.164 *** (0.025)	0.034 *** (0.005)
是否从事第三产业	0.201 *** (0.018)	0.057 *** (0.005)	−0.113 *** (0.020)	−0.023 *** (0.004)
职业是否是管理或技术人员	0.086 *** (0.030)	0.024 *** (0.008)	−0.093 *** (0.036)	−0.019 *** (0.008)
职业是否是经商	0.047 ** (0.022)	0.013 ** (0.006)	−0.025 (0.026)	−0.005 (0.005)
单位是否是国有或集体企业	0.015 (0.017)	0.004 (0.005)	0.056 *** (0.019)	0.012 *** (0.004)
单位是否是私营企业	−0.005 (0.017)	−0.001 (0.005)	−0.014 (0.018)	−0.003 (0.004)
就业身份是否是雇主或自营	0.032 * (0.019)	0.009 * (0.005)	−0.015 (0.021)	−0.003 (0.004)
亲生子女数量	−0.100 *** (0.012)	−0.028 *** (0.003)	−0.031 ** (0.013)	−0.006 ** (0.003)
是否购买住房公积金	0.180 *** (0.027)	0.051 *** (0.008)	−0.120 *** (0.032)	−0.025 *** (0.007)
流入地家庭规模	0.159 *** (0.007)	0.045 *** (0.002)	−0.039 *** (0.008)	−0.008 *** (0.002)
产业结构	−0.014 (0.019)	−0.004 (0.005)	0.040 * (0.024)	0.008 * (0.005)
房价收入比	−0.125 *** (0.007)	−0.035 *** (0.002)	0.014 *** (0.005)	0.003 *** (0.001)
ln 人均 GDP	0.138 *** (0.029)	0.039 *** (0.008)	−0.179 *** (0.034)	−0.037 *** (0.007)
医疗服务	0.004 *** (0.001)	0.001 *** (0.000)	−0.006 *** (0.001)	−0.001 *** (0.000)

变量	本地购房意愿(模型1)		户籍地购房意愿(模型2)	
	系数	边际效应	系数	边际效应
基础教育	0.233 *** (0.038)	0.066 *** (0.011)	-0.411 *** (0.040)	-0.085 *** (0.008)
流入城市是否为东部地区	-0.246 *** (0.036)	-0.069 *** (0.010)	0.455 *** (0.049)	0.094 *** (0.010)
流入城市是否为中部地区	-0.305 *** (0.033)	-0.086 *** (0.009)	0.248 *** (0.048)	0.051 *** (0.010)
流入城市是否为西部地区	-0.228 *** (0.031)	-0.064 *** (0.009)	0.375 *** (0.045)	0.078 *** (0.009)
流入城市是否为一线/省会城市	0.312 *** (0.025)	0.088 *** (0.007)	0.064 ** (0.030)	0.013 ** (0.006)
户籍地是否买房	0.041 ** (0.016)	0.011 ** (0.005)	0.564 *** (0.017)	0.117 *** (0.003)
本地是否买房	0.025 (0.017)	0.007 (0.005)	-0.663 *** (0.027)	-0.137 *** (0.006)
外地是否买房	-0.059 (0.052)	-0.017 (0.015)	-0.402 *** (0.072)	-0.083 *** (0.015)
落户门槛	0.022 * (0.013)	0.001 * (0.001)	0.009 (0.012)	0.001 (0.001)
Constant	-1.251 *** (0.319)	—	-2.169 *** (0.368)	—
Observations	42757	42757	42757	42757

注：括号中的数值为标准误；*、**、***分别表示10%、5%、1%的显著性水平。

模型2是户籍工资差异的价格效应对农村流动人口在户籍地住房购买意愿的影响。结果显示，首先，流入城市的户籍工资差异的价格效应越严重，农村流动人口在户籍地的购房意愿将增加0.026个百分点。其次，在流入地的房价收入比越高，将推动农村流动人口在户籍地的住房购买意愿，而医疗和教育资源越多，将显著降低其在户籍地的住房购买意愿。

表7-3是城市户籍工资差异的价格效应对城市流动人口购房意愿的实证结果。结果显示，在城市外来劳动力市场中占优势地位的城市流动人口在城市的购房意愿不受户籍工资差异的价格效应影响。

表7-3 户籍工资差异的价格效应对城市流动人口购房意愿的影响

变量	城市流动人口本地购房意愿(模型3)	
	系数	边际效应
户籍工资差异的价格效应	−0.117 (0.112)	−0.040 (0.038)
性别(是否为女性)	−0.009 (0.027)	−0.003 (0.009)
年龄	−0.005 *** (0.002)	−0.002 *** (0.001)
受教育程度	0.110 *** (0.014)	0.037 *** (0.005)
是否已婚	−0.036 (0.080)	−0.012 (0.027)
流动距离	−0.092 *** (0.026)	−0.031 *** (0.009)
是否从事第二产业	−0.055 (0.040)	−0.019 (0.014)
是否从事第三产业	0.151 *** (0.034)	0.051 *** (0.012)
职业是否是管理或技术人员	−0.019 (0.035)	−0.007 (0.012)
职业是否是经商	0.111 ** (0.049)	0.038 ** (0.016)
单位是否是国有或集体企业	−0.056 * (0.029)	−0.019 * (0.010)
单位是否是私营企业	0.016 (0.029)	0.005 (0.010)
就业身份是否是雇主或自营	0.047 (0.042)	0.016 (0.014)
亲生子女数量	−0.071 *** (0.024)	−0.024 *** (0.008)
是否购买住房公积金	0.148 *** (0.033)	0.050 *** (0.011)
流入地家庭规模	0.118 *** (0.014)	0.040 *** (0.005)
产业结构	0.048 (0.038)	0.016 (0.013)

续表

变量	城市流动人口本地购房意愿（模型 3）	
	系数	边际效应
房价收入比	-0.117 *** (0.013)	-0.040 *** (0.004)
ln 人均 GDP	-0.050 (0.052)	-0.017 (0.018)
医疗服务	0.001 (0.001)	0.000 (0.000)
基础教育	0.518 *** (0.072)	0.176 *** (0.024)
流入城市是否属于东部地区	0.016 (0.059)	0.006 (0.020)
流入城市是否属于中部地区	-0.327 *** (0.065)	-0.111 *** (0.022)
流入城市是否属于西部地区	-0.276 *** (0.057)	-0.094 *** (0.019)
流入城市是否属于一线/省会城市	0.394 *** (0.052)	0.134 *** (0.018)
户籍地是否买房	-0.025 (0.029)	-0.008 (0.010)
本地是否买房	-0.263 *** (0.029)	-0.089 *** (0.010)
外地是否买房	-0.192 *** (0.058)	-0.065 *** (0.020)
落户门槛	0.147 ** (0.062)	0.011 ** (0.005)
Constant	-0.588 (0.570)	—
Observations	10950	10950

注：括号中的数值为标准误；＊、＊＊、＊＊＊分别表示10%、5%、1%的显著性水平。

二、稳健性检验

为了进一步验证基准结果的稳健性，本章主要采取了两种方式。首先，在基准模型中，包含了流入地在市辖区以及下辖县等的所有样本，其中流入地级市市辖区的样本占73.28%，表7-4展示的是市辖区农村流动人口购房意愿受户籍工资差异的价格效应影响的实证结果，结果依然与基准一致，即户籍工资差异的价格效应与农村流动人口在城市购房意愿有显著的负向关联，且这一负向关联的程度大于基准结果，即户籍工资差异的价格效应每增加1个百分点，农村流动人口在城市购房意愿将下降0.126个百分点。

表7-4 户籍工资差异的价格效应对农村流动人口购房意愿的影响——稳健性(一)

变量	本地购房意愿(模型4)	
	系数	边际效应
户籍工资差异的价格效应	-0.430 *** (0.057)	-0.126 *** (0.017)
性别(是否为女性)	-0.014 (0.015)	-0.004 (0.004)
年龄	-0.005 *** (0.001)	-0.001 *** (0.000)
受教育程度	0.125 *** (0.009)	0.037 *** (0.003)
是否已婚	-0.294 *** (0.054)	-0.086 *** (0.016)
流动距离	-0.060 *** (0.013)	-0.017 *** (0.004)
是否从事第二产业	-0.160 *** (0.021)	-0.047 *** (0.006)
是否从事第三产业	0.163 *** (0.019)	0.048 *** (0.006)
职业是否是管理或技术人员	0.106 *** (0.031)	0.031 *** (0.009)
职业是否是经商	0.047 ** (0.023)	0.014 ** (0.007)
单位是否是国有或集体企业	0.040 ** (0.018)	0.012 ** (0.005)
单位是否是私营企业	-0.005 (0.017)	-0.001 (0.005)
就业身份是否是雇主或自营	0.044 ** (0.019)	0.013 ** (0.006)
亲生子女数量	-0.085 *** (0.012)	-0.025 *** (0.004)
是否购买住房公积金	0.153 *** (0.028)	0.045 *** (0.008)
流入地家庭规模	0.144 *** (0.008)	0.042 *** (0.002)

变量	本地购房意愿(模型4)	
	系数	边际效应
产业结构	0.001	0.000
	(0.020)	(0.006)
房价收入比	−0.133***	−0.039***
	(0.007)	(0.002)
ln 人均GDP	−0.022	−0.006
	(0.031)	(0.009)
医疗服务	−0.000	−0.000
	(0.001)	(0.000)
基础教育	0.291***	0.085***
	(0.043)	(0.013)
流入城市是否为东部地区	−0.217***	−0.063***
	(0.034)	(0.010)
流入城市是否为中部地区	−0.273***	−0.080***
	(0.034)	(0.010)
流入城市是否为西部地区	−0.127***	−0.037***
	(0.031)	(0.009)
流入城市是否为一线/省会城市	0.151***	0.044***
	(0.027)	(0.008)
户籍地是否买房	0.031*	0.009*
	(0.017)	(0.005)
本地是否买房	0.036**	0.010**
	(0.018)	(0.005)
外地是否买房	−0.187***	−0.055***
	(0.051)	(0.015)
落户门槛	0.030*	0.002*
	(0.002)	(0.002)
Constant	−0.340	—
	(0.342)	
Observations	37555	37555

注：括号中的数值为标准误；*、**、***分别表示10%、5%、1%的显著性水平。

其次，在基准回归中，样本在本地、户籍地以及外地购买房屋的变量已经得到控制，但是已购买房屋本身可能会干扰户籍工资差异的价格效应对个体房屋购买意愿的影响，就如已经在城市购买房子的群体，本身已经很好地融入了城市生活，其是否有再次购买住房的想法可能不会受到户籍工资差异的价格效应的影响。因此为了更好地探究还没有住房的农村流动人口的城市购房意愿，我们将已经购买了住房的样本去除(包括在户籍地、外地以及本地有房的样本)。

表 7-5 是没有住房的农村流动人口购房意愿受到户籍工资差异的价格效应影响的实证结果。模型 5 显示，没有购买住房的农村流动人口在城市的购房意愿与户籍工资差异的价格效应有显著的负向关联，且负向关联程度大于基准结果，即户籍工资差异的价格效应每增加 1 个百分点，农村流动人口在城市购房意愿将下降 0.089 个百分点。模型 6 表明没有购买住房的农村流动人口在户籍地的购房意愿与户籍工资差异的价格效应存在显著的正向关联，即户籍工资差异的价格效应每增加 1 个百分点，农村流动人口在户籍地购房意愿将上升 0.053 个百分点。

表 7-5　户籍工资差异的价格效应对农村流动人口购房意愿的影响——稳健性(二)

变量	本地购房意愿(模型 5)		户籍地购房意愿(模型 6)	
	系数	边际效应	系数	边际效应
户籍工资差异的价格效应	−0.359 *** (0.074)	−0.089 *** (0.018)	0.256 *** (0.090)	0.053 *** (0.019)
性别(是否为女性)	−0.014 (0.021)	−0.003 (0.005)	−0.061 *** (0.023)	−0.013 *** (0.005)
年龄	−0.006 *** (0.001)	−0.001 *** (0.000)	−0.009 *** (0.001)	−0.002 *** (0.000)
受教育程度	0.176 *** (0.014)	0.044 *** (0.003)	0.046 *** (0.015)	0.009 *** (0.003)
是否已婚	−0.268 *** (0.072)	−0.066 *** (0.018)	0.073 (0.084)	0.015 (0.018)
流动距离	−0.135 *** (0.018)	−0.034 *** (0.005)	0.191 *** (0.023)	0.040 *** (0.005)
是否从事第二产业	−0.257 *** (0.030)	−0.064 *** (0.007)	0.067 ** (0.033)	0.014 ** (0.007)
是否从事第三产业	0.202 *** (0.026)	0.050 *** (0.006)	−0.121 *** (0.026)	−0.025 *** (0.005)
职业是否是管理或技术人员	0.154 *** (0.048)	0.038 *** (0.012)	−0.063 (0.052)	−0.013 (0.011)
职业是否是经商	0.050 (0.032)	0.012 (0.008)	−0.054 (0.038)	−0.011 (0.008)
单位是否是国有或集体企业	0.009 (0.026)	0.001 (0.003)	0.062 ** (0.027)	0.008 ** (0.004)
单位是否是私营企业	−0.024 (0.023)	−0.006 (0.006)	0.039 (0.024)	0.008 (0.005)
就业身份是否是雇主或自营	0.031 (0.026)	0.008 (0.006)	−0.012 (0.029)	−0.002 (0.006)

变量	本地购房意愿(模型5)		户籍地购房意愿(模型6)	
	系数	边际效应	系数	边际效应
亲生子女数量	−0.115 ***	−0.028 ***	−0.015	−0.003
	(0.017)	(0.004)	(0.017)	(0.004)
是否购买住房公积金	0.279 ***	0.069 ***	−0.124 ***	−0.026 ***
	(0.044)	(0.011)	(0.046)	(0.010)
流入地家庭规模	0.194 ***	0.048 ***	−0.047 ***	−0.010 ***
	(0.011)	(0.003)	(0.011)	(0.002)
产业结构	−0.058 **	−0.014 **	0.031	0.006
	(0.028)	(0.007)	(0.036)	(0.007)
房价收入比	−0.150 ***	−0.037 ***	0.004	0.001
	(0.010)	(0.002)	(0.007)	(0.001)
ln 人均 GDP	0.216 ***	0.054 ***	−0.282 ***	−0.059 ***
	(0.042)	(0.010)	(0.048)	(0.010)
医疗服务	0.005 ***	0.001 ***	−0.006 ***	−0.001 ***
	(0.001)	(0.000)	(0.001)	(0.000)
基础教育	0.179 ***	0.044 ***	−0.162 ***	−0.034 ***
	(0.053)	(0.013)	(0.056)	(0.012)
流入城市是否为东部地区	0.671 ***	0.167 ***	−0.504 ***	−0.105 ***
	(0.057)	(0.014)	(0.085)	(0.018)
流入城市是否为中部地区	−0.577 ***	−0.143 ***	0.392 ***	0.082 ***
	(0.054)	(0.013)	(0.086)	(0.018)
流入城市是否为西部地区	−0.452 ***	−0.112 ***	0.550 ***	0.115 ***
	(0.050)	(0.012)	(0.081)	(0.017)
流入城市是否为一线/省会城市	0.278 ***	0.069 ***	0.017	0.004
	(0.037)	(0.009)	(0.044)	(0.009)
落户门槛	0.019 **	0.002 **	0.001	0.000
	(0.009)	(0.001)	(0.022)	(0.001)
Constant	−1.331 ***	—	−3.373 ***	—
	(0.466)		(0.517)	
Observations	22100	22100	22100	22100

注:括号中的数值为标准误;＊、＊＊、＊＊＊分别表示10%、5%、1%的显著性水平。

三、解决内生性问题

在以上实证研究中,已经较为充分地探讨了户籍工资差异的价格效应与流动人口在流入城市购房意愿的关联。基准结果以及相关稳健性均显示,对于被歧视的农村户籍流动人口来说,户籍工资差异的价格效应会负向影响其在流入地的购房意愿，且正向影响其在户籍地的购房意愿。但是这一结论可能受到了内生性问题的干扰，主要存在原因：一是遗漏变量问题。本章从原始数据中尽可能多地选取了控制变量，包括个人、城市、地区以及时间等多个维度，但是仍然可能存在遗漏变量；二是测量误差问题。由于本书运用的数据其问卷数量大，涉及面广，因此难免出现测量误差对结论造成干扰。基于以上原因，本章将通过工具变量法解决内生性问题。

基于此，我们将运用工具变量来解决基准模型中可能存在的内生性问题。本章选用的工具变量是 2015 年和 2016 年各个地级市和副省级城市政府工作报告中的有关户籍制度改革的相关词频。具体的词汇包括"户籍制度改革""农民工""农业转移人口""市民化""户口""市民化""新型城镇化"等。具体还要看这一词汇前后文的句意内涵，例如，当提到"农民工"时，有可能是涉及户籍制度改革或为农民工提供更优政策的语句，也有可能是鼓励农民工返乡创业的语句，那么前者将被计入，而后者则不被计入。对农民工利好的或户籍制度改革的相关词频能够体现出这一城市对农村流动人口的市民化重视程度，这一问题越得到重视，这一城市的户籍工资差异的价格效应程度越能得到相应的缓解。同时相关词频与农村流动人口在城市的购房意愿没有直接关联，因此，这一变量可以作为本章的工具变量。

表 7-6 是内生性解决的实证结果，从右列中可以看到，在控制了一系列个人、家庭、城市、地区等层面变量的条件下，户籍工资差异的价格效应与户籍制度改革相关词频存在显著的负向关联，表明这一城市越重视户籍制度改革以及农村流动人口在城市的待遇和境况，这一城市的户籍工资差异的价格效应就越小。在解决完内生性问题后，户籍工资差异的价格效应对农村流动人口在城市购房意愿的影响仍然显著为负，且负向程度大于基准结果。

表 7-6　户籍工资差异的价格效应对农村流动人口购房意愿的影响——内生性

变量	模型 7	
	本地购房意愿	户籍工资差异的价格效应
户籍工资差异的价格效应	-1.974 *** (0.256)	—
政府工作报告上户籍制度改革相关词频	—	-0.002 *** (0.000)
性别(是否为女性)	-0.056 ** (0.022)	0.006 *** (0.001)
年龄	-0.009 *** (0.002)	0.001 *** (0.000)
受教育程度	0.088 *** (0.016)	0.006 *** (0.001)

变量	模型 7	
	本地购房意愿	户籍工资差异的价格效应
是否已婚	−0.287 ***	0.004
	(0.064)	(0.005)
流动距离	−0.054 ***	−0.004 ***
	(0.018)	(0.001)
是否从事第二产业	−0.096 ***	−0.003
	(0.029)	(0.002)
是否从事第三产业	0.137 ***	0.010 ***
	(0.028)	(0.002)
职业是否是管理或技术人员	0.077 **	0.002
	(0.038)	(0.003)
职业是否是经商	−0.090 **	0.016 ***
	(0.045)	(0.002)
单位是否是国有或集体企业	0.048 **	−0.003 **
	(0.022)	(0.002)
单位是否是私营企业	−0.037 *	0.005 ***
	(0.022)	(0.001)
就业身份是否是雇主或自营	−0.030	0.007 ***
	(0.030)	(0.002)
亲生子女数量	−0.050 ***	−0.006 ***
	(0.019)	(0.001)
是否购买住房公积金	0.077 *	0.012 ***
	(0.043)	(0.003)
流入地家庭规模	0.217 ***	−0.007 ***
	(0.019)	(0.001)
产业结构	−0.647 ***	0.072 ***
	(0.173)	(0.002)
房价收入比	−0.127 ***	0.001
	(0.007)	(0.000)
ln 人均 GDP	0.384 ***	−0.027 ***
	(0.078)	(0.003)
医疗服务	0.001 **	0.000 ***
	(0.000)	(0.000)
基础教育	0.997 ***	0.150 ***
	(0.338)	(0..003)
流入城市是否为东部地区	0.693 ***	−0.112 ***
	(0.260)	(0.003)

续表

变量	模型 7	
	本地购房意愿	户籍工资差异的价格效应
流入城市是否为中部地区	1.067 ***	− 0.163 ***
	(0.376)	(0.003)
流入城市是否为西部地区	0.149	− 0.041 ***
	(0.107)	(0.003)
流入城市是否为一线/省会城市	− 0.650 **	0.112 ***
	(0.264)	(0.002)
户籍地是否买房	− 0.035	0.008 ***
	(0.027)	(0.001)
本地是否买房	0.097 ***	− 0.010 ***
	(0.030)	(0.002)
外地是否买房	− 0.213 ***	0.006
	(0.062)	(0.004)
落户门槛	0.018 ***	0.002 ***
	(0.006)	(0.000)
Constant	− 4.705 ***	0.425 ***
	(1.042)	(0.029)
Observations	43452	43452

注：括号中的数值为标准误；＊、＊＊、＊＊＊分别表示10%、5%、1%的显著性水平。

四、调节效应与异质性

本章关注了城市层面和个人层面一些变量的调节作用和异质性。

首先，关注了城市中的两个公共服务指标，分别为基础教育和医疗服务资源。表7-7的模型8中结果显示，城市中更加丰富的基础教育资源能够有效降低户籍工资差异的价格效应对农村流动人口购房意愿的负向影响。在模型9中，城市中更丰富的医疗服务也能有效降低户籍工资差异的价格效应对农村流动人口购房意愿的负向影响。因此，总体上来看，城市中的公共服务越好，资源越丰富，越能抵消户籍工资差异的价格效应对农村流动人口造成的不利影响。

表7-7　户籍工资差异的价格效应对农村流动人口购房意愿的影响——公共服务调节效应

变量	基础教育调节作用(模型8)		医疗服务调节作用(模型9)	
	系数	边际效应	系数	边际效应
户籍工资差异的价格效应	− 1.230 ***	− 0.343 ***	− 0.974 ***	− 0.272 ***
	(0.247)	(0.069)	(0.162)	(0.045)

变量	基础教育调节作用(模型8)		医疗服务调节作用(模型9)	
	系数	边际效应	系数	边际效应
基础教育×户籍工资差异的价格效应	0.031 *** (0.005)	0.009 *** (0.001)	—	—
医疗服务×户籍工资差异的价格效应	—	—	1.073 *** (0.220)	0.300 *** (0.061)
性别(是否为女性)	-0.006 (0.014)	-0.002 (0.004)	-0.007 (0.014)	-0.002 (0.004)
年龄	-0.004 *** (0.001)	-0.001 *** (0.000)	-0.004 *** (0.001)	-0.001 *** (0.000)
受教育程度	0.131 *** (0.009)	0.037 *** (0.002)	0.130 *** (0.009)	0.036 *** (0.002)
是否已婚	-0.265 *** (0.051)	-0.074 *** (0.014)	-0.268 *** (0.051)	-0.075 *** (0.014)
流动距离	-0.085 *** (0.012)	-0.024 *** (0.003)	-0.086 *** (0.012)	-0.024 *** (0.003)
是否从事第二产业	-0.165 *** (0.020)	-0.046 *** (0.006)	-0.165 *** (0.020)	-0.046 *** (0.006)
是否从事第三产业	0.178 *** (0.018)	0.050 *** (0.005)	0.178 *** (0.018)	0.050 *** (0.005)
职业是否是管理或技术人员	0.086 *** (0.029)	0.024 *** (0.008)	0.089 *** (0.029)	0.025 *** (0.008)
职业是否是经商	0.040 * (0.022)	0.011 * (0.006)	0.038 * (0.022)	0.010 * (0.006)
单位是否是国有或集体企业	0.023 (0.017)	0.006 (0.005)	0.023 (0.017)	0.006 (0.005)
单位是否是私营企业	-0.009 (0.016)	-0.003 (0.005)	-0.011 (0.016)	-0.003 (0.005)
就业身份是否是雇主或自营	0.041 ** (0.018)	0.011 ** (0.005)	0.041 ** (0.018)	0.011 ** (0.005)
亲生子女数量	-0.096 *** (0.011)	-0.027 *** (0.003)	-0.098 *** (0.011)	-0.027 *** (0.003)
是否购买住房公积金	0.168 *** (0.027)	0.047 *** (0.007)	0.171 *** (0.027)	0.048 *** (0.007)
流入地家庭规模	0.158 *** (0.007)	0.044 *** (0.002)	0.158 *** (0.007)	0.044 *** (0.002)
产业结构	-0.015 (0.019)	-0.004 (0.005)	-0.011 (0.019)	-0.003 (0.005)

续表

变量	基础教育调节作用(模型8)		医疗服务调节作用(模型9)	
	系数	边际效应	系数	边际效应
房价收入比	-0.126 ***	-0.035 ***	-0.123 ***	-0.034 ***
	(0.006)	(0.002)	(0.006)	(0.002)
ln 人均GDP	0.157 ***	0.044 ***	0.137 ***	0.038 ***
	(0.029)	(0.008)	(0.029)	(0.008)
医疗服务	0.007 ***	0.002 ***	0.003 ***	0.001 ***
	(0.002)	(0.001)	(0.001)	(0.000)
基础教育	0.231 ***	0.064 ***	0.100 **	0.028 **
	(0.037)	(0.010)	(0.050)	(0.012)
流入城市是否为东部地区	-0.209 ***	-0.058 ***	-0.252 ***	-0.070 ***
	(0.036)	(0.010)	(0.035)	(0.010)
流入城市是否为中部地区	-0.256 ***	-0.072 ***	-0.330 ***	-0.092 ***
	(0.033)	(0.009)	(0.033)	(0.009)
流入城市是否为西部地区	-0.207 ***	-0.058 ***	-0.220 ***	-0.061 ***
	(0.030)	(0.008)	(0.030)	(0.008)
流入城市是否为一线/省会城市	0.310 ***	0.087 ***	0.312 ***	0.087 ***
	(0.025)	(0.007)	(0.025)	(0.007)
户籍地是否买房	0.026	0.007	0.034 **	0.009 **
	(0.016)	(0.005)	(0.016)	(0.005)
本地是否买房	0.024	0.007	0.036 **	0.010 **
	(0.017)	(0.005)	(0.017)	(0.005)
外地是否买房	-0.177 ***	-0.049 ***	-0.163 ***	-0.046 ***
	(0.048)	(0.014)	(0.048)	(0.014)
落户门槛	0.024 *	0.002 *	0.022 **	0.002 **
	(0.014)	(0.001)	(0.010)	(0.001)
Constant	-1.948 ***	—	-1.014 ***	—
	(0.347)		(0.315)	
Observations	43898	43898	43898	43898

注：括号中的数值为标准误；* 、 ** 、 *** 分别表示10%、5%、1%的显著性水平。

其次,本章还关注了个人层面的教育异质性,表7-8中的模型10至模型12展现了教育程度的异质性影响,我们将教育程度划分为三个组别,包括小学及以下(低教育)、中学/专科(中等教育)以及本科及以上(高等教育)。结果发现,户籍工资差异的价格效应在低教育和中等教育组中对农村流动人口的住房意愿有显著的负向影响,且低教育组的影响系数更大。具体而言,户籍工资差异的价格效应每增加1个百分点,低教育组的群体购房意愿下降0.11个百分点,而中等教育组下降 0.059 个百分点。另外，户籍工资差异的价格效应对于高教育组没有显著影响，这再一次证明了对个人而言，提高农村流动人口的人力资本能够有效推进人的城镇化。

表 7-8　户籍工资差异的价格效应对农村流动人口购房意愿的影响——教育异质性

变量	教育程度异质性					
	小学及以下(模型 10)		中学/专科(模型 11)		本科及以上(模型 12)	
	系数	边际效应	系数	边际效应	系数	边际效应
户籍工资差异的价格效应	-0.511 *** (0.148)	-0.110 *** (0.032)	-0.212 *** (0.058)	-0.059 *** (0.016)	0.164 (0.160)	0.059 (0.057)
性别(是否为女性)	0.007 (0.041)	0.002 (0.009)	-0.014 (0.017)	-0.004 (0.005)	-0.024 (0.044)	-0.008 (0.016)
年龄	-0.005 ** (0.002)	-0.001 ** (0.001)	-0.004 *** (0.001)	-0.001 *** (0.000)	-0.007 (0.005)	-0.002 (0.002)
受教育程度	0.062 (0.077)	0.013 (0.017)	0.138 *** (0.018)	0.039 *** (0.005)	0.143 *** (0.044)	0.051 *** (0.016)
是否已婚	-0.187 (0.126)	-0.040 (0.027)	-0.330 *** (0.058)	-0.092 *** (0.016)	-0.078 (0.210)	-0.028 (0.075)
流动距离	-0.099 *** (0.035)	-0.021 *** (0.008)	-0.081 *** (0.014)	-0.023 *** (0.004)	-0.087 ** (0.039)	-0.031 ** (0.014)
是否从事第二产业	-0.235 *** (0.045)	-0.051 *** (0.010)	-0.143 *** (0.023)	-0.040 *** (0.006)	-0.072 (0.090)	-0.026 (0.032)
是否从事第三产业	0.128 ** (0.050)	0.028 ** (0.011)	0.204 *** (0.021)	0.057 *** (0.006)	-0.018 (0.052)	-0.006 (0.018)
职业是否是管理或技术人员	0.180 (0.134)	0.039 (0.029)	0.130 *** (0.038)	0.036 *** (0.011)	-0.040 (0.052)	-0.014 (0.019)
职业是否是经商	0.173 *** (0.064)	0.037 *** (0.014)	0.022 (0.024)	0.006 (0.007)	0.082 (0.084)	0.029 (0.030)
单位是否是国有或集体企业	0.036 (0.052)	0.008 (0.011)	0.037 * (0.020)	0.010 * (0.006)	-0.056 (0.048)	-0.020 (0.017)
单位是否是私营企业	-0.120 ** (0.049)	-0.026 ** (0.011)	0.016 (0.019)	0.004 (0.005)	-0.084 * (0.046)	-0.030 * (0.017)
就业身份是否是雇主或自营	-0.005 (0.049)	-0.001 (0.011)	0.059 *** (0.021)	0.017 *** (0.006)	-0.005 (0.074)	-0.002 (0.026)
亲生子女数量	-0.090 *** (0.028)	-0.019 *** (0.006)	-0.098 *** (0.013)	-0.028 *** (0.004)	-0.030 (0.040)	-0.011 (0.014)
是否购买住房公积金	-0.008 (0.142)	-0.002 (0.031)	0.195 *** (0.033)	0.055 *** (0.009)	0.085 * (0.049)	0.030 * (0.018)

变量	教育程度异质性					
	小学及以下(模型10)		中学/专科(模型11)		本科及以上(模型12)	
	系数	边际效应	系数	边际效应	系数	边际效应
流入地家庭规模	0.177***	0.038***	0.151***	0.042***	0.126***	0.045***
	(0.019)	(0.004)	(0.009)	(0.002)	(0.023)	(0.008)
产业结构	0.023	0.005	-0.009	-0.003	0.006	0.002
	(0.050)	(0.011)	(0.021)	(0.006)	(0.065)	(0.023)
房价收入比	-0.079***	-0.017***	-0.126***	-0.035***	-0.199***	-0.071***
	(0.016)	(0.004)	(0.007)	(0.002)	(0.022)	(0.008)
ln 人均GDP	0.117	0.025	0.086***	0.024***	0.018	0.006
	(0.075)	(0.016)	(0.030)	(0.009)	(0.085)	(0.030)
医疗服务	0.001	0.000	0.004***	0.001***	0.002**	0.001**
	(0.002)	(0.000)	(0.001)	(0.000)	(0.000)	(0.000)
基础教育	0.422***	0.091***	0.242***	0.068***	0.157***	0.056***
	(0.127)	(0.027)	(0.042)	(0.012)	(0.013)	(0.004)
流入城市是否为东部地区	-0.703***	-0.152***	-0.291***	-0.081***	0.238**	0.085**
	(0.087)	(0.019)	(0.036)	(0.010)	(0.110)	(0.039)
流入城市是否为中部地区	-0.556***	-0.120***	-0.270***	-0.076***	0.110	0.039
	(0.098)	(0.021)	(0.037)	(0.010)	(0.109)	(0.039)
流入城市是否为西部地区	-0.348***	-0.075***	-0.172***	-0.048***	0.079	0.028
	(0.081)	(0.017)	(0.034)	(0.010)	(0.104)	(0.037)
流入城市是否为一线/省会城市	0.375***	0.081***	0.245***	0.069***	0.345***	0.123***
	(0.068)	(0.015)	(0.027)	(0.008)	(0.083)	(0.029)
户籍地是否买房	0.079*	0.017*	0.024	0.007	0.023	0.008
	(0.047)	(0.010)	(0.018)	(0.005)	(0.050)	(0.018)
本地是否买房	0.126**	0.027**	0.078***	0.022***	-0.278***	-0.100***
	(0.049)	(0.011)	(0.020)	(0.006)	(0.046)	(0.016)
外地是否买房	0.005	0.001	-0.161***	-0.045***	-0.390***	-0.139***
	(0.160)	(0.034)	(0.058)	(0.016)	(0.106)	(0.038)
落户门槛	0.008	0.000	0.103***	0.094***	0.012*	0.002*
	(0.009)	(0.000)	(0.029)	(0.003)	(0.007)	(0.001)
Constant	-1.799**	—	-1.596***	—	-1.073	—
	(0.876)		(0.345)		(0.991)	
Observations	6594	6594	33146	33146	4158	4158

注:括号中的数值为标准误;*、**、***分别表示10%、5%、1%的显著性水平。

最后,表7-9显示了就业身份在户籍工资差异的价格效应对购房意愿影响的调节作用。农村流动人口比城市流动人口在更大程度上集中于自营者的就业身份中，且自营者中有95%以上都是个体工商户，因此这一群体的流动性很强且稳定性不足。模型13的实证结果显示，越是自营者的就业身份，就越会增强户籍工资差异的价格效应对购房意愿的负面影响，这表明在城市次级劳动力市场中谋生不利于农村流动人口城镇化进程。

表7-9　户籍工资差异的价格效应对农村流动人口购房意愿的影响——就业身份异质性

变量	就业身份调节作用（模型13）	
	系数	边际效应
户籍工资差异的价格效应	-0.104 ** (0.005)	-0.029 ** (0.014)
是否是雇主或自营劳动者×户籍工资差异的价格效应	-0.256 *** (0.094)	-0.072 *** (0.026)
性别（是否为女性）	-0.007 (0.014)	-0.002 (0.004)
年龄	-0.004 *** (0.001)	-0.001 *** (0.000)
受教育程度	0.130 *** (0.009)	0.036 *** (0.002)
是否已婚	-0.267 *** (0.051)	-0.075 *** (0.014)
流动距离	-0.085 *** (0.012)	-0.024 *** (0.003)
是否从事第二产业	-0.166 *** (0.020)	-0.046 *** (0.006)
是否从事第三产业	0.176 *** (0.018)	0.049 *** (0.005)
职业是否是管理或技术人员	0.087 *** (0.029)	0.024 *** (0.008)
职业是否是经商	0.039 * (0.022)	0.011 * (0.006)
单位是否是国有或集体企业	0.023 (0.017)	0.006 (0.005)
单位是否是私营企业	-0.010 (0.016)	-0.003 (0.005)
就业身份是否是雇主或自营	0.122 *** (0.035)	0.034 *** (0.010)

续表

变量	就业身份调节作用（模型 13）	
	系数	边际效应
亲生子女数量	−0.098 *** (0.011)	−0.027 *** (0.003)
是否购买住房公积金	0.171 *** (0.027)	0.048 *** (0.007)
流入地家庭规模	0.159 *** (0.007)	0.044 *** (0.002)
产业结构	−0.021 (0.019)	−0.006 (0.005)
房价收入比	−0.124 *** (0.006)	−0.035 *** (0.002)
ln 人均 GDP	0.130 *** (0.029)	0.036 *** (0.008)
医疗服务	0.003 *** (0.001)	0.001 *** (0.000)
基础教育	0.242 *** (0.037)	0.068 *** (0.010)
流入城市是否为东部地区	−0.236 *** (0.035)	−0.066 *** (0.010)
流入城市是否为中部地区	−0.298 *** (0.033)	−0.083 *** (0.009)
流入城市是否为西部地区	−0.217 *** (0.030)	−0.061 *** (0.008)
流入城市是否为一线/省会城市	0.309 *** (0.025)	0.086 *** (0.007)
户籍地是否买房	0.031 * (0.016)	0.009 * (0.005)
本地是否买房	0.032 * (0.017)	0.009 * (0.005)
外地是否买房	−0.172 *** (0.048)	−0.048 *** (0.014)
落户门槛	0.023 ** (0.012)	0.002 ** (0.001)
Constant	−1.129 *** (0.315)	—
Observations	43898	43898

注：括号中的数值为标准误；* 、** 、*** 分别表示 10%、5%、1%的显著性水平。

第四节　本章小结

真正推进以人为核心的新型城镇化战略，不仅要保证人能流进来，还要留下来，而真正实现留下来不仅要考虑个人居留，更为关键是探讨家庭的安居。因此本章在前两章的基础上进一步就户籍工资差异的价格效应对农村流动人口在城市的购房意愿进行了丰富的讨论。

具体而言，首先，验证了户籍工资差异的价格效应对农村流动人口在城市的购房意愿存在显著的负向影响，并且对其在户籍地的购房意愿有显著的正向影响，并进行了一系列稳健性检验，这表明户籍工资差异的价格效应不利于农业转移人口的市民化进程。其次，运用政府工作报告中关于户籍制度改革的词频作为工具变量解决了基准模型的内生性问题。再次，证明了基准结果的稳健性。最后，考察了城市层面公共服务以及个体教育程度和不同就业身份的调节作用及分组异质性。

结果表明：首先，户籍工资差异的价格效应对农村流动人口在城市的购房意愿存在显著的负向影响，对其在户籍地的购房意愿有显著的正向影响，并且户籍工资差异的价格效应对城市外来劳动力市场中占优势地位的城市流动人口的购房意愿没有显著影响，这表明户籍工资差异的价格效应不利于农村流动人口市民化。其次，城市中更多的公共服务资源能有效降低户籍工资差异的价格效应对农村流动人口购房意愿带来的负面影响。再次，个体提高教育水平能够有效削弱户籍工资差异的价格效应对农村流动人口购房意愿带来的负面影响。最后，自营身份的农村流动人口将受到更强户籍工资差异的价格效应带来的负面影响。总体而言，城市层面可以通过提升公共服务削减户籍工资差异的价格效应的负面影响，进而推动农业转移人口市民化，而农村流动人口本身可以通过提升自身人力资本，进入城市主要劳动力市场来进一步融入城市。

户籍工资差异的价格效应对农村流动人口
在流入地租房消费的影响研究

CHAPTER 8

第一节 引言

现实中，农村流动人口中的大多数在流入城市后仍然处于租房状态，因此除购房意愿之外，还有必要对户籍工资差异的价格效应影响下的租房消费进行讨论。在租购并举的政策推动下，未来租房将作为流动人口在城市的主要居住形式越来越受到关注，而租住品质、租房消费等重要指标都是农村流动人口融入城市以及幸福感提升的关键衡量标准。基于此，本章将进一步探究户籍工资差异的价格效应对农村流动人口在流入城市租房消费的影响。

目前的研究较少关注农村流动人口的租房消费情况，但是现实中大量流动人口，特别是农村流动人口均以租住的方式在流入地生活，因此研究这一问题具备现实意义。

基于此，本章主要从租房消费入手，同时还关注农村流动人口在城市的租住区位。具体而言，首先，探究户籍工资差异的价格效应对农村流动人口在流入地租房消费的影响，结果发现两者间存在显著的负向关联，以此印证了户籍工资差异的价格效应对农村流动人口的租房存在挤压；其次，关注了户籍工资差异的价格效应对农村流动人口的租住区位影响，结果显示户籍工资差异的价格效应越严重，农村流动人口越选择在城中村聚集，进而加重居住隔离；再次，户籍工资差异的价格效应对于农村流动人口的租房消费负面影响只在中低受教育群体中才有显著体现，在高收入群体中是不显著的；最后，年龄的调节效应呈现倒 U 型，且年龄拐点在 36~37 岁。总体而言，户籍工资差异的价格效应对农村流动人口的租房消费有负面影响，这可能导致这一群体的住房品质降级以及居住隔离，不利于农村流动人口的城市融合。

第二节　数据来源及描述性统计

本章主要运用的是第四章中运用国家人口计生委 2015 年和 2016 年全国流动人口动态监测调查数据(CMDS)计算的户籍工资差异的价格效应作为本章的主要解释变量。由于 2015 年 CMDS 数据中没有题项能够识别出租房的样本,因此本章的实证样本均来自 2016 年的 CMDS 数据。具体而言,原始数据中"您现住房属于下列何种性质"中提供的选项类型以及样本占比见表 8-1。可以发现住房性质中包含了多种租房以及自有住房的类型,其中属于租房的包括租住单位/雇主房、租住私房、政府提供廉价房、政府提供公租房等。由于本章关注的问题,即受农业户籍歧视影响,农村流动人口的租房消费行为,是一个市场性行为,因此仅留下租住私房这一种住房性质的样本。

表 8-1　住房性质及样本占比

住房性质	占比(%)
租住单位/雇主房	3.70
租住私房	61.17
政府提供廉价房	0.13
政府提供公租房	0.58
单位/雇主提供免费住房(不包括就业场所)	9.02
自购住房	20.11
借助房	1.27
就业场所	1.92
自建房	1.88
其他非正规居所	0.22

在筛选出本章实证研究所需要样本的基础上,将题项"过去一年,全家在本地每月住房支出多少钱"作为被解释变量,即样本在本地租房所支出的费用。为使实证结果更加准确,本章还对 CMDS(2016)、《城市统计年鉴(2016)》等原始数据进行了一系列筛选和处理。①

---

① 本章控制变量的处理方法与第七章相同。

　　表 8-2 对本章实证研究中用到样本的基本状况进行了描述性统计。首先，农业户籍流动人口去年全家在本地的月房租支出平均为 830.86 元，而城市户籍流动人口这一指标为 1318.09 元，这表明农业户籍流动人口的房租支出大大低于城市流动人口。其次，流入地仍属于村委会的样本占 27.45%，这一比例也大大高于城市流动人口的 13.02%，而对比同是农业户籍流动人口，住在村委会的房租均值仅为 562.79 元，居委会则为 1015.818 元，可以发现，在村委会和居委会下的租房消费存在明显的差距。最后，在本地租房的农业户籍流动人口的关键人力资本变量——受教育程度中有 75.52% 的群体集中在初高中学历，单位性质中也有 73.86% 的样本在私营企业或个体工商户中，并且以个体工商户为主，行业类别中 97.72% 的群体集中在第二、第三产业。另外，本章还控制了是否在流入地买房、是否在其他地方买房以及是否打算在本地买房等变量，其中已经在本地购买住房的占 5.83%，而打算在本地购买住房的有 22.52%，在本地以及户籍地以外其他地方购买住房的占 1.95%。

表 8-2　2016 年 CMDS 租住私房的农村流动人口基本情况

项目		农业户籍
去年全家在本地的月房租支出(元)		830.86(城市户籍：1318.09)
婚姻状况(已婚占比)(%)		83.727
平均年龄(岁)		35.527
性别(女性占比)(%)		42.740
受教育状况(%)	小学及以下	16.24
	初中	54.91
	高中/中专	20.61
	大学专科	6.01
	大学本科	2.16
	研究生	0.07
行业类别(%)	第一产业	0.90
	第二产业	29.50
	第三产业	68.22
单位性质(%)	事业单位、国有及集体企业	3.91
	私营企业	25.63
	个体工商户	48.23

项目		农业户籍
职业类型(%)	单位负责人	0.15
	专业技术人员	4.93
	经商	22.35
	其他	72.57
村委会样本占比(%)		27.45(城市户籍:13.02)
全家月支出/全家月收入(%)		57.80
全家在本地就业单位包吃包住人数(个)		0.132
在流入地购买住房(%)		5.83
在其他地方购买住房(%)		1.95
打算在本地购买住房(%)		22.52

注:房价收入比的定义是:去年全家月均收入与房价之比。

综上所述,首先,虽然本章的关注重点不是城市流动人口的租房消费问题,但是从描述性统计中可以发现,农村流动人口在整体上流入地租房消费与城市流动人口相比更低,这为探索户籍工资差异的价格效应影响农村流动人口租房消费这一问题提供了客观依据;其次,农村流动人口的人力资本水平不高,且工作流动性大、稳定性不足,可能进一步加重户籍工资差异的价格效应对其租房消费的挤压;最后,在统计数据中,农业户籍流动人口更大程度地集中于城中村,表明这一群体可能在户籍差异化待遇的压力下出现了居住隔离。基于此,本章期望在控制一系列个人、城市以及地区层面的控制变量基础上,进一步探究户籍工资差异的价格效应对农村流动人口在城市租房消费的影响。

第三节　实证结果及讨论

一、基准结果

表8-3中模型1报告了户籍工资差异的价格效应对农村流动人口在流入地租房消费影响的实证结果。首先,户籍工资差异的价格效应与农村流动人口在流入城市的租房消费有显著的负向关联,且根据系数,户籍工资差异的价格效应每上升1个百分点,农村流动人口在城市的租房消费会下降24%;其次,在模型2和

模型 3 中，我们将被解释变量进行了替换，模型 2 中户籍工资差异的价格效应与房租占全家每月支出的比重呈现显著的负向关联，模型 3 户籍工资差异的价格效应与房租占月收入比重也存在显著的负向关联；最后，在模型 4 中，户籍工资差异的价格效应与农村流动人口在城市的全家支出收入比呈正向相关关系，说明户籍工资差异的价格效应与农村流动人口的储蓄率存在负向相关。因此，结合模型 2、模型 3 以及模型 4 的结论可以发现，尽管在日常消费中农村流动人口已经尽可能多地将收入用于消费，但是住房占总支出的比重仍然被压缩了，同时住房支出占全家收入的比重也被压缩了，这表明整体上户籍工资差异的价格效应对农村流动人口的居住消费、居住状况都有不利影响。

另外，从表 8-3 的结果中可以看出，一系列控制变量的模型系数也值得关注。如受教育程度越高，房租消费越高，且房租占支出和收入比重越高；子女数量越多，房租消费越低；工作越稳定，越是处于国家或集体企业，或越是处于管理或技术类岗位，租房消费也相应越高。

表 8-3　户籍工资差异的价格效应对农村流动人口租房消费的影响

变量	模型 1	模型 2	模型 3	模型 4
	ln 全家每月房租	全家每月房租/全家每月支出	全家每月房租/全家每月收入	全家月支出/全家月收入
户籍工资差异的价格效应	-0.244 *** (0.035)	-0.060 *** (0.008)	-0.032 *** (0.005)	0.023 ** (0.011)
居住地是否为村委会	-0.475 *** (0.009)	-0.074 *** (0.002)	-0.040 *** (0.001)	-0.052 *** (0.003)
全家月支出/全家月收入	0.530 *** (0.020)	-0.082 *** (0.005)	0.198 *** (0.003)	—
全家在本地就业单位包吃包住人数	-0.049 *** (0.008)	-0.013 *** (0.002)	-0.006 *** (0.001)	-0.026 *** (0.003)
是否为女性	0.039 *** (0.008)	0.003 (0.002)	0.003 ** (0.001)	-0.004 (0.003)
年龄	0.002 *** (0.001)	0.001 *** (0.000)	0.001 *** (0.000)	-0.001 *** (0.000)
受教育程度	0.153 *** (0.005)	0.015 *** (0.001)	0.008 *** (0.001)	-0.004 ** (0.002)
是否已婚	-0.001 (0.031)	-0.046 *** (0.007)	-0.023 *** (0.004)	-0.040 *** (0.010)
流动距离	0.023 *** (0.008)	0.005 *** (0.002)	0.003 ** (0.001)	-0.025 *** (0.003)

变量	模型 1	模型 2	模型 3	模型 4
	ln 全家每月房租	全家每月房租/ 全家每月支出	全家每月房租/ 全家每月收入	全家月支出/ 全家月收入
是否从事第二产业	0.029 ** (0.012)	0.015 *** (0.003)	0.007 *** (0.002)	-0.023 *** (0.004)
是否从事第三产业	0.224 *** (0.010)	0.051 *** (0.002)	0.024 *** (0.001)	0.030 *** (0.003)
是否是管理或技术岗位	0.075 *** (0.019)	0.003 (0.004)	0.001 (0.003)	-0.004 (0.006)
是否从事经商	0.104 *** (0.013)	0.009 *** (0.003)	0.007 *** (0.002)	0.015 *** (0.004)
是否是国有或集体企业	0.079 *** (0.010)	0.016 *** (0.002)	0.008 *** (0.001)	-0.001 (0.003)
是否是私营企业	0.094 *** (0.009)	0.009 *** (0.002)	0.007 *** (0.001)	-0.025 *** (0.003)
是否是雇主或自营	0.211 *** (0.011)	0.026 *** (0.002)	0.015 *** (0.001)	-0.003 (0.003)
亲生子女数量	-0.086 *** (0.006)	-0.018 *** (0.002)	-0.011 *** (0.001)	0.018 *** (0.002)
是否参加住房公积金	0.105 *** (0.017)	0.004 (0.004)	0.002 (0.002)	-0.001 (0.005)
流入地家庭规模	0.098 *** (0.004)	0.000 (0.001)	-0.000 (0.001)	0.023 *** (0.001)
产业结构	-0.016 (0.016)	-0.014 *** (0.004)	-0.007 *** (0.002)	-0.044 *** (0.005)
ln 平均房价	0.229 *** (0.019)	0.017 *** (0.004)	0.013 *** (0.003)	-0.013 ** (0.006)
ln 人均 GDP	-0.153 *** (0.019)	-0.042 *** (0.005)	-0.024 *** (0.003)	0.063 *** (0.006)
医疗服务水平	0.002 *** (0.000)	0.001 *** (0.000)	0.000 *** (0.000)	-0.001 *** (0.000)
基础教育水平	0.028 (0.022)	0.008 (0.005)	0.000 (0.003)	0.058 *** (0.007)
是否为东部地区	-0.193 *** (0.022)	-0.046 *** (0.005)	-0.026 *** (0.003)	-0.040 *** (0.007)
是否为中部地区	0.108 *** (0.022)	-0.002 (0.005)	-0.001 (0.003)	-0.015 ** (0.007)

续表

变量	模型 1	模型 2	模型 3	模型 4
	ln 全家每月房租	全家每月房租/ 全家每月支出	全家每月房租/ 全家每月收入	全家月支出/ 全家月收入
是否为西部地区	-0.179 *** (0.021)	-0.033 *** (0.005)	-0.021 *** (0.003)	-0.009 (0.007)
是否为省会或一线城市	0.141 *** (0.017)	0.035 *** (0.004)	0.016 *** (0.002)	-0.022 *** (0.006)
是否在流入地购买住房	0.329 *** (0.017)	0.053 *** (0.004)	0.037 *** (0.002)	-0.011 * (0.005)
是否在其他地方购买住房	0.184 *** (0.026)	0.006 (0.006)	0.005 (0.004)	-0.001 (0.008)
是否打算在本地购买住房	0.123 *** (0.010)	0.008 *** (0.002)	0.004 *** (0.001)	-0.000 (0.003)
落户门槛指数	0.112 *** (0.013)	0.021 *** (0.003)	0.011 *** (0.002)	-0.016 *** (0.004)
Constant	5.906 *** (0.237)	0.647 *** (0.056)	0.223 *** (0.033)	0.169 ** (0.075)
Observations	25446	25612	25605	25612
R-squared	0.407	0.217	0.326	0.092

注：括号中的数值为标准误；＊、＊＊、＊＊＊分别表示10%、5%、1%的显著性水平。

二、解决内生性问题

尽管基准结果中已经得出一系列的关于户籍工资差异的价格效应与农村流动人口在流入城市租房消费的相关性结论，但是在基准的模型中可能还存在一系列的内生性问题，例如，遗漏变量问题以及测量误差，这些内生性问题可能导致基准结果的无偏性、有效性存疑。基于此，本章选用和第七章相同的工具变量，即政府工作报告中城乡户籍制度改革相关词汇的词频作为工具变量，运用两阶段最小二乘法分别解决表8-3中模型1、模型2以及模型3的内生性问题。

表8-4中模型5的结论，在右边的模型中，户籍工资差异的价格效应程度与各个地级市的政府工作报告中城乡户籍制度改革词频有显著的负向关系，这表明政府对于二元户籍制度改革越重视，这一城市的户籍工资差异的价格效应程度越低，这一结果符合逻辑以及客观现实。表8-4左边模型是解决完内生性问题后户籍工资差异的价格效应对农村流动人口租房消费影响的实证结果，与基准模型中的一致，户籍工资差异的价格效应对农村流动人口家庭的租房消费有显著的负向

影响，并且户籍工资差异的价格效应每上升 1 个百分点，农村流动人口全家租房消费将减少 14.7%。

表 8-4　户籍工资差异的价格效应对农村流动人口租房消费的影响 (内生性)

变量	模型 5 (2SLS)	
	ln 全家每月房租	户籍工资差异的价格效应
户籍工资差异的价格效应	-0.147 ** (0.064)	—
户籍制度改革词频	—	-0.001 ** (0.000)
居住地是否为村委会	-0.474 *** (0.091)	-0.032 *** (0.002)
全家月支出/全家月收入	0.537 *** (0.029)	0.008 ** (0.004)
全家在本地就业单位包吃包住人数	-0.048 (0.032)	0.011 *** (0.001)
是否为女性	0.038 *** (0.008)	0.000 (0.001)
年龄	0.002 *** (0.001)	-0.000 (0.000)
受教育程度	0.154 *** (0.008)	-0.002 ** (0.001)
是否已婚	0.001 (0.042)	0.010 * (0.005)
流动距离	0.024 ** (0.010)	-0.002 (0.001)
是否从事第二产业	0.027 * (0.015)	-0.003 (0.002)
是否从事第三产业	0.222 *** (0.010)	-0.001 (0.002)
是否是管理或技术岗位	0.073 *** (0.022)	-0.004 (0.003)
是否从事经商	0.103 *** (0.025)	0.007 *** (0.002)
是否是国有或集体企业	0.079 *** (0.010)	-0.001 (0.002)

续表

变量	模型 5(2SLS)	
	ln 全家每月房租	户籍工资差异的价格效应
是否是私营企业	0.093 *** (0.016)	−0.005 *** (0.002)
是否是雇主或自营	0.210 *** (0.024)	0.008 *** (0.002)
亲生子女数量	−0.085 *** (0.013)	−0.004 *** (0.001)
是否参加住房公积金	0.102 *** (0.034)	0.010 *** (0.003)
流入地家庭规模	0.098 *** (0.010)	−0.003 *** (0.001)
产业结构	−0.038 (0.404)	0.142 *** (0.003)
ln 平均房价	0.244 (0.245)	−0.083 *** (0.004)
ln 人均 GDP	−0.147 * (0.080)	−0.029 *** (0.004)
医疗服务水平	0.002 (0.005)	0.002 *** (0.000)
基础教育水平	−0.004 (0.521)	0.181 *** (0.004)
是否为东部地区	−0.188 (0.278)	−0.096 *** (0.004)
是否为中部地区	0.133 (0.617)	−0.216 *** (0.004)
是否为西部地区	−0.164 (0.242)	−0.085 *** (0.004)
是否为省会或一线城市	0.119 (0.478)	0.169 *** (0.003)
是否在流入地购买住房	0.326 *** (0.019)	0.003 (0.003)
是否在其他地方购买住房	0.186 *** (0.031)	−0.005 (0.005)
是否打算在本地购买住房	0.121 *** (0.011)	−0.002 (0.002)

续表

变量	模型 5（2SLS）	
	ln 全家每月房租	户籍工资差异的价格效应
落户门槛指数	0.098 (0.299)	0.104*** (0.002)
Constant	5.723** (2.780)	0.001*** (0.000)
Observations	25304	—
R-squared	0.408	—

注：括号中的数值为标准误；＊、＊＊、＊＊＊分别表示10%、5%、1%的显著性水平。

表 8-5 中模型 6 的内生性问题解决是针对表 8-3 中模型 2 的。结果显示，户籍工资差异的价格效应对农村流动人口在流入城市房租占月支出比重有显著的负向影响，这一结论与模型中的结论保持一致，进一步验证了基准回归中的结果。

表 8-5　户籍工资差异的价格效应对农村流动人口租房消费占总支出比重的影响（内生性）

变量	模型 6（2SLS）	
	月房租占月支出比重	户籍工资差异的价格效应
户籍工资差异的价格效应	-3.139* (1.745)	—
户籍制度改革词频	—	-0.001* (0.000)
居住地是否为村委会	-0.173*** (0.056)	-0.032*** (0.002)
全家月支出/全家月收入	-0.061*** (0.018)	0.008** (0.004)
全家在本地就业单位包吃包住人数	0.019 (0.019)	0.010*** (0.001)
是否为女性	0.003 (0.005)	0.000 (0.001)
年龄	0.001*** (0.000)	-0.000 (0.000)
受教育程度	0.010** (0.004)	-0.002** (0.001)
是否已婚	-0.013 (0.026)	0.010* (0.005)

续表

变量	模型 6(2SLS)	
	月房租占月支出比重	户籍工资差异的价格效应
流动距离	-0.002 (0.006)	-0.002 (0.001)
是否从事第二产业	0.004 (0.009)	-0.003 (0.002)
是否从事第三产业	0.048 *** (0.006)	-0.001 (0.002)
是否是管理或技术岗位	-0.010 (0.013)	-0.004 (0.003)
是否从事经商	0.033 ** (0.016)	0.008 *** (0.002)
是否是国有或集体企业	0.013 ** (0.006)	-0.001 (0.002)
是否是私营企业	-0.005 (0.010)	-0.005 *** (0.002)
是否是雇主或自营	0.048 *** (0.014)	0.007 *** (0.002)
亲生子女数量	-0.029 *** (0.007)	-0.004 *** (0.001)
是否参加住房公积金	0.036 * (0.020)	0.010 *** (0.003)
流入地家庭规模	-0.010 (0.006)	-0.003 *** (0.001)
产业结构	0.415 * (0.244)	0.141 *** (0.003)
ln 平均房价	-0.243 (0.148)	-0.082 *** (0.004)
ln 人均 GDP	-0.124 ** (0.048)	-0.029 *** (0.004)
医疗服务水平	0.005 * (0.003)	0.002 *** (0.000)
基础教育水平	0.558 * (0.313)	0.178 *** (0.004)
是否为东部地区	-0.343 ** (0.169)	-0.096 *** (0.004)

变量	模型 6(2SLS)	
	月房租占月支出比重	户籍工资差异的价格效应
是否为中部地区	−0. 663 * (0. 375)	−0. 216 *** (0. 004)
是否为西部地区	−0. 287 ** (0. 145)	−0. 085 *** (0. 004)
是否为省会或一线城市	0. 545 * (0. 290)	0. 168 *** (0. 003)
是否在流入地购买住房	0. 060 *** (0. 011)	0. 002 (0. 003)
是否在其他地方购买住房	−0. 013 (0. 019)	−0. 006 (0. 005)
是否打算在本地购买住房	0. 003 (0. 007)	−0. 001 (0. 002)
落户门槛指数	0. 341 * (0. 181)	0. 103 *** (0. 002)
Constant	3. 581 ** (1. 673)	0. 001 *** (0. 000)
Observations	25468	—
R-squared	0. 339	—

注：括号中的数值为标准误；*、**、*** 分别表示 10%、5%、1%的显著性水平。

表 8-6 中模型 7 的内生性问题解决是针对表 8-3 中模型 3 的。结果显示，户籍工资差异的价格效应对农村流动人口在流入城市房租占月收入比重有显著的负向影响，这一结论与模型中的结论保持一致。

表 8-6 户籍工资差异的价格效应对农村流动人口租房消费占总收入比重的影响(内生性)

变量	模型 7(2SLS)	
	房租占总收入比重	户籍工资差异的价格效应
户籍工资差异的价格效应	−1. 984 * (1. 092)	—
户籍制度改革词频	—	−0. 001 * (0. 000)
居住地是否为村委会	−0. 102 *** (0. 035)	−0. 032 *** (0. 002)

续表

变量	模型 7（2SLS）	
	房租占总收入比重	户籍工资差异的价格效应
全家月支出/全家月收入	0.217 *** (0.012)	0.008 ** (0.004)
全家在本地就业单位包吃包住人数	0.014 (0.012)	0.010 *** (0.001)
是否为女性	0.003 (0.003)	0.000 (0.001)
年龄	0.001 ** (0.000)	−0.000 (0.000)
受教育程度	0.005 * (0.003)	−0.002 ** (0.001)
是否已婚	−0.002 (0.016)	0.010 * (0.005)
流动距离	−0.002 (0.004)	−0.002 (0.001)
是否从事第二产业	0.000 (0.006)	−0.003 (0.002)
是否从事第三产业	0.023 *** (0.004)	−0.001 (0.002)
是否是管理或技术岗位	−0.007 (0.008)	−0.004 (0.003)
是否从事经商	0.022 ** (0.010)	0.008 *** (0.002)
是否是国有或集体企业	0.007 * (0.004)	−0.001 (0.002)
是否是私营企业	−0.002 (0.006)	−0.005 *** (0.002)
是否是雇主或自营	0.029 *** (0.009)	0.007 *** (0.002)
亲生子女数量	−0.018 *** (0.005)	−0.004 *** (0.001)
是否参加住房公积金	0.022 * (0.013)	0.010 *** (0.003)

续表

变量	模型 7(2SLS)	
	房租占总收入比重	户籍工资差异的价格效应
流入地家庭规模	-0.007 * (0.004)	-0.003 *** (0.001)
产业结构	0.266 * (0.153)	0.141 *** (0.003)
ln 平均房价	-0.151 (0.092)	-0.082 *** (0.004)
ln 人均 GDP	-0.076 ** (0.030)	-0.029 *** (0.004)
医疗服务水平	0.003 * (0.002)	0.002 *** (0.000)
基础教育水平	0.348 * (0.196)	0.178 *** (0.004)
是否为东部地区	-0.214 ** (0.105)	-0.096 *** (0.004)
是否为中部地区	-0.419 * (0.235)	-0.216 *** (0.004)
是否为西部地区	-0.182 ** (0.091)	-0.085 *** (0.004)
是否为省会或一线城市	0.340 * (0.182)	0.168 *** (0.003)
是否在流入地购买住房	0.041 *** (0.007)	0.002 (0.003)
是否在其他地方购买住房	-0.007 (0.012)	-0.006 (0.005)
是否打算在本地购买住房	0.001 (0.004)	-0.001 (0.002)
落户门槛指数	0.213 * (0.113)	0.103 *** (0.002)
Constant	2.081 ** (1.047)	0.001 *** (0.000)
Observations	25461	25461
R-squared	0.339	—

注：括号中的数值为标准误；*、**、*** 分别表示 10%、5%、1% 的显著性水平。

三、进一步讨论

在本章之前的统计性描述中，我们关注了样本在流入城市的居住地是否是村委会这一指标，发现同是流入市辖区，在城中村居住的房租消费大大低于居委会①。因此房租消费相对较低的农村流动人口，可能会随着城市户籍工资差异的价格效应的升高而更多选择居住在城中村。

表 8-7 中的结果为户籍工资差异的价格效应与农村流动人口在流入市辖区是否居住在城中村的实证结果。其中模型 8 运用 Probit 模型得出，户籍工资差异的价格效应与农村流动人口是否住在城中村有正向相关关系，这表明城市中户籍工资差异的价格效应越明显，农村流动人口在城中村居住的可能性越大，根据模型 8 的边际效应，户籍工资差异的价格效应每上升 1 个百分点，农村流动人口住在城中村的概率会上升 37.4%。在模型 9 中，当通过运用城市户籍制度改革词频作为工具变量解决内生性问题以后，这一结论仍然成立。这表明户籍工资差异的价格效应会造成城市居住隔离，即农村流动人口在城中村聚集。

表 8-7　户籍工资差异的价格效应对农村流动人口是否居住于城中村的影响

变量	是否在城中村居住		
	模型 8		模型 9
	Probit	边际效应	内生性
户籍工资差异的价格效应	1.125 *** (0.086)	0.374 *** (0.028)	0.999 *** (0.014)
全家月支出/全家月收入	−0.891 *** (0.047)	−0.296 *** (0.015)	−1.167 *** (0.336)
全家在本地就业单位包吃包住人数	0.117 *** (0.019)	0.039 *** (0.006)	−0.428 (0.576)
是否为女性	−0.066 *** (0.019)	−0.022 *** (0.006)	−0.165 (0.129)
年龄	−0.010 *** (0.001)	−0.003 *** (0.000)	−0.004 (0.008)
受教育程度	−0.207 *** (0.012)	−0.069 *** (0.004)	−0.222 *** (0.046)
是否已婚	−0.038 (0.067)	−0.012 (0.022)	−0.664 (0.730)

① 本章将流入市辖区同时又住在村委会的样本视为住在城中村。

续表

变量	是否在城中村居住		
	模型 8		模型 9
	Probit	边际效应	内生性
流动距离	−0.059 ***	−0.020 ***	−0.026
	(0.019)	(0.006)	(0.074)
是否从事第二产业	0.150 ***	0.050 ***	0.553
	(0.027)	(0.009)	(0.423)
是否从事第三产业	−0.459 ***	−0.152 ***	−0.749 **
	(0.022)	(0.007)	(0.307)
是否是管理或技术岗位	0.018	0.006	0.138
	(0.042)	(0.014)	(0.211)
是否从事经商	−0.027	−0.009	−0.391
	(0.029)	(0.010)	(0.392)
是否是国有或集体企业	−0.125 ***	−0.041 ***	−0.019
	(0.022)	(0.007)	(0.140)
是否是私营企业	−0.113 ***	−0.038 ***	−0.093
	(0.021)	(0.007)	(0.083)
是否是雇主或自营	−0.026	−0.009	−0.357
	(0.023)	(0.008)	(0.356)
亲生子女数量	0.101 ***	0.033 ***	0.292
	(0.015)	(0.005)	(0.203)
是否参加住房公积金	−0.326 ***	−0.108 ***	−0.386 ***
	(0.038)	(0.013)	(0.149)
流入地家庭规模	0.020 **	0.007 **	0.182
	(0.010)	(0.003)	(0.187)
产业结构	0.126 ***	0.042 ***	−6.274
	(0.038)	(0.013)	(6.745)
ln 平均房价	−0.931 ***	−0.309 ***	3.490
	(0.045)	(0.014)	(4.639)
ln 人均 GDP	0.269 ***	0.089 ***	1.164
	(0.049)	(0.016)	(0.967)
医疗服务水平	−0.001	−0.000	−0.107
	(0.001)	(0.000)	(0.113)

续表

变量	是否在城中村居住		
	模型 8		模型 9
	Probit	边际效应	内生性
基础教育水平	0.259 *** (0.059)	0.086 *** (0.019)	-9.345 (10.112)
是否为东部地区	0.646 *** (0.052)	0.214 *** (0.017)	4.071 (3.585)
是否为中部地区	0.090 * (0.053)	0.030 * (0.018)	10.593 (11.032)
是否为西部地区	0.069 (0.050)	0.023 (0.016)	3.821 (3.940)
是否为省会或一线城市	0.157 *** (0.042)	0.052 *** (0.014)	-6.228 (6.723)
是否在流入地购买住房	-0.174 *** (0.040)	-0.058 *** (0.013)	-0.405 (0.262)
是否在其他地方购买住房	-0.212 *** (0.057)	-0.070 *** (0.019)	-0.102 (0.239)
是否打算在本地购买住房	-0.259 *** (0.022)	-0.086 *** (0.007)	—
落户门槛指数	0.766 *** (0.031)	0.255 *** (0.010)	-3.786 (4.802)
Constant	4.670 *** (0.578)	—	-37.976 (45.252)
Observations	22794	22794	22688
R-squared	0.1235	—	0.3307

注：括号中的数值为标准误；*、**、***分别表示10%、5%、1%的显著性水平。

进一步地，根据是否在城中村居住将农村流动人口样本进行分组，来看户籍工资差异的价格效应对不同组别样本的租房消费影响。在表8-8中，模型10是居住在城中村的农村流动人口，可以发现户籍工资差异的价格效应对这部分样本的租房消费有正向作用，即城市户籍工资差异的价格效应越明显，其在城中村的租房消费越高，这可能是由于农村流动人口在城中村的过度聚集，使城中村的房租上涨，但即便城中村房租上涨，其平均租金也低于居委会的平均租金，因此他们仍然会更偏好在城中村居住。

表 8-8　户籍工资差异的价格效应对农村流动人口在流入地村委会/居委会租房消费的影响

变量	ln 全家每月房租(村委会)		ln 全家每月房租(居委会)	
	模型 10		模型 11	
	OLS	内生性(2SLS)	OLS	内生性(2SLS)
户籍工资差异的价格效应	0.430 *** (0.085)	1.024 ** (0.401)	−0.177 *** (0.044)	−0.377 *** (0.093)
全家月支出/全家月收入	0.525 *** (0.035)	0.519 *** (0.035)	0.525 *** (0.026)	0.525 *** (0.026)
全家在本地就业单位包吃包住人数	−0.023 * (0.012)	−0.027 ** (0.013)	−0.043 *** (0.013)	−0.049 *** (0.014)
是否为女性	0.026 * (0.014)	0.023 * (0.014)	0.038 *** (0.011)	0.035 *** (0.011)
年龄	0.002 * (0.001)	0.001 (0.001)	0.002 ** (0.001)	0.002 ** (0.001)
受教育程度	0.126 *** (0.010)	0.124 *** (0.010)	0.141 *** (0.007)	0.142 *** (0.007)
是否已婚	0.002 (0.051)	0.002 (0.051)	0.007 (0.038)	0.003 (0.040)
流动距离	0.020 (0.015)	0.012 (0.016)	0.057 *** (0.010)	0.059 *** (0.011)
是否从事第二产业	0.005 (0.020)	0.007 (0.020)	0.050 *** (0.016)	0.051 *** (0.016)
是否从事第三产业	0.179 *** (0.015)	0.179 *** (0.015)	0.232 *** (0.015)	0.225 *** (0.016)
是否是管理或技术岗位	0.086 *** (0.031)	0.084 *** (0.031)	0.044 * (0.025)	0.044 * (0.025)
是否从事经商	0.147 *** (0.023)	0.143 *** (0.024)	0.106 *** (0.016)	0.102 *** (0.017)
是否是国有或集体企业	0.078 *** (0.016)	0.080 *** (0.016)	0.089 *** (0.013)	0.092 *** (0.014)
是否是私营企业	0.051 *** (0.015)	0.047 *** (0.015)	0.105 *** (0.013)	0.105 *** (0.013)
是否是雇主或自营	0.225 *** (0.017)	0.219 *** (0.018)	0.164 *** (0.014)	0.157 *** (0.015)
亲生子女数量	−0.056 *** (0.010)	−0.053 *** (0.011)	−0.095 *** (0.009)	−0.094 *** (0.009)
是否参加住房公积金	0.044 (0.029)	0.036 (0.030)	0.163 *** (0.021)	0.158 *** (0.021)

续表

变量	ln 全家每月房租(村委会)		ln 全家每月房租(居委会)	
	模型 10		模型 11	
	OLS	内生性(2SLS)	OLS	内生性(2SLS)
流入地家庭规模	0.079 ***	0.079 ***	0.092 ***	0.096 ***
	(0.007)	(0.007)	(0.006)	(0.007)
产业结构	−0.203 ***	−0.351 ***	−0.182 ***	−0.257 ***
	(0.036)	(0.103)	(0.021)	(0.068)
ln 平均房价	0.099 **	0.069	0.253 ***	0.314 ***
	(0.040)	(0.044)	(0.023)	(0.058)
ln 人均 GDP	−0.222 ***	−0.207 ***	−0.224 ***	−0.207 ***
	(0.038)	(0.039)	(0.029)	(0.030)
医疗服务水平	−0.000	−0.002	0.001	−0.001
	(0.001)	(0.002)	(0.001)	(0.001)
基础教育水平	−0.047	−0.295 *	−0.188 ***	−0.292 ***
	(0.060)	(0.174)	(0.033)	(0.091)
是否为东部地区	0.279 ***	0.370 ***	−0.272 ***	−0.252 ***
	(0.046)	(0.077)	(0.028)	(0.042)
是否为中部地区	0.829 ***	1.037 ***	0.147 ***	0.267 **
	(0.054)	(0.147)	(0.026)	(0.125)
是否为西部地区	0.204 ***	0.290 ***	−0.227 ***	−0.190 ***
	(0.046)	(0.073)	(0.024)	(0.041)
是否为省会或一线城市	−0.207 ***	−0.370 ***	0.007	−0.051
	(0.039)	(0.115)	(0.024)	(0.058)
是否在流入地购买住房	0.222 ***	0.217 ***	0.365 ***	0.360 ***
	(0.034)	(0.034)	(0.020)	(0.021)
是否在其他地方购买住房	0.188 ***	0.188 ***	0.174 ***	0.171 ***
	(0.045)	(0.045)	(0.032)	(0.032)
是否打算在本地购买住房	0.096 ***	0.098 ***	0.126 ***	0.125 ***
	(0.018)	(0.019)	(0.012)	(0.012)
落户门槛指数	0.301 ***	0.204 **	0.547 ***	0.387 **
	(0.077)	(0.102)	(0.056)	(0.157)
Constant	7.333 ***	7.736 ***	6.974 ***	6.261 ***
	(0.505)	(0.579)	(0.333)	(0.663)
Observations	8728	8669	13920	13869
R-squared	0.262	0.257	0.327	0.320

注:括号中的数值为标准误; * 、 ** 、 *** 分别表示10%、5%、1%的显著性水平。

模型 11 是在居委会的农村流动人口样本。实证结果显示,城市户籍工资差异的价格效应越明显，在居委会居住的样本的住房消费越低，这一结果与模型 8 相反。值得强调的是，城中村村委会房租均值再高也仍然低于住在居委会的房租均值，这从之前的描述性统计中可以看出，并且两个模型在解决相应内生性问题以后也仍然成立，因此可以认为，户籍工资差异的价格效应不仅造成了农村流动人口在流入地租房消费的降低，也造成了居住隔离。

四、异质性及调节作用分析

首先，本章讨论了不同受教育程度的农村流动人口的租房消费受到户籍工资差异的价格效应的影响。其次，考虑到不同受教育组别这一影响关系的函数形式可能存在差异，需要通过分组来捕捉这一异质性，因此我们将受教育水平分为三个组别，包括低学历组小学及以下，中等学历组初中、高中/中专，以及高学历组大学专科及以上。

表 8-9 中显示的是分组后不同受教育水平的实证结果。其中，模型 12 是小学及以下学历，户籍工资差异的价格效应程度每上升 1 个百分点，小学及以下学历的农村流动人口的月房租会显著下降 29%。模型 13 是初中、高中/中专学历的样本，户籍工资差异的价格效应程度每上升 1 个百分点，初中、高中/中专学历的农村流动人口的月房租会显著下降 23.3%。模型 14 是大学专科及以上的样本组，户籍工资差异的价格效应对这一群体的租房消费不存在显著的影响。

表 8-9　户籍工资差异的价格效应对农村流动人口租房消费的影响——教育异质性(全市)

变量	ln 全家每月房租		
	模型 12 小学及以下	模型 13 初中、高中/中专	模型 14 大学专科及以上
户籍工资差异的价格效应	−0.290 *** (0.073)	−0.233 *** (0.043)	0.172 (0.292)
居住地是否为村委会	−0.473 *** (0.020)	−0.457 *** (0.010)	−0.633 *** (0.079)
全家月支出/全家月收入	0.607 *** (0.044)	0.500 *** (0.023)	0.547 *** (0.142)
全家在本地就业单位包吃包住人数	−0.041 ** (0.018)	−0.041 *** (0.010)	−0.090 * (0.053)
是否为女性	0.057 *** (0.019)	0.024 ** (0.010)	0.025 (0.060)
年龄	0.005 *** (0.001)	0.001 (0.001)	0.007 (0.007)

续表

变量	ln 全家每月房租		
	模型 12 小学及以下	模型 13 初中、高中/中专	模型 14 大学专科及以上
受教育程度	—	0.112 *** (0.011)	0.274 ** (0.133)
是否已婚	-0.100 (0.074)	-0.002 (0.035)	0.479 (0.431)
流动距离	0.062 *** (0.017)	0.007 (0.010)	0.020 (0.065)
是否从事第二产业	-0.002 (0.031)	0.034 ** (0.013)	0.292 ** (0.145)
是否从事第三产业	0.254 *** (0.023)	0.214 *** (0.012)	0.045 (0.076)
是否是管理或技术岗位	0.084 ** (0.037)	0.045 (0.028)	0.022 (0.063)
是否从事经商	0.090 *** (0.028)	0.114 *** (0.015)	-0.073 (0.123)
是否是国有或集体企业	0.054 ** (0.021)	0.099 *** (0.013)	0.005 (0.064)
是否是私营企业	0.115 *** (0.020)	0.089 *** (0.012)	-0.105 * (0.062)
是否是雇主或自营	0.181 *** (0.024)	0.225 *** (0.012)	0.229 ** (0.106)
亲生子女数量	-0.098 *** (0.015)	-0.073 *** (0.007)	-0.197 *** (0.058)
是否参加住房公积金	0.126 *** (0.030)	0.033 (0.025)	-0.045 (0.065)
流入地家庭规模	0.104 *** (0.010)	0.095 *** (0.005)	0.061 * (0.037)
产业结构	-0.133 *** (0.033)	0.038 ** (0.019)	-0.498 *** (0.138)
ln 平均房价	0.288 *** (0.038)	0.234 *** (0.023)	0.229 (0.150)
ln 人均 GDP	-0.113 *** (0.041)	-0.178 *** (0.023)	0.143 (0.170)
医疗服务水平	0.002 ** (0.001)	0.002 *** (0.001)	0.004 (0.004)

续表

变量	ln 全家每月房租		
	模型 12 小学及以下	模型 13 初中、高中/中专	模型 14 大学专科及以上
基础教育水平	-0.033 (0.044)	0.088 *** (0.027)	-0.409 ** (0.195)
是否为东部地区	-0.311 *** (0.051)	-0.184 *** (0.026)	0.095 (0.176)
是否为中部地区	0.157 *** (0.048)	0.056 ** (0.027)	0.425 ** (0.167)
是否为西部地区	-0.128 *** (0.049)	-0.210 *** (0.024)	0.084 (0.163)
是否为省会或一线城市	0.022 (0.039)	0.196 *** (0.021)	-0.423 ** (0.184)
是否在流入地购买住房	0.367 *** (0.035)	0.296 *** (0.022)	0.238 *** (0.078)
是否在其他地方购买住房	0.228 *** (0.054)	0.182 *** (0.034)	-0.038 (0.091)
是否打算在本地购买住房	0.138 *** (0.020)	0.113 *** (0.012)	0.152 *** (0.056)
落户门槛指数	0.097 *** (0.028)	0.086 *** (0.016)	0.150 (0.106)
Constant	5.851 *** (0.491)	6.150 *** (0.288)	1.612 (2.095)
Observations	5228	18297	486
R-squared	0.371	0.363	0.432

注：括号中的数值为标准误；*、**、*** 分别表示 10%、5%、1%的显著性水平。

这一结论与之前几章的结论保持相对一致，体现在以下三个方面：①高学历群体的农村流动人口具有的学历标签可以弱化其受到的户籍工资差异的价格效应，且在高人力资本条件下，找到的工作岗位更多集中于主要劳动力市场，而主要劳动力市场的规范性也更大程度地使其避免了基于户籍的差别化待遇。②中低收入群体显著受到户籍工资差异的价格效应的负面影响，基于户籍的差别化待遇越严重他们受到的挤压越严重，基于户籍的差别化待遇也削减了其可用于消费的开支，因此用于租房的开支也显著减少。③低学历群体的这一影响作用更加强烈，因为他们的收入相对更低，在基于户籍的差别化待遇的影响下会造成更大程度的租房消费缩减。

表8-9 中的实证结果是基于全市的农村流动人口样本分析得到的，而现实中市辖区与城市其他下辖地区在政策制定、租房状况等诸多方面都会有所差异。因此，为了进一步验证表8-9 中得出结论的稳健性，我们又基于流入市辖区的样本进行了教育分组讨论。表8-10 中，流入市辖区的农村流动人口，低学历组以及中等学历组样本的月房租消费会随着户籍工资差异的价格效应的上升有显著下降，而高学历组则没有显著关系。这一结论与表8-9 保持一致。

表8-10　户籍工资差异的价格效应对农村流动人口租房消费的影响
——教育异质性(市辖区以内)

变量	ln 全家每月房租		
	模型 15 小学及以下	模型 16 初中、高中/中专	模型 17 大学专科及以上
户籍工资差异的价格效应	-0.212 *** (0.078)	-0.157 *** (0.047)	0.089 (0.312)
居住地是否为村委会	-0.500 *** (0.021)	-0.486 *** (0.011)	-0.672 *** (0.082)
全家月支出/全家月收入	0.622 *** (0.046)	0.515 *** (0.025)	0.560 *** (0.145)
全家在本地就业单位包吃包住人数	-0.043 ** (0.018)	-0.036 *** (0.011)	-0.088 (0.055)
是否为女性	0.063 *** (0.019)	0.018 * (0.010)	0.009 (0.062)
年龄	0.004 *** (0.001)	0.001 (0.001)	0.007 (0.007)
受教育程度	—	0.099 *** (0.012)	0.264 * (0.135)
是否已婚	-0.135 * (0.075)	0.005 (0.035)	0.520 (0.430)
流动距离	0.069 *** (0.018)	0.034 *** (0.010)	-0.010 (0.069)
是否从事第二产业	0.000 (0.032)	0.038 *** (0.014)	0.265 * (0.144)
是否从事第三产业	0.246 *** (0.024)	0.200 *** (0.013)	0.106 (0.081)
是否是管理或技术岗位	0.072 * (0.037)	0.037 (0.029)	0.017 (0.063)
是否从事经商	0.085 *** (0.029)	0.129 *** (0.016)	-0.156 (0.129)

续表

变量	ln 全家每月房租		
	模型 15 小学及以下	模型 16 初中、高中/中专	模型 17 大学专科及以上
是否是国有或集体企业	0.058 *** (0.021)	0.107 *** (0.013)	-0.002 (0.065)
是否是私营企业	0.117 *** (0.021)	0.081 *** (0.012)	-0.106 * (0.063)
是否是雇主或自营	0.167 *** (0.025)	0.201 *** (0.013)	0.226 ** (0.110)
亲生子女数量	-0.088 *** (0.015)	-0.070 *** (0.008)	-0.174 *** (0.060)
是否参加住房公积金	0.137 *** (0.031)	0.104 *** (0.027)	-0.050 (0.066)
流入地家庭规模	0.101 *** (0.010)	0.090 *** (0.005)	0.037 (0.038)
产业结构	-0.201 *** (0.036)	-0.043 ** (0.021)	-0.420 *** (0.151)
ln 平均房价	0.275 *** (0.040)	0.208 *** (0.025)	0.251 (0.156)
ln 人均 GDP	-0.088 * (0.047)	-0.237 *** (0.027)	0.054 (0.195)
医疗服务水平	0.001 (0.001)	0.002 *** (0.001)	0.005 (0.006)
基础教育水平	-0.139 *** (0.052)	0.053 (0.034)	-0.300 (0.215)
是否为东部地区	-0.269 *** (0.052)	-0.166 *** (0.027)	0.084 (0.181)
是否为中部地区	0.247 *** (0.049)	0.163 *** (0.028)	0.366 ** (0.179)
是否为西部地区	-0.065 (0.049)	-0.191 *** (0.025)	0.066 (0.170)
是否为省会或一线城市	-0.053 (0.041)	0.084 *** (0.023)	-0.325 * (0.192)
是否在流入地购买住房	0.362 *** (0.036)	0.300 *** (0.023)	0.240 *** (0.079)
是否在其他地方购买住房	0.233 *** (0.055)	0.188 *** (0.034)	0.033 (0.092)

变量	ln 全家每月房租		
	模型 15 小学及以下	模型 16 初中、高中/中专	模型 17 大学专科及以上
是否打算在本地购买住房	0.127 *** （0.020）	0.102 *** （0.013）	0.168 *** （0.057）
落户门槛指数	0.092 *** （0.029）	0.101 *** （0.017）	0.181 （0.115）
Constant	5.865 *** （0.546）	7.195 *** （0.323）	2.312 （2.369）
Observations	4729	16097	464
R-squared	0.372	0.357	0.432

注：括号中的数值为标准误；*、**、***分别表示 10%、5%、1%的显著性水平。

其次，本章关注了个体年龄的调节作用。表 8-11 中模型 18 和模型 19 是在基准回归的模型中增加了户籍工资差异的价格效应，以及年龄与年龄平方和户籍工资差异的价格效应的交互项。结论有三个：①年龄对户籍工资差异的价格效应对房租消费的影响存在显著的倒 U 型调节作用，且户籍工资差异的价格效应对农村流动人口的租房消费的负向影响仍然显著；②模型 19 仅保留了流入市辖区的样本，年龄的倒 U 型调节作用依然成立；③通过计算，模型 18 中的调节作用拐点是 37.39 岁，也就是说在 37 岁之前，年龄的调节作用为正向的，户籍工资差异的价格效应对房租支出的负面作用会随着年龄增长得到缓解，而在 37 岁以后，这一负向作用则被加强，模型 19 中这一拐点为 36.26 岁。

表 8-11　户籍工资差异的价格效应对农村流动人口租房消费的影响——年龄调节

变量	ln 全家每月房租	
	模型 18(全市)	模型 19(市辖区)
户籍工资差异的价格效应	-0.767 *** （0.244）	-0.800 *** （0.234）
户籍工资差异的价格效应×年龄	0.034 *** （0.011）	0.033 *** （0.011）
户籍工资差异的价格效应×年龄×年龄	-0.000 *** （0.000）	-0.000 *** （0.000）
居住地是否为村委会	-0.505 *** （0.009）	-0.476 *** （0.009）

续表

变量	ln 全家每月房租	
	模型 18(全市)	模型 19(市辖区)
全家月支出/全家月收入	0.543 ***	0.529 ***
	(0.021)	(0.020)
全家在本地就业单位包吃包住人数	−0.048 ***	−0.049 ***
	(0.009)	(0.008)
是否为女性	0.038 ***	0.040 ***
	(0.009)	(0.008)
年龄	0.002 *	0.003 **
	(0.001)	(0.001)
受教育程度	0.147 ***	0.153 ***
	(0.006)	(0.005)
是否已婚	0.005	0.003
	(0.031)	(0.031)
流动距离	0.046 ***	0.024 ***
	(0.009)	(0.008)
是否从事第二产业	0.035 ***	0.031 ***
	(0.013)	(0.012)
是否从事第三产业	0.213 ***	0.226 ***
	(0.011)	(0.010)
是否是管理或技术岗位	0.063 ***	0.074 ***
	(0.020)	(0.019)
是否从事经商	0.114 ***	0.104 ***
	(0.013)	(0.013)
是否是国有或集体企业	0.083 ***	0.079 ***
	(0.010)	(0.010)
是否是私营企业	0.088 ***	0.092 ***
	(0.010)	(0.009)
是否是雇主或自营	0.187 ***	0.209 ***
	(0.011)	(0.011)
亲生子女数量	−0.082 ***	−0.087 ***
	(0.007)	(0.006)
是否参加住房公积金	0.140 ***	0.104 ***
	(0.017)	(0.017)
流入地家庭规模	0.092 ***	0.097 ***
	(0.005)	(0.004)

续表

变量	ln 全家每月房租	
	模型 18(全市)	模型 19(市辖区)
产业结构	-0.092 ***	-0.015
	(0.017)	(0.016)
ln 平均房价	0.211 ***	0.229 ***
	(0.020)	(0.019)
ln 人均 GDP	-0.192 ***	-0.155 ***
	(0.022)	(0.019)
医疗服务水平	0.002 ***	0.002 ***
	(0.001)	(0.000)
基础教育水平	-0.025	0.026
	(0.027)	(0.022)
是否为东部地区	-0.171 ***	-0.194 ***
	(0.023)	(0.022)
是否为中部地区	0.205 ***	0.108 ***
	(0.023)	(0.022)
是否为西部地区	-0.149 ***	-0.178 ***
	(0.021)	(0.021)
是否为省会或一线城市	0.037 *	0.140 ***
	(0.019)	(0.017)
是否在流入地购买住房	-0.323 ***	-0.327 ***
	(0.018)	(0.017)
是否在其他地方购买住房	-0.186 ***	-0.182 ***
	(0.026)	(0.026)
是否打算在本地购买住房	-0.113 ***	-0.123 ***
	(0.010)	(0.010)
落户门槛指数	0.121 ***	0.112 ***
	(0.014)	(0.013)
Constant	6.610 ***	5.887 ***
	(0.268)	(0.239)
Observations	25446	22648
R-squared	0.403	0.407

注：括号中的数值为标准误；*、**、*** 分别表示10%、5%、1%的显著性水平。

这些表明，在年轻的时候，随着阅历、经验的增长，农村流动人口租房受到户籍工资差异的价格效应的影响会减弱，而随着步入中年，在劳动力市场逐渐丧失优势和竞争力以后，这一负向作用会逐渐加强。

第四节　本章小结

在租购并举的政策背景下，研究农业转移人口市民化不仅要关注这一群体的购房意愿，更为重要的是这一群体的租房情况。现实中，由于大量的农村流动人口特别是大城市中的绝大部分农村流动人口仍然处于租房阶段，因此探究户籍工资差异的价格效应对农村流动人口在流入城市的租房消费也是极具现实意义的。

具体而言，本书首先验证了户籍工资差异的价格效应对农村流动人口在城市的租房消费存在显著的负向影响，并通过更换指标、解决内生性问题等手段进行了一系列稳健性检验，以表明户籍工资差异的价格效应会降低农村流动人口在城市的租房消费；其次，在进一步讨论中发现，户籍工资差异的价格效应还会增加居住隔离，即随着城市户籍工资差异的价格效应程度的升高，农村流动人口会更倾向于居住在房租明显更低的城中村地区；最后，还考察了受教育程度以及年龄的异质性、调节作用，以丰富本书的研究内容。

结果表明：首先，户籍工资差异的价格效应对农村流动人口在城市的租房消费存在显著的负向影响，且对农村流动人口在城中村的聚集有促进作用，这表明户籍工资差异的价格效应不仅会降低农村流动人口的租房品质，还对城市居住隔离有显著性影响；其次，高学历群体的租房消费不受户籍工资差异的价格效应的影响，但是中低学历群体的租房消费都显著受到户籍工资差异的价格效应的负面影响；最后，年龄对于户籍工资差异的价格效应对农村流动人口租房消费有显著的倒 U 型调节作用，这一调节作用的拐点在 36～37 岁，即在拐点之前，户籍工资差异的价格效应对农村流动人口租房消费的负面影响会随着年龄增长有所减缓，拐点之后则会加强。根据以上的结论，我们认为应该关注农村流动人口在流入城市的居住品质以及居住隔离问题，特别是年纪较大以及中低收入人群。而农村流动人口可以通过提升自身人力资本水平，以削弱农村标签的不利影响。

第九章

结论与政策建议

CHAPTER 9

第一节　主要结论

由二元户籍制度导致的一系列社会问题，一直是学术界备受关注的重点话题，而这其中关于农村流动人口在城市劳动力市场中遭遇的职业隔离、福利歧视以及同工不同酬等问题又是造成社会矛盾的主要触发点，因此在学术界讨论颇多。已有研究分别从社会学和经济学两个学科对相关问题进行了探讨，其中社会学的讨论主要从身份视角解释了农村流动人口难以融入城市的缘由，半城市化现象产生的机制以及户籍工资差异的价格效应现象的根源；而经济学更多注重户籍工资差异的价格效应的量化以及对量化结果的解释，这些研究都为本书的写作提供了重要的参考。作为经济学的研究者，已有的文献勾起笔者从经济学视角探索户籍工资差异的价格效应问题的兴趣，虽然既有文献已经从经济学视角对部分年份和部分城市的户籍工资差异的价格效应进行了量化，但是都没能进一步解释这一现象产生的机制，这使人们虽然能从新闻和已有文献中感受到户籍工资差异的价格效应的存在，但是又难以用经济学的语言清晰描述这一问题产生的原因。同时在既有的环境下，我们还发现户籍工资差异的价格效应作为城市外来劳动力市场中对农村流动人口安居乐业不利的因素，还可能对新型城镇化战略的推进产生阻碍，即不利于农业转移人口的市民化。基于此，本书将主要研究并解决如下两个方面的问题：

第一，户籍工资差异的价格效应的存在性。首先，本书将工作搜寻理论和歧视经济学相关理论相结合建立了理论模型，解释了户籍工资差异的价格效应的存在机制；其次，用倾向得分匹配的方法证明了在相同人力资本条件下，农村流动人口和城市流动人口确实存在工资差；再次，用 Oaxaca-Blinder 工资分解法，分别探究了 2011~2017 年全国层面以及区域层面的户籍工资差异的价格效应程度，并进一步讨论了"信息"对户籍工资差异的价格效应程度的影响，还通过"户籍制度统一为居民户口"这一准实验证明了户籍的标签性质；最后，用Oaxaca-Blinder工资分解法计算了城市层面的户籍工资差异的价格效应，并研究了城市层面户籍工资差异的价格效应的一系列特征。

第二，户籍工资差异的价格效应对农村流动人口城市定居选择行为的影响。本书主要将农村流动人口城市定居选择划分了四个部分，分别为城市选择、定居意愿、购房意愿和租房消费，可以看作是农业转移人口市民化层层递进的过程，即市民化程度不断加深。具体地，首先，户籍工资差异的价格效应对农村流动人口城市选择的存在显著的负面影响，文章运用明朝城市驿站数量作为工具变量解决内生性后，这一结果依然稳健；其次，户籍工资差异的价格效应对农村流动人口城市定居意愿存在显著的负面影响，在运用工具变量解决了内生性和样本选择偏误后，证明了这一结果依然稳健；再次，户籍工资差异的价格效应对农村流动人口在城市购房意愿存在显著的负向影响，在运用政府工作报告中有关于户籍制度改革的词频作为工具变量并解决内生性后，这一结果也依然稳健；最后，户籍工资差异的价格效应对农村流动人口在城市租房消费存在负向影响，在运用稳健性以及内生性讨论后这一结论依然稳健。在第五章至第八章中，还进行了一系列异质性和调节效应的讨论，进一步为文章的丰富性和深入讨论提供了依据。

本书的主要结论有以下六个：

（1）基于工作搜寻理论的视角，由于负面刻板印象引致的心理偏见，城市中部分雇主不愿意雇佣农村流动人口，导致农村流动人口的工作搜寻成本高于城市流动人口，进而产生的雇主对农村流动人口拥有更高的议价权造成了户籍工资差异的价格效应。首先，运用工作搜寻模型从理论层面解释了为什么在城市劳动力市场中有负面刻板印象以及偏见的农村流动人口会遭受普遍的经济歧视。其次，通过倾向得分匹配法，在控制了一系列个体、家庭、城市以及地区层面的变量以后农村流动人口和城市流动人口之间仍然存在不可解释的工资差距，这进一步为户籍工资差异的价格效应的存在提供了数据层面的有力支撑。这一理论模型的主要贡献是通过经济学的理论模型为户籍工资差异的价格效应的存在性提供了有力证据。

（2）在户籍制度改革不断推进的背景下，全国层面的户籍工资差异的价格效应在逐步降低，且在市场化发达的地区下降更为明显，同时户籍工资差异的价格效应在户籍一元化后明显下降，为农业户籍"标签"化提供了良好的证据。具体体现在以下五个方面：①中国城乡二元户籍制度存续时间长，且城乡二元结构长期分割的背景，为农村流动人口在城市劳动力市场的负面刻板印象及基于刻板印象产生的偏见产生给予了客观条件，而偏见又成为农村流动人口被广泛经济不平等现象的源头。基于此，本章从工资差异的视角，验证了 2011~2017 年中国城市外来劳动力市场上对农村劳动力的工资差别化对待的存在。整体而言，中国户籍工资差异的价格效应呈下降趋势，这与近年来中国政府对于户籍制度改革的推进密切相关。②"农业户籍"的显性标签去除以后，户籍工资差异的价格效应带来的差别待遇大幅降低，这也从侧面证明了农业户籍"标签"引致的工资差别化对待的存在。③社会关系所起到的信息传递作用，有助于降低农村流动人口面临的户籍工资差异的价格效应大小。④农村流动人口进城务工时间越长，越有利于将自己的真实才能信息较为完备的传递到城市外来劳动力市场，其在劳动力市场获得的工资也将与其真实才能或贡献越来越符合，从而面临的户籍工资差异的价格效应现象也将逐渐好转。⑤通过分城市的户籍工资差异的价格效应计算，发现不同城市的户籍工资差异的价格效应存在差异，且与城市人口规模存在 U 型关系。最后，无论全国层面还是城市层面的户籍工资差异的价格效应都存在诸多异质性，并且这些异质性在结合中国社会背景与组间特征都可以得到相应的解释。

（3）户籍工资差异的价格效应对农村流动人口城市选择有显著的负向影响。首先，本章着重关注城市特征和区域特征带来的影响，因此运用条件 Logit 的计量模型对户籍工资差异的价格效应与农村流动人口的城市选择进行了回归，发现两者之间存在显著的负向相关关系；其次，本章运用明朝城市驿站数量作为工具变量，在解决了模型内生性的条件下再一次证明了基准结果的稳健性；最后，本章讨论了个体层面不同的教育程度、年龄、流动时长以及城市偏好对基准回归存在异质性影响。

理论和实证分析结果表明：首先，户籍工资差异的价格效应对农村流动人口的城市选择存在显著的负向影响，需要强调的是，控制变量中包含了城市层面的落户门槛指数，这表明在控制了本地对外来人口的落户限制后，户籍工资差异的价格效应的负向作用仍然存在，在以往的研究中，很少有将户籍工资差异的价格效应和本地对外地的价格效应在同一个框架下进行讨论的，更难以厘清两种价格效应分别造成的影响；其次，本章使用的工具变量，明朝的城市驿站数量与城市户籍工资差异的价格效应存在负向相关关系，运用这一工具变量解决内生性以后，户籍工资差异的价格效应对农村流动人口城市选择的负向效应大于基准结果，说明了基准结果的稳健性；最后，在异质性讨论中，个人人力资本和流动经验的增长都将削弱户籍工资差异的价格效应对农村流动人口城市选择的负向作用，而年龄体现出的调节作用则是非线性的，在 36 岁之前，户籍工资差异的价格效应对农村流动人口城市选择的负向作用将减缓，而 36 岁以后，这一负向作用将加强。而针对流入城市的异质性研究中发现，如果农村流动人口流入城市属于五大城市群，则会削弱户籍工资差异的价格效应对农村流动人口城市选择的负向作用。

（4）户籍工资差异的价格效应对农村流动人口在流入城市的定居意愿有显著的负向影响。首先，基于托达罗人口流动模型、明瑟收入方程和移民定居地选择模型，并将户籍差别化待遇纳入模型分析框架，构建理论模型，从效用最大化视角考察了户籍工资差异的价格效应相关因素是否会以及如何影响农村流动人口的城市定居意愿。其次，分别探究了不同时期户籍工资差异的价格效应对农村流动人口在流入地城市定居意愿的影响。本章还通过扩展回归模型（ERM）解决了样本选择偏差等一系列内生性问题，并证明了基准回归结果的稳健性。最后，本章也考察了不同就业形式、不同职业以及不同教育程度的农村户籍流动人口在不同规模流入地城市定居意愿受户籍工资差异的价格效应影响的异质性。

理论和实证分析结果表明：首先，城市规模会强化户籍工资差异的价格效应对农村流动人口的城市定居意愿的负向影响；其次，城市劳动力市场上的户籍工资差异的价格效应对农村流动人口中受雇者群体的定居意愿影响显著，但对自营者群体的影响不显著；再次，城市劳动力市场上的户籍工资差异的价格效应对农村流动人口中非管理非技术群体的定居意愿影响显著，但对管理型技术型就业群体的影响不显著；最后，教育程度不同的农村户籍流动人口的定居意愿受到户籍工资差异的价格效应的影响也存在异质性，呈现出最高和最低的受教育人群不显著而中等教育群体显著的特征。总体而言，本章的研究说明了，农村户籍流动人口在是否在所流入城市进行定居的时候，不仅在乎经济激励，也十分在乎公平感和获得感。此外，中国新型城镇化建设以来的户籍制度改革对缓解户籍工资差异的价格效应的负向影响已起到了一定的作用。

（5）户籍工资差异的价格效应对农村流动人口在流入城市的购房意愿有显著的负向影响。首先，户籍工资差异的价格效应对农村流动人口在城市的购房意愿存在显著的负向影响，对其在户籍地的购房意愿有显著的正向影响，并且户籍工资差异的价格效应对城市外来劳动力市场中占优势地位的城市流动人口的购房意愿没有显著影响，这表明户籍工资差异的价格效应不利于农村流动人口市民化；其次，城市中更多的公共服务资源能有效降低户籍工资差异的价格效应对农村流动人口购房意愿带来的负面影响；再次，个体提高教育水平能够有效削弱户籍工资差异的价格效应对农村流动人口购房意愿带来的负面影响；最后，自营身份的农村流动人口将受到更强的户籍工资差异的价格效应带来的负面影响。总体而言，城市层面可以通过提升公共服务消减户籍工资差异的价格效应的负面影响，进而推动农业转移人口市民化，而农村流动人口本身可以通过提升自身人力资本，进入城市主要劳动力市场来进一步融入城市。

（6）户籍工资差异的价格效应对农村流动人口在流入城市的租房消费有显著的负向影响。首先，户籍工资差异的价格效应对农村流动人口在城市的租房消费存在显著的负面影响，并且对全家每月房租占全家每月支出及全家每月房租占全家每月收入都有显著的负向影响，这在农村流动人口收入和消费都显著低于城市流动人口的基础上，更加凸显出户籍工资差异的价格效应对其租房消费存在挤压。其次，户籍工资差异的价格效应越严重也会导致农村流动人口在城中村聚集，进而加重居住隔离。再次，户籍工资差异的价格效应对于农村流动人口的租房消费负面影响只在中低受教育群体才有显著体现，在高收入群体中是不显著的。最后，年龄的调节效应呈现倒 U 型，且年龄拐点在 36～37 岁。总体而言，户籍工资差异的价格效应对农村流动人口的租房消费有负面影响，这可能导致这一群体的住房品质降级以及居住隔离，不利于农村流动人口的城市融合。

第二节　政策建议

自 2014 年开始新型城镇化建设以来，中国政府已经出台多项政策落实户籍制度改革，目前这一改革仍在加速推进。2019 年 4 月 8 日国家发改委下发的《2019 年新型城镇化建设重点任务》中针对 I 型及 II 型大城市非户籍人口在城市落户进一步加大了推进力度，同时教育、医疗、养老等公共服务覆盖面也将进一步扩大。这一背景下，可以说制度层面上基于二元户籍的隔离已经逐步被瓦解，但是要使已经在几十年积累中深深嵌入整个社会的户籍工资差异的价格效应得到彻底的改变，依然有很长的路要走。而消除劳动力市场上的户籍工资差异的价格效应以加快农村流动人口在城市的定居和市民化，是落实"共享"与"协调"新发展理念的重要组成部分，也是应有之义。基于此，本书将基于以上结论提出以下两个建议。

（1）针对农业户籍歧视的改进与消除需要做到以下五点：①要尊重户籍工资差异的价格效应仍然广泛存在于城市劳动力市场的基本事实，从制度层面加强关注劳动市场中对农业户籍流动人口应得利益的保护，同时需要配套政策出台，针对以前城乡二元户籍制度下与户籍挂钩的教育、医疗、养老、社保等公共服务进行更加深入的改革，从根本上改变二元户籍带来的公共服务与福利待遇差别，从制度上做到公平、公正。②要加快推进统一的城乡户口登记制度，加大力度落实城乡户口统一登记制，以消除户籍"标签"化带来的不利影响。③大力消除城市社会中对农村进城流动人群的文化歧视和心理偏见现象，同时也努力加强农村进城人群的自信心和自我认同，敢于与社会偏见做斗争，勇于维护自己劳动权益，提高主动融入城市社会的意识。④高度重视农村人口的教育投资和农村进城流动人口的技能培训。提高农业户籍人口的受教育意识，加快其技能培训，以实现农村流动人员更快更好地融入城市，一方面有益于农村流动人口市民化成果的稳定，另一方面也是城市劳动力市场上户籍工资差异的价格效应全面消除的根本所在。⑤要推进城市劳动力市场正规化，特别是强化正式劳动合同的签订和打破相关单位招聘对于户籍的限制。特别地，由于农村流动人口广泛从事于相对"低端"且流动性高的行业，所以如何尽快打破职业隔离，并推动农业户籍流动人口相关人力资本的提升，这对消除劳动力市场上户籍工资差异的价格效应有重要意义。

（2）在消除市场性户籍工资差异的价格效应的同时，推动新型城镇化战略的快速实现，我们提出以下建议：首先，降低落户以及购房等相应的定居门槛以吸引农村流动人口"流进来"，加强城市公共服务供给，营造劳动力市场的公平公正的环境，提升农村流动人口"居留意愿"，同时加速相关政策改革，让农村流动人口"留得下"，以实现从半市民化向市民化过渡；其次，各个城市要根据自身不同状况和特点进行户籍制度改革的推进，大规模城市由于户籍工资差异的价格效应相对更大、资源稀缺现象更严重，所以在化解劳动力市场的户籍工资差异的价格效应时需要更加注重多方利益的平衡；最后，注重农村流动人口群体的异质性特征，保证中低人力资本、老年群体的利益。

参考文献

[1] Aigner D J, Cain G G. Statistical Theories of Discrimination in Labor Markets[J]. ILR Review, 1977, 30(2): 175-187.

[2] Akee R, Spilde Phd K, Taylor J B. Social and Economic Changes on American Indian Reservations in California: An Examination of Twenty Years of Tribal Government Gaming[J]. UNLV Gaming Research & Review Journal, 2014, 18(2): 3.

[3] Akerlof G A. Discriminatory, Status-based Wages among Tradition-oriented, Stochastically Trading Coconut Producers[J]. Journal of Political Economy, 1985, 93(2): 265-276.

[4] Albrecht J, Jovanovic B. The Efficiency of Search under Competition and Monopsony[J]. Journal of Political Economy, 1986, 94(6): 1246-1257.

[5] Arrow K J. The Theory of Discrimination[J]. Discrimination in Labor Markets, 1973(1): 3-33.

[6] Arrow K J. What Has Economics to Say about Racial Discrimination? [J]. Journal of Economic Perspectives, 1998, 12(2): 91-100.

[7] Ayres I, Siegelman P. Race and Gender Discrimination in Bargaining for a New Car[J]. American Economic Review, 1995, 85(3): 304-321.

[8] Baert S, De Pauw A, Deschacht N. Do Employer Preferences Contribute to Sticky Floors? [J]. ILR Review, 2016, 69(3): 714-736.

[9] Barron J M, Black D A, Loewenstein M A. Gender Differences in Training, Capital and Wages[J]. Journal of Human Resources, 1993, 28(2): 343-364.

[10] Becker G S. The Economics of Discrimination[M]. University of Chicago Press, 1957.

[11] Becker S O, Ichino A. Estimation of Average Treatment Effects Based on Propensity Scores [J]. Stata Journal, 2002, 2(4): 358-377.

[12] Bencivenga V R, Smith B D. Unemployment, Migration, and Growth[J]. Journal of Political Economy, 1997, 105(3): 582-608.

[13] Bergmann B R. Occupational Segregation, Wages and Profits When Employers Discriminate by Race or Sex[J]. Eastern Economic Journal, 1974, 1(2): 103-110.

[14] Bertrand M, Mullainathan S. Are Emily and Greg More Employable Than Lakisha and Jamal? A Field Experiment on Labor Market Discrimination[J]. American Economic Review, 2004, 94 (4): 991-1013.

[15] Black D A. Discrimination in an Equilibrium Search Model[J]. Journal of Labor Economics,

1995, 13(2): 309-334.

[16] Black S E, Strahan P E. The Division of Spoils: Rent-sharing and Discrimination in a Regulated Industry[J]. American Economic Review, 2001, 91(4): 814-831.

[17] Blinder A S. Wage Discrimination: Reduced Form and Structural Estimates[J]. The Journal of Human Resources, 1973, 8(4): 436-455.

[18] Borjas G J. The Economics of Immigration[J]. Journal of Economic Literature, 1994, 32(4): 1667-1717.

[19] Borjas G J, Bronars S G. Consumer Discrimination and Self-employment[J]. Journal of Political Economy, 1989, 97(3): 581-605.

[20] Borowczyk-Martins D, Bradley J, Tarasonis L. Racial Discrimination in the U. S. Labor Market: Employment and Wage Differentials by Skill[J]. Labour Economics, 2017 (49): 106-127.

[21] Bowles H R, Babcock L, Lai L. Social Incentives for Gender Differences in the Propensity to Initiate Negotiations: Sometimes it Does Hurt to Ask[J]. Organizational Behavior and Human Decision Processes, 2007, 103(1): 84-103.

[22] Brown M, Setren E, Topa G. Do Informal Referrals Lead to Better Matches? Evidence from a Firm's Employee Referral System[J]. Journal of Labor Economics, 2016, 34(1): 161-209.

[23] Brown R S, Moon M, Zoloth B S. Incorporating Occupational Attainment in Studies of Male-Female Earnings Differentials[J]. Journal of Human Resources, 1980, 15(1): 3-28.

[24] Burdett K. A Theory of Employee Job Search and Quit Rates[J]. American Economic Review, 1978, 68(1): 212-220.

[25] Button P, Walker B. Employment Discrimination against Indigenous Peoples in the United States: Evidence from a Field Experiment[J]. Labour Economics, 2020, 65(8): 101851.

[26] Cain G G. The Economic Analysis of Labor Market Discrimination: A Survey[J]. Handbook of Labor Economics, 1986(1): 693-785.

[27] Cao G, Li M, Ma Y, Tao R. Self-employment and Intention of Permanent Urban Settlement: Evidence from A Survey of Migrants in China's Four Major Urbanising Areas[J]. Urban Studies, 2014, 52(4): 639-664.

[28] Castillo M, Petrie R, Torero M, Vesterlund L. Gender Differences in Bargaining Outcomes: A Field Experiment on Discrimination[J]. Journal of Public Economics, 2013(99): 35-48.

[29] Chan K W, Zhang L. The Hukou System and Rural-Urban Migration in China: Processes and Changes[J]. The China Quarterly, 1999(160): 818-855.

[30] Chan K. Post-Mao China: A Two-Class Urban Society in the Making[J]. International Journal of Urban and Regional Research, 1996, 20(1): 134-150.

[31] Chen J, Wang W. Economic Incentives and Settlement Intentions of Rural Migrants: Evidence from China[J]. Journal of Urban Affairs, 2019, 41(3): 372-389.

[32] Chen S, Liu Z. What Determines the Settlement Intention of Rural Migrants in China? Eco-

nomic Incentives Versus Sociocultural Conditions[J]. Habitat International, 2016(58): 42-50.

[33] Coman K. The Negro as a Peasant Farmer[J]. Publications of the American Statistical Association, 1904, 9(66): 39-54.

[34] Cotton J. On the Decomposition of Wage Differentials[J]. Review of Economics and Statistics, 1988, 70(2): 236-243.

[35] Deleire T. Changes in Wage Discrimination Against People with Disabilities: 1984-1993 [J]. Journal of Human Resources, 2001(1): 144-158.

[36] Démurger S, Gurgand M, Li S, Yue X. Migrants as Second-class Workers in Urban China? A Decomposition Analysis[J]. Journal of Comparative Economics, 2009, 37(4): 610-628.

[37] Diamond P A. A Model of Price Adjustment[J]. Journal of Economic Theory, 1971, 3 (2): 156-168.

[38] Doeringer P B, Piore M J. Internal Labor Markets and Manpower Analysis [M]. ME Sharpe, 1985.

[39] Dublin L I. The Problem of Negro Health as Revealed by Vital Statistics[J]. Journal of Negro Education, 1937, 6(3): 268-275.

[40] Dustmann C, Preston I. Attitudes to Ethnic Minorities, Ethnic Context and Location Decisions[J]. Economic Journal, 2001, 111(470): 353-373.

[41] Feng W, Zuo X. Inside China's Cities: Institutional Barriers and Opportunities for Urban Migrants[J]. American Economic Review, 1999, 89(2): 276-280.

[42] Franzen A, Hangartner D. Social Networks and Labour Market Outcomes: The Non-Monetary Benefits of Social Capital[J]. European Sociological Review, 2006, 22(4): 353-368.

[43] French M T, Robins P K, Homer J F, Tapsell L M. Effects of Physical Attractiveness, Personality, and Grooming on Academic Performance in High School[J]. Labour Economics, 2009, 16(4): 373-382.

[44] Galenianos M, Kircher P. Directed Search with Multiple Job Applications[J]. Journal of Economic Theory, 2009, 144(2): 445-471.

[45] Goldin C, Rouse C. Orchestrating Impartiality: The Impact of "Blind" Auditions on Female Musicians[J]. American Economic Review, 2000, 90(4): 715-741.

[46] Granovetter M S. Toward A Sociological Theory of Income Differences. Sociological Perspectives on Labor Markets[M]. New York: Academic Press, 1981: 11-47.

[47] Granovetter M S. The Strength of Weak Ties[J]. American Journal of Sociology, 1973, 78 (6): 1360-1380.

[48] Gronau R. Information and Frictional Unemployment [J]. American Economic Review, 1971, 61(3): 290-301.

[49] Harris J R, Todaro M P. Migration, Unemployment and Development: A Two-Sector Analysis[J]. American Economic Review, 1970, 60(1): 126-142.

［50］Heckman J J, Honore B E. The Empirical Content of the Roy Model［J］. Econometrica: Journal of the Econometric Society, 1990, 58(5): 1121-1149.

［51］Hunt G L, Mueller R E. North American Migration: Returns to Skill, Border Effects, and Mobility Costs［J］. The Review of Economics and Statistics, 2004, 86(4): 988-1007.

［52］Jann B. The Blinder-Oaxaca Decomposition for Linear Regression Models［J］. Stata Journal, 2008, 8(4): 453-479.

［53］Johnson W G, Lambrinos J. Wage Discrimination Against Handicapped Men and Women ［J］. Journal of Human Resources, 1985, 20(2): 264-277.

［54］Jovanovic B. Job Matching and the Theory of Turnover［J］. Journal of Political Economy, 1979, 87(5, Part 1): 972-990.

［55］Kim C. Decomposing the Change in the Wage Gap Between White and Black Men over Time, 1980-2005: An Extension of the Blinder-Oaxaca Decomposition Method［J］. Sociological Methods & Research, 2010, 38(4): 619-651.

［56］Kübler D, Schmid J, Stüber R. Gender Discrimination in Hiring Across Occupations: A Nationally-Representative Vignette Study［J］. Labour Economics, 2018(55): 215-229.

［57］Lang K, Lehmann J K. Racial Discrimination in the Labor Market: Theory and Empirics ［J］. Journal of Economic Literature, 2012, 50(4): 959-1006.

［58］Lang K, Manove M, Dickens W T. Racial Discrimination in Markets with Announced Wages［J］. American Economic Review, 2005, 95(4): 1327-1340.

［59］Lewis W A. Economic Development with Unlimited Supplies of Labour［J］. The Manchester School, 1954, 22(2): 139-191.

［60］Lippman S A, Mccall J J. The Economics of Job Search: A Survey［J］. Economic Inquiry, 1976, 14(2): 155-189.

［61］Lu Z, Song S. Rural-urban Migration and Wage Determination: The Case of Tianjin, China［J］. China Economic Review, 2006, 17(3): 337-345.

［62］Martinez De, Lafuente D. Cultural Assimilation and Ethnic Discrimination: An Audit Study with Schools［J］. Labour Economics, 2021, 72(10): 102058.

［63］Margo R A. Race, Educational Attainment, and the 1940 Census［J］. The Journal of Economic History, 1986, 46(1): 189-198.

［64］Masters A. Statistical Discrimination from Composition Effects in the Market for Low-skilled Workers［J］. Labour Economics, 2014(26): 72-80.

［65］Mccall J J. The Economics of Information and Optimal Stopping Rules［J］. The Journal of Business, 1965, 38(3): 300-317.

［66］Mcfadden D. The Measurement of Urban Travel Demand［J］. Journal of Public Economics, 1974, 3(4): 303-328.

［67］Mckenna C J. Labour Market Participation in Matching Equilibrium［J］. Economica, 1987,

54(215): 325-333.

[68] Meng X, Zhang J. The Two-Tier Labor Market in Urban China[J]. Journal of Comparative Economics, 2001, 29(3): 485-504.

[69] Milgrom P, Oster S. Job Discrimination, Market Forces, and the Invisibility Hypothesis [J]. Quarterly Journal of Economics, 1987, 102(3): 453-476.

[70] Milkman K L, Akinola M, Chugh D. Temporal Distance and Discrimination: An Audit Study in Academia[J]. Psychological Science, 2012, 23(7): 710-717.

[71] Mortensen D T. Job Search, the Duration of Unemployment, and the Phillips Curve[J]. American Economic Review, 1970, 60(5): 847-862.

[72] Mortensen D T. Specific Capital and Labor Turnover[J]. The Bell Journal of Economics, 1978(2): 572-586.

[73] Mortensen D T. Job Search and Labor Market Analysis[J]. Handbook of Labor Economics, 1986(2): 849-919.

[74] Mortensen D T, Pissarides C A. New Developments in Models of Search in the Labor Market[J]. Handbook of Labor Economics, 1999(3): 2567-2627.

[75] Munshi K. Networks in the Modern Economy: Mexican Migrants in the U. S. Labor Market [J]. Quarterly Journal of Economics, 2003, 118(2): 549-599.

[76] Myrdal G, Sterner R, Arnold R. An American Dilemma: The Negro Problem and Modern Democracy[M]. New York: Harper & Brothers, 1944.

[77] Neuman J H, Baron R A. Aggression in the Workplace[J]. Antisocial behavior in organizations, Thousand Oaks, CA, US: Sage Publications, 1997, 37-67.

[78] Neumark D. Employers' Discriminatory Behavior and the Estimation of Wage Discrimination [J]. Journal of Human Resources, 1988, 23(3): 279-295.

[79] Neumark D, Bank R J, Van Nort K D. Sex Discrimination in Restaurant Hiring: An Audit Study[J]. Quarterly Journal of Economics, 1996, 111(3): 915-941.

[80] Oaxaca R L, Ransom M R. On Discrimination and the Decomposition of Wage Differentials [J]. Journal of Econometrics, 1994, 61(1): 5-21.

[81] Oaxaca R. Male-Female Wage Differentials in Urban Labor Markets[J]. International Economic Review, 1973, 14(3): 693-709.

[82] O'Neill D, Sweetma O, Van de Gaer D. The Impact of Cognitive Skills on the Distribution of the Black-white Wage Gap[J]. Labour Economics, 2006, 13(3): 343-356.

[83] Peters M. Unobservable Heterogeneity in Directed Search[R]. Citeseer, 2007.

[84] Phelps E S. The Statistical Theory of Racism and Sexism[J]. American Economic Review, 1972, 62(4): 659-661.

[85] Postlewaite A. The Social Basis of Interdependent Preferences[J]. European Economic Review, 1998, 42(3-5): 779-800.

[86] Ranis G, Fei J C H. The Ranis-Fei Model of Economic Development: Reply[J]. American Economic Review, 1963, 53(3): 452-454.

[87] Ravenstein E G. The Laws of Migration[J]. Journal of the Royal Statistical Society, 1889, 52(2): 241-305.

[88] Reimers C W. Labor Market Discrimination Against Hispanic and Black Men[J]. Review of Economics and Statistics, 1983, 65(4): 570-579.

[89] Reuben E, Sapienza P, Zingales L. How Stereotypes Impair Women's Careers in Science [J]. Proceedings of the National Academy of Sciences, 2014, 111(12): 4403-4408.

[90] Rosenbaum P R, Rubin D B. The Central Role of the Propensity Score in Observational Studies for Causal Effects[J]. Biometrika, 1983, 70(1): 41-55.

[91] Sarsons H. Interpreting Signals in the Labor Market: Evidence from Medical Referrals[J]. Job Market Paper, 2017: 141-145.

[92] Sarsons H. Recognition for Group Work: Gender Differences in Academia[J]. American Economic Review, 2017, 107(5): 141-145.

[93] Schultz T W. Capital Formation by Education[J]. Journal of Political Economy, 1960, 68 (6): 571-583.

[94] Shannon M. The Labour Market Outcomes of Transgender Individuals[J]. Labour Economics, 2021(8): 102006.

[95] Shi S. Directed Search for Equilibrium Wage-tenure Contracts[J]. Econometrica, 2009, 77(2): 561-584.

[96] Smith J P. Race and Human Capital[J]. American Economic Review, 1984, 74(4): 685-698.

[97] Song Y, Zhang C. City Size and Housing Purchase Intention: Evidence from Rural-urban Migrants in China[J]. Urban Studies, 2019, 57(9): 1866-1886.

[98] Stigler G J. The Economics of Information[J]. Journal of Political Economy, 1961, 69 (3): 213-225.

[99] Stigler G J. Information in the Labor Market[J]. Journal of Political Economy, 1962, 70 (5, Part 2): 94-105.

[100] Todaro M P. A Model of Labor Migration and Urban Unemployment in Less Developed Countries[J]. American Economic Review, 1969, 59(1): 138-148.

[101] Uwe D, Jonas F, Yumei H. Hukou Status and Individual-Level Labor Market Discrimination: An Experiment in China[J]. ILR Review, 2020, 73(3): 628-649.

[102] Wang C, Zhang C, Ni J, Zhang H, Zhang J. Family Migration in China: Do Migrant Children Affect Parental Settlement Intention? [J]. Journal of Comparative Economics, 2019, 47 (2): 416-428.

[103] Xu W, Tan K, Wang G. Segmented Local Labor Markets in Postreform China: Gender

Earnings Inequality in the Case of Two Towns in Zhejiang Province[J]. Environment and Planning A: Economy and Space, 2006, 38(1): 85-109.

[104] Zhang J, Zhao Z. Social-family Network and Self-employment: Evidence from Temporary Rural-urban Migrants in China[J]. IZA Journal of Labor & Development, 2015, 4(1): 4.

[105] Zhu R. Wage Differentials Between Urban Residents and Rural Migrants in Urban China During 2002-2007: A Distributional Analysis[J]. China Economic Review, 2016, 37(1): 2-14.

[106] Zou J, Chen Y, Chen J. The Complex Relationship Between Neighbourhood Types and Migrants' Socio-economic Integration: The Case of Urban China[J]. Journal of Housing and the Built Environment, 2019, 35(1): 65-92.

[107] [美] 保罗·萨缪尔森, 威廉·诺德豪斯. 经济学(第十七版)[M]. 萧琛, 译. 北京: 人民邮电出版社, 2004.

[108] 边燕杰, 张文宏, 程诚. 求职过程的社会网络模型: 检验关系效应假设[J]. 社会, 2012(3): 24-37.

[109] 蔡昉. 劳动力迁移的两个过程及其制度障碍[J]. 社会学研究, 2001(4): 44-51.

[110] 蔡昉. 以农民工市民化推进城镇化[J]. 经济研究, 2013(3): 6-8.

[111] 蔡昉. 城乡收入差距与制度变革的临界点[J]. 中国社会科学, 2003(5): 16-25.

[112] 蔡昉. 中国经济改革效应分析——劳动力重新配置的视角[J]. 经济研究, 2017(7): 4-17.

[113] 蔡昉. 中国城市限制外地民工就业的政治经济学分析[J]. 中国人口科学, 2000(4): 1-10.

[114] 蔡昉, 都阳, 王美艳. 户籍制度与劳动力市场保护[J]. 经济研究, 2001(12): 41-49.

[115] 蔡昉, 王德文. 中国经济增长可持续性与劳动贡献[J]. 经济研究, 1999(10): 62-68.

[116] 蔡禾, 李超海, 冯建华. 利益受损农民工的利益抗争行为研究——基于珠三角企业的调查[J]. 社会学研究, 2009(1): 139-161.

[117] 蔡禾, 王进. "农民工"永久迁移意愿研究[J]. 社会学研究, 2007(6): 86-113.

[118] 曾振华, 杨丽, 张思远. 主流媒体对农民工形象的再现与重构——以《人民日报》报道为分析样本[J]. 统计与管理, 2014(2): 39-41.

[119] 陈斌开, 林毅夫. 发展战略、城市化与中国城乡收入差距[J]. 中国社会科学, 2013(4): 81-102.

[120] 陈昊, 赵春明, 杨立强. 户籍所在地"反向歧视之谜": 基于收入补偿的一个解释[J]. 世界经济, 2017(5): 173-192.

[121] 陈杰, 郭晓欣. 城市外来劳动力市场上的农业户籍歧视程度研究[J]. 华东师范大学学报(哲学社会科学版), 2019(5): 11-23.

[122] 陈琳, 徐舒. 农民工与城镇职工的工资差距及动态同化[J]. 经济研究, 2014(10): 74-88.

[123] 陈映芳. 传统中国再认识——乡土中国、城镇中国及城乡关系[J]. 开放时代,

2007(6)：95-104.

[124] 陈映芳. 中国人的城市化[J]. 博览群书，2005(3)：15-19.

[125] 陈云松，张翼. 城镇化的不平等效应与社会融合[J]. 中国社会科学，2015(6)：78-95.

[126] 陈钊，陆铭. 中国如何在平衡区域发展时实现经济持续增长[J]. 学习与探索，2008(3)：129-136.

[127] 崔岩. 流动人口心理层面的社会融入和身份认同问题研究[J]. 社会学研究，2012，27(5)：141-160.

[128] 都阳，蔡昉，屈小博，程杰. 延续中国奇迹：从户籍制度改革中收获红利[J]. 经济研究，2014(8)：4-13.

[129] 冯虹，汪昕宇，陈雄鹰. 农民工城市就业待遇与其行为失范的关系研究——基于北京农民工调查的实证分析[J]. 管理世界，2013(11)：178-179.

[130] 冯虹，叶迎. 完善社会正义原则　实现农民工就业待遇公平[J]. 管理世界，2009(8)：173-175.

[131] [美] 戈登·奥尔波特. 偏见的本质[M]. 凌晨，译. 北京：九州出版社，2020.

[132] 郭晓欣，钟世虎，李子健. 农村流动人口城市化的影响机制——基于社会网络视角的发现[J]. 中国人口科学，2023，37(4)：51-66.

[133] 侯慧丽. 城市公共服务的供给差异及其对人口流动的影响[J]. 中国人口科学，2016(1)：118-125.

[134] 李斌，张贵生. 农业转移人口身份认同的分化逻辑[J]. 社会学研究，2019，34(3)：146-169.

[135] 黎嘉辉. 城市房价、公共品与流动人口留城意愿[J]. 财经研究，2019(6)：86-100.

[136] 李国正，艾小青，邬嘉迪. 新常态下中国流动人口的居留意愿与家庭消费水平研究[J]. 管理世界，2017(12)：174-175.

[137] 李骏，顾燕峰. 中国城市劳动力市场中的户籍分层[J]. 社会学研究，2011(2)：48-77.

[138] 李强. 农民工与中国社会分层[M]. 北京：社会科学文献出版社，2005.

[139] 李强. 农民工举家迁移决策的理论分析及检验[J]. 中国人口·资源与环境，2014(6)：65-70.

[140] 李实. 以收入分配制度创新推进共同富裕[J]. 经济评论，2022(1)：3-12.

[141] 李实，沈扬扬. 中国农村居民收入分配中的机会不平等：2013—2018年[J]. 农业经济问题，2022(1)：4-14.

[142] 李实，吴彬彬. 中国外出农民工经济状况研究[J]. 社会科学战线，2020(5)：36-52.

[143] 梁琦，陈强远，王如玉. 户籍改革、劳动力流动与城市层级体系优化[J]. 中国社会科学，2013(12)：36-59.

[144] 林李月，朱宇，柯文前，王建顺. 基本公共服务对不同规模城市流动人口居留意愿的影响效应[J]. 地理学报，2019(4)：737-752.

［145］林李月，朱宇，林坤，柯文前．两栖生计下中国流动人口城镇购房意愿的空间特征和影响因素［J］．地理学报，2021（6）：1350-1365.

［146］刘守英，王一鸽．从乡土中国到城乡中国——中国转型的乡村变迁视角［J］．管理世界，2018（10）：128-146.

［147］刘于琪，刘晔，李志刚．中国城市新移民的定居意愿及其影响机制［J］．地理科学，2014（7）：780-787.

［148］卢锋．中国农民工工资走势：1979—2010［J］．中国社会科学，2012（7）：47-67.

［149］陆铭，高虹，佐藤宏．城市规模与包容性就业［J］．中国社会科学，2012（10）：47-66.

［150］罗楚亮，滕阳川．农村劳动力市场的工资不平等［J］．农业经济问题，2022（1）：15-26.

［151］聂伟，王小璐．人力资本、家庭禀赋与农民的城镇定居意愿——基于 CGSS2010 数据库资料分析［J］．南京农业大学学报（社会科学版），2014（5）：53-61.

［152］钱文荣，李宝值．不确定性视角下农民工消费影响因素分析——基于全国 2679 个农民工的调查数据［J］．中国农村经济，2013（11）：57-71.

［153］世界银行．2020 年的中国：新世纪的发展挑战［J］．国际金融研究，1997（10）：63-66.

［154］宋艳姣．城市外来流动人口购房意愿及其影响因素研究——以城市规模的异质性为视角［J］．华东师范大学学报（哲学社会科学版），2016（6）：157-163.

［155］孙婧芳．城市劳动力市场中户籍歧视的变化：农民工的就业与工资［J］．经济研究，2017（8）：171-186.

［156］孙伟增，张晓楠，郑思齐．空气污染与劳动力的空间流动——基于流动人口就业选址行为的研究［J］．经济研究，2019（11）：102-117.

［157］孙文凯，白重恩，谢沛初．户籍制度改革对中国农村劳动力流动的影响［J］．经济研究，2011（1）：28-41.

［158］孙中伟．农民工大城市定居偏好与新型城镇化的推进路径研究［J］．人口研究，2015（5）：72-86.

［159］田丰．逆成长：农民工社会经济地位的十年变化（2006-2015）［J］．社会学研究，2017（3）：121-143.

［160］田丰．城市工人与农民工的收入差距研究［J］．社会学研究，2010（2）：87-105.

［161］童玉芬，王莹莹．中国流动人口的选择：为何北上广如此受青睐？——基于个体成本收益分析［J］．人口研究，2015（4）：49-56.

［162］万海远，李实．户籍歧视对城乡收入差距的影响［J］．经济研究，2013（9）：43-55.

［163］汪晨，张彤进，万广华．中国收入差距中的机会不均等［J］．财贸经济，2020，41（4）：66-81.

［164］王春光．农村流动人口的"半城市化"问题研究［J］．社会学研究，2006（5）：107-122.

［165］王桂新，潘泽瀚，陆燕秋．中国省际人口迁移区域模式变化及其影响因素——基于

2000年和2010年人口普查资料的分析[J].中国人口科学，2012(5)：2-13.

[166]王美艳.城市劳动力市场上的就业机会与工资差异——外来劳动力就业与报酬研究[J].中国社会科学，2005(5)：36-46.

[167]王美艳.城市劳动力市场对外来劳动力歧视的变化[J].中国劳动经济学，2007(1)：109-119.

[168]王伟，陈杰，艾玮依.新生代农民工在三四线城市定居意愿及其影响机制研究——基于2014年长三角地区流动人口动态监测数据的考察[J].华东师范大学学报(哲学社会科学版)，2016(4)：30-37.

[169]王小章.从"生存"到"承认"：公民权视野下的农民工问题[J].社会学研究，2009(1)：121-138.

[170]魏万青.户籍制度改革对流动人口收入的影响研究[J].社会学研究，2012(1)：152-173.

[171][美]沃尔特·李普曼.公众舆论[M].常江，肖寒，译.北京：北京大学出版社，1922.

[172]吴贾，姚先国，张俊森.城乡户籍歧视是否趋于止步——来自改革进程中的经验证据：1989-2011[J].经济研究，2015(11)：148-160.

[173]吴珊珊，孟凡强.农民工歧视与反歧视问题研究进展[J].经济学动态，2019(4)：99-111.

[174]吴晓刚，张卓妮.户口、职业隔离与中国城镇的收入不平等[J].中国社会科学，2014(6)：118-140.

[175]夏怡然，陆铭.城市间的"孟母三迁"——公共服务影响劳动力流向的经验研究[J].管理世界，2015(10)：78-90.

[176]肖群鹰，刘慧君.基于QAP算法的省际劳动力迁移动因理论再检验[J].中国人口科学，2007(4)：26-33.

[177]谢桂华."农转非"之后的社会经济地位获得研究[J].社会学研究，2014(1)：40-56.

[178]谢桂华.中国流动人口的人力资本回报与社会融合[J].中国社会科学，2012(4)：103-124.

[179]邢春冰.农民工与城镇职工的收入差距[J].管理世界，2008(5)：55-64.

[180]熊景维，钟涨宝.农民工家庭化迁移中的社会理性[J].中国农村观察，2016(4)：40-55.

[181][英]亚当·斯密.国富论[M].郭大力，王亚楠，译.北京：商务印书馆，2007.

[182]严善平.城市劳动力市场中的人员流动及其决定机制——兼析大城市的新二元结构[J].管理世界，2006(8)：8-17.

[183]杨传开，刘晔，徐伟，宁越敏.中国农民进城定居的意愿与影响因素——基于CGSS2010的分析[J].地理研究，2017(12)：2369-2382.

[184]杨菊华.中国流动人口的社会融入研究[J].中国社会科学，2015(2)：61-79.

[185] 姚先国，赖普清. 中国劳资关系的城乡户籍差异[J]. 经济研究，2004(7)：82-90.

[186] 姚先国，叶环宝，钱雪亚，宋文娟. 公民身份与机会平等：基于"农转非"劳动者的就业机会研究[J]. 社会科学战线，2016(8)：50-59.

[187] 于潇，孙悦. 城镇与农村流动人口的收入差异——基于2015年全国流动人口动态监测数据的分位数回归分析[J]. 人口研究，2017(1)：84-97.

[188] 余向华，陈雪娟. 中国劳动力市场的户籍分割效应及其变迁——工资差异与机会差异双重视角下的实证研究[J]. 经济研究，2012(12)：97-110.

[189] 张慧. 农民工就业歧视问题分析[J]. 上海经济研究，2005(10)：72-78.

[190] 张吉鹏，卢冲. 户籍制度改革与城市落户门槛的量化分析[J]. 经济学(季刊)，2019(4)：1509-1530.

[191] 张克克，张胜荣. 劳动力市场农民工制度性歧视形成过程初探[J]. 当代经济，2016(4)：40-43.

[192] 张兴华. 对外来工的政策歧视：效果评价与根源探讨[J]. 中国农村经济，2000(11)：41-45.

[193] 章莉，李实，Jr. Darity William A.，Sharpe Rhonda Vonshay. 中国劳动力市场就业机会的户籍歧视及其变化趋势[J]. 财经研究，2016(1)：4-16.

[194] 章莉，李实，Jr. Darity William A.，Sharpe Rhonda Vonshay. 中国劳动力市场上工资收入的户籍歧视[J]. 管理世界，2014(11)：35-46.

[195] 章元，王昊. 城市劳动力市场上的户籍歧视与地域歧视：基于人口普查数据的研究[J]. 管理世界，2011(7)：42-51.

[196] 赵耀辉. 中国农村劳动力流动及教育在其中的作用——以四川省为基础的研究[J]. 经济研究，1997(2)：37-42.

[197] 周颖刚，蒙莉娜，卢琪. 高房价挤出了谁？——基于中国流动人口的微观视角[J]. 经济研究，2019(9)：1-17.

[198] 邹静，陈杰，王洪卫. 社会融合如何影响流动人口的居住选择——基于2014年全国流动人口监测数据的研究[J]. 上海财经大学学报，2017(5)：64-79.

后　记

我从事流动人口相关问题的研究大约始于 2018 年末 2019 年初，彼时恰逢中国改革开放 40 周年和新中国成立 70 周年的重要时间节点，诸多研究者都在对中国过去辉煌的经济发展成就的取得做经验性分析，以期对未来中国经济的发展提供有益的借鉴和路径指引。

那时我的研究方向刚由国际贸易研究逐步转向区域与人口经济学相关研究，还难以独立地在浩瀚如海的研究选题中精准捕捉到令我"眼前一亮"的研究课题，我的硕士导师钟昌标教授和博士导师陈杰教授给予了我不可替代的启发和精心指导，让我找到了非常感兴趣且极具现实意义的研究选题"流动人口城市化问题"，为此我感到十分庆幸并充满感激之情。

此后将近 4 年的时间里，我的主要研究方向均围绕此进行展开，并以我认为最理想的方式凝练成了本书的所有内容。本书的初稿于 2022 年 6 月初完成，此后我又多次通读全书和进行局部修改，并回顾了在写作过程中遇到的科学难题以及化解难题时产生的奇思妙想，在经历两年的漫长修改后形成终稿。

本书的主题研究了流动人口城市化问题的难点、痛点、堵点以及破解之道，这令我在这 4 年时间里既享受了钻研和学习的精神乐趣，同时也在不断受挫中怀疑自我。但幸运的是，我坚持下来并逐渐认识到，要想完成这一研究，我必须要先说服我自己，再更好地说服其他人。

实际上，在很长一段时间里，我也在尽量避免和别的研究者进行学术讨论，特别是在我的某个观点还不是很成熟的时候。在此又不得不提及我工作、生活上的亲密爱人钟世虎，每当我遭受挫折以至于自我怀疑时，他总能给予我坚定的支持。

我认为有机会用连续几年的时间在一个学术问题上持续深耕并不断获得突破，是一件既奢侈且幸福的事情，也是一件值得纪念的事情，因此我选择将本书进行出版，作为我这几年思考的重要见证，以期为读者更好地认识流动人口群体做出一些贡献。

最后，恰逢本书出版之际，我的宝贝女儿于 2024 年 6 月 29 日出生，我也要特别感谢我的父母对我一直以来的支持和帮助，他们不仅为我付出了一切，也为我的下一代默默奉献。正是他们的付出，让我才能在孕期和宝贝出生后，还能自由自在地探索我热爱的研究。

郭晓欣
2024 年 7 月 20 日